房地產叢書60

不動產經紀人
歷屆考題解析

曾文龍／編著

目　錄

- 輔導全台「不動產經紀人」考生26年！ —— ⑤
- 如何事半功倍考上不動產經紀人 —— ⑦
- 考上不動產經紀人來訊分享 —— ⑨
- 56歲一次考上26名！ —— ⑫
- 狂賀101年考上第2名、4名、6名、11名等 — ⑬
- 歷年不動產經紀人考試錄取率 —— ⑭

壹、106年不動產經紀人普考 —— 1
　不動產經紀相關法規概要 —— 2
　土地法與土地相關稅法概要 —— 15
　不動產估價概要 —— 30
　民法概要 —— 42
　國文 —— 57

貳、107年不動產經紀人普考 —— 65
　不動產經紀相關法規概要 —— 66
　土地法與土地相關稅法概要 —— 78
　不動產估價概要 —— 88
　民法概要 —— 97
　國文 —— 107

參、108年不動產經紀人普考 —— 117
　不動產經紀相關法規概要 —— 118

土地法與土地相關稅法概要 ———————— 130
不動產估價概要 ———————————— 140
民法概要 —————————————————— 152
國文 ———————————————————— 163

肆、109年不動產經紀人普考 ———— 165
不動產經紀相關法規概要 ———————— 166
土地法與土地相關稅法概要 ———————— 176
不動產估價概要 ———————————— 186
民法概要 —————————————————— 198
國文 ———————————————————— 208

伍、110年不動產經紀人普考 ———— 211
不動產經紀相關法規概要 ———————— 212
土地法與土地相關稅法概要 ———————— 225
不動產估價概要 ———————————— 237
民法概要 —————————————————— 245
國文 ———————————————————— 255

陸、111年不動產經紀人普考 ———— 257
不動產經紀相關法規概要 ———————— 258
土地法與土地相關稅法概要 ———————— 268
不動產估價概要 ———————————— 281
民法概要 —————————————————— 291
國文 ———————————————————— 301

柒、112年不動產經紀人普考 ———— 303
不動產經紀相關法規概要 ———————— 304

土地法與土地相關稅法概要 ————— 315
　　不動產估價概要 ——————————— 329
　　民法概要 ——————————————— 337
　　國文 ————————————————— 347

捌、113年不動產經紀人普考 ————— 349
　　不動產經紀相關法規概要 —————— 350
　　土地法與土地相關稅法概要 ————— 361
　　不動產估價概要 ——————————— 373
　　民法概要 ——————————————— 383
　　國文 ————————————————— 394

附錄
　　第2名考上不動產經紀人心得分享 ——— 397
　　保持練筆最少20支，考上不動產經紀人 — 402
　　勤做練習歷屆考古題題目，輕鬆考上
　　　不動產經紀人 ——————————— 404
　　如何花一個半月，一次考上不動產經紀人 — 406
　　「堅持」讓我一次考中地政士與經紀人 — 408

輔導全台
「不動產經紀人」考生26年！

　　自從「不動產經紀業管理條例」於民國88年2月3日公布以來，不動產經紀人國家考試也已歷經26個年頭了。

　　因緣際會，本人在88年即在全台各主要縣市（台北、桃園、苗栗、台中、花蓮……）及許多知名大公司的特別內訓班，輔導相關從業人員「不動產經紀人考照」的培訓。89年並增加了新竹、高雄、嘉義、台東、宜蘭……等縣市，迄今悠悠長河，竟已邁入第二十六個年頭了。因為口碑遠傳，錄取率各縣市咸覺滿意，得使各縣市皆香火不墜！雖然跑全台灣非常辛苦，但是學員錄取的成就與歡欣即是對老師最好的回報與欣慰！在台灣不動產經紀人考照的歷史，我想沒有人有我如此廣大的經驗，既深且廣、遍地開花！

　　不動產經紀人為國家普考，其考試題型為一半申論題、一半選擇題，在本人廣闊與深入的教學經驗下，我常說「肯聽我話的人，幾乎皆是一次考上！若太緊張而失常，務必續考第2次，則成績通常還會名列前茅呢！」

　　本書為歷年考古題解析，甚為緊要，為考試之

利器！須做完2遍，第3遍則作常錯的即可。若能如此等同「身經百戰」，考生進入考場則能輕鬆應考，舉一反三遊刃有餘！

　　祝天下有心人，皆能金榜題名，而能年年享受投報率最高的成果！

曾文龍
國立臺北科技大學 不動產估價師學分班主任
大　日　不　動　產　研　究　中　心　主任

如何事半功倍的考上
「不動產經紀人」

　　筆者承中華民國不動產仲介經紀公會全國聯合會之邀，於八十八年六月以來，即在全國許多縣市為公會會員開辦了「不動產經紀人」考照班，以因應考試院全新的不動產經紀人特考、普考情勢。

　　並蒙風聞而至的建築業、代銷業、跑單業……等業務人員的「共襄盛舉」，雖然筆者從事不動產的相關教學已十五年，撰寫不動產的相關著作更達二十六年，為了捍衛從業人員的工作權，仍更以如臨深淵、如履薄冰的心情，盡全力以赴，並不斷研發與調整教學方法、策略、教材等，希望學員們能在最經濟的時間，換得最豐碩的效果！而歷經兩次的特考（八十八年十一月六、七日，八十九年二月二十六、二十七日）、一次普考（八十八年十二月二十五、二十六日），能夠排除萬難（如白天業績的壓力及年紀較長、記憶力不佳的壓力），大部份能按時出席上課的學員們，皆能順利考上（有些班甚至錄取率能高達九成以上！），實在令人雀躍及與有榮焉！

　　筆者以為，如何事半功倍，必須打一場智慧型的戰爭。以下拙見，謹供學員們參考：

1. 心理建設：體認上課乃是充電、終身學習的另一型式，而非全為考試而上課讀書，否則壓力太大，痛苦必大！
2. 短短的時間要準備六科，時間必須有全程的規劃，如同蓋房子有施工進度表，按表施工，一步一腳印，終底於成，不至於半路分歧、左顧右盼，竟爾走失。
3. 年紀大的，善用理解力；年紀輕的，善用記憶力。各有優點。
4. 有方法、有步驟、有重點。
5. 莫死背題庫，枯燥乏味，痛苦不堪。
6. 讀書讀出興趣，快樂讀書，順便考上。
7. 平常心，務實的準備，以免失常。
8. 生活作息正常，早睡早起，保持身體健康，頭腦冷靜。否則容易緊張，腦袋空白，茫然一片。

國家考試，當然難度較高，然而天下之事，莫不是先付出，方能有收穫。而且因是資格考，而非取固定名額，早日準備，循規蹈矩，忍耐一陣，享受永恆的喜悅，而為人人皆能之事！

曾文龍
2001年6月

考上不動產經紀人來訊分享

1. 曾教授您好，我是101年台北班的胡志維，謝謝您的用心指導，及幽默的教學風格。我用心聽您的話，用心苦讀一次考上了～真的很謝謝您！！

2. 老師好，我是店長曾敏智（台北班），我一次就考上了，謝謝曾老師及大日最棒的講師團隊，還有詹助教。沒有大日，我知道我絕對無法一次就考上，真的謝謝您！

3. 親愛的曾老師新年快樂~！今天不動產經紀人放榜，已確定錄取！謝謝老師以及大日優秀教師們的教導。　　　　　（新竹班　吳金霖）

4. 感謝曾老師辛苦的教導和鼓勵，今日放榜不動產經紀人，我上榜了！

　　　　　　　　　　　　（桃園班　汪雅筑）

5. 曾老師！我是上你台北班課程的學員王耀星，剛剛放榜的經紀人考試我上了！感謝老師的指導^^謝謝！

6. 老師~捷報來囉！台中班100年經紀人捲土再

戰101年，終於皇天不負苦心人，上榜學員：江筱瑜‧阮春鶯‧李雨璇！感謝老師您最大力的支持喔！　　　　　　　　（台中班　罔哥）

7. 曾教授您好：我是桃園班邱愛香，我考上了，十分謝謝您的教導！

8. 感謝老師一路來的提攜，上榜心得及成績單會盡快奉上。對老師的感謝筆墨難以形容，感謝老師及助教長期以來的辛勞！祝恩師新年快樂，特擬師一首恭喜新年好。

〈蛇年恭喜〉

蛇足飽滿慶豐年，年瑞神蛇躍錢程。
恭賀新禧滿福門，禧迎春回萬象榮。

（台北班 黃怡綺）

9. 敬致曾老師：我是高雄班俊宏，感謝老師的指導，我通過經紀人考試，很謝謝老師的教導。

10. 曾教授您好：我是您101年授課不動產經紀人中壢班學生，我考上了…今日已將不動產考照成績單傳真過去了，至於考上心得，應該說，雖然考上，但成績只是差強人意，如果百分百依教授方式按部就班、循序漸進，且重複看十次以上，我相信，成績一定比較

好，而我還不夠努力，但是我非常確定的是，如果沒有在貴單位上課，我一定考不上，所以非常感激教授能開班授課，這就是我考上心得……謝謝您及各位老師們，謝謝！！　　　　　　（中壢班 江靜貴敬上）

11. 曾老師您好：我是竹北班的學員呂鈺銘，感謝您幽默的教學及激勵！賦予學員堅持到最後的信念，讓原本以玩票性質又不是從事相關行業的學員一次就考上不動產經紀人！感謝大日優秀的教師群，謝謝！

12. 曾老師元宵節快樂~！我是中壢班張睿凡，每回總坐最前面那位，剛從大陸玩回來，得知考上經紀人！感謝老師一路鼓勵，才能有信心一次考上！雖然我很聰明，但才念短短三個月，心真的很不踏實，但老師的鼓勵，分析策略真得很對！民法雖不及格，經紀法規一科就大旗插上了！謝謝老師！

13. 曾主任：萬分的感謝您以幽默鼓勵的方式教學，讓我申論題在您指導下能順利考上，我是中壢班洪寶玉，老師~真的很感謝您，祝福您一切如意。

56歲一次考上26名！

敬愛的曾文龍教授您好：

我是99年台北NO.2不動產經紀人國家考照班學生楊福來（民國44年3月生56歲），在經過六個月的努力及曾教授殷切的關懷指導下，終於以優異的名次（26名），登榜不動產經紀人。

本人因年齡較長，記憶力漸退，對每科都必須背誦的不動產經紀人考試，並不抱太大希望，但在曾教授的鼓勵下，姑且一試，多寫申論題，且每科都背誦十次以上，不動產估價居然考93分，土地法規也考了78分，這是考上的關鍵。

大日不動產研究中心有優良的師資，老師們都努力教導，助教小姐也很盡責，是值得推薦的不動產相關證照考照班。

非常感謝曾教授，特寫此函聊表謝忱，謹 此
順頌　商棋

楊福來　謹啟
100年3月9日

狂賀101年考上第2名、4名、6名、11名等

狂 賀 !!!

不動產經紀人
101年2月23日放榜

我的學生考進～
　　第 2 名　林玉黛、
　　第 4 名　許雅婷、
　　第 6 名　宋瑞賢、
　　第11名　徐美鈴、
　　……………等等！！

曾文龍 101.2.25
大日不動產研究中心　主任
崑山科技大學　不動產估價師學分班　主任
中華綜合發展研究院 不動產研究中心　主任

歷年不動產經紀人考試錄取率

	報考人數	到考人數	到考率	錄取人數	錄取率(%)	備註
88年普考	9613	5049	52.52	2354	46.62	選擇申論各半
89年普考	6145	3438	55.95	1103	32.08	選擇申論各半
90年特考(一)	2444	1737	71.07	540	31.09	選擇申論各半
90年特考(二)	2547	1561	61.29	529	33.89	選擇申論各半
91年普考	4799	2069	43.11	110	5.32	只考申論題
92年特考	1938	1363	70.33	347	25.45	選擇申論各半
92年普考	3815	1582	41.47	78	4.93	只考申論題
93年普考	3881	1620	41.74	110	6.79	只考申論題
94年普考	4624	1922	41.57	35	1.82	只考申論題
95年普考	11361	5854	51.15	676	11.55	選擇申論各半
96年普考(一)	9985	5168	51.76	980	18.96	選擇申論各半
96年普考(二)	11662	5645	48.41	1050	18.60	選擇申論各半
97年普考(一)	6974	3725	54.83	436	11.70	選擇申論各半
97年普考(二)	8124	3972	48.89	853	21.48	選擇申論各半
98年普考	7604	3769	49.57	1129	29.95	選擇申論各半
99年普考	10180	4944	48.57	497	10.05	選擇申論各半

歷年不動產經紀人考試錄取率

	報考人數	到考人數	到考率	錄取人數	錄取率(%)	備註
100年普考	10707	5433	49.91	502	9.39	選擇申論各半
101年普考	9821	4817	49.05	1221	25.35	選擇申論各半
102年普考	10798	5803	53.74	944	16.27	選擇申論各半
103年普考	10991	6586	59.92	695	10.55	選擇申論各半
104年普考	8667	5039	58.14	587	11.65	選擇申論各半
105年普考	6302	3710	58.87	1051	28.33	選擇申論各半
106年普考	5476	2993	41.67	204	6.82	選擇申論各半
107年普考	5390	2838	52.65	563	19.84	選擇申論各半
108年普考	5599	2937	52.25	637	21.69	選擇申論各半
109年普考	6591	3522	53.34	285	8.09	選擇申論各半
110年普考	7360	3897	52.95	384	9.85	選擇申論各半
111年普考	10302	5434	52.75	1158	21.31	選擇申論各半
112年普考	10342	5678	54.90	329	5.79	選擇申論各半

106年
不動產經紀人普考

不動產經紀相關法規概要

甲、申論題部分：（50分）

一、何謂約定專用部分？公寓大廈之起造人於申請建造執照時成立之約定專用部分，區分所有權人會議之決議是否可以予以變更？（25分）

答：

（一）約定專用部分：

指公寓大廈共用部分經約定供特定區分所有權人使用者。

而共用部分，指公寓大廈專有部分以外之其他部分及不屬專有之附屬建築物，而供共同使用者。

（二）區分所有權人會議之決議是否可以變更申請建造執照時成立之約定專用部分：

1. 住戶應依使用執照所載用途及規約使用專有部分、約定專用部分，不得擅自變更。

2. 住戶違反前項規定，管理負責人或管理委員會應予制止，經制止而不遵從者，報請直轄市、縣(市)主管機關處理，並要求其回復原狀。

3. 起造人遵行申報之規定：依公寓大廈管理條例第56條第一項規定，公寓大廈之起造人於申請建造執照時，應檢附專有部分、共用部分、約定專用部分、約定共用部分標示之詳細圖說及規約草約。於設計變更時亦同。

4. 區分所有權人會議之決議,未經依下列事項辦理者,不生效力:
   (1) 依公寓大廈管理條例第33條規定,依第56條第1項規定成立之約定專用部分變更時,應經使用該約定專用部分之區分所有權人同意,否則不生效力。
   (2) 例外情形:
      但該約定專用顯已違反公共利益,經管理委員會或管理負責人訴請法院判決確定者,不在此限。

二、何謂定型化契約?中央主管機關為促進定型化契約之公平化,依消費者保護法之規定,擬訂定型化契約應記載或不得記載事項。其內容得包括那些項目?(25分)
【提示】消費者保護法第2條第9款、17條
答:
(一) 定型化契約:
指以企業經營者提出之定型化契約條款作為契約內容之全部或一部而訂立之契約
(二) 應記載或不得記載事項內容:
1. 前項應記載事項,依契約之性質及目的,其內容得包括:
   (1) 契約之重要權利義務事項。
   (2) 違反契約之法律效果。
   (3) 預付型交易之履約擔保。

⑷契約之解除權、終止權及其法律效果。
⑸其他與契約履行有關之事項。
2. 第一項不得記載事項，依契約之性質及目的，其內容得包括：
⑴企業經營者保留契約內容或期限之變更權或解釋權。
⑵限制或免除企業經營者之義務或責任。
⑶限制或剝奪消費者行使權利，加重消費者之義務或責任。
⑷其他對消費者顯失公平事項。
3. 違反第一項公告之定型化契約，其定型化契約條款無效。該定型化契約之效力，依前條規定定之。
4. 中央主管機關公告應記載之事項，雖未記載於定型化契約，仍構成契約之內容。
5. 企業經營者使用定型化契約者，主管機關得隨時派員查核。

乙、測驗題部分：（50分）

（A）1. 依不動產經紀業管理條例規定，經紀人員違反下列何者應予停止執行業務處分？（A）收取差價或其他報酬（B）未自己執行仲介或代銷業務，且未經所屬經紀業同意者（C）未於不動產出租、出售委託契約書上簽章（D）在執行業務過程中，未以不動產說明書向與委託人交易之相對人解說

(A) 2. 下列有關不動產經紀人員經紀業之敘述，何者錯誤？（A）經紀業因業務需要，必要時得以在其公司工作多年，表現良好，但未具備經紀人資格者，從事仲介或代銷業務（B）經營仲介業務者，應揭示報酬標準及收取方式，於營業處所明顯之處（C）經紀業刊登廣告與銷售內容時，應與事實相符，並註明經紀業名稱（D）經紀人員在執行業務過程中，應以不動產說明書向與委託人交易之相對人解說

(C) 3. 依不動產經紀業管理條例規定，關於不動產經紀人員之資格，下列敘述何者錯誤？（A）經不動產經紀人考試及格者，應具備1年以上經紀營業員經驗，始得向直轄市或縣市政府請領經紀人證書（B）經紀人證書有效期限為4年。期滿時，應檢附4年內完成專業訓練30個小時以上之證明文件辦理換證（C）曾經營經紀業，經主管機關撤銷或廢止許可，自撤銷或廢止之日起未滿5年者，不得充任經紀人員（D）經紀人員應專任一經紀業，並不得為自己或他經紀業執行仲介或代銷業務。但經所屬經紀業同意為他經紀業執行業務者，不在此限

(A) 4. 下列何者非為不動產說明書不得記載事項？（A）不得約定拋棄說明書審閱期間（B）不得記載本說明書內容僅供參考（C）不得使用實際所有權面積以外之「受益面積」、「銷售面積」、「使用面積」等類似名詞（D）不得記載房價有上漲空間或預測房價上漲之情形

（D）5. 依不動產經紀業管理條例規定，下列關於條例用辭定義之敘述何者正確？（A）成屋：指領有建造執照，或於實施建築管理前建造完成之建築物（B）預售屋：指領有使用執照尚未建造完成而以將來完成之建築物為交易標的之物（C）經紀業：指依不動產經紀業管理條例規定從事買賣、互易、租賃之居間或代理業務者（D）營業處所：指經紀業經營仲介或代銷業務之店面、辦公室或非常態之固定場所

（A）6. 不動產買賣交易實價資訊之登錄，應於不動產簽訂買賣契約辦竣所有權移轉登記後，何時向主管機關申報登錄成交案件實際資訊？（A）30日內（B）20日內（C）10日內（D）即時

（C）7. 依不動產經紀業管理條例規定，經紀業應於經紀人到職之日起幾日內，造具名冊報請所在地主管機關層報中央主管機關備查？（A）5日（B）10日（C）15日（D）20日

（A）8. 依不動產經紀業管理條例規定，經營仲介業務者未揭示報酬標準及收取方式於營業處所明顯之處者，應如何懲處？（A）經主管機關限期改正而未改正者，處新臺幣3萬元以上15萬元以下罰鍰（B）逕處新臺幣3萬元以上15萬元以下罰鍰（C）經主管機關限期改正而未改正者，處新臺幣6萬元以上30萬元以下罰鍰（D）逕處新臺幣6萬元以上30萬元以下罰鍰

（A）9. 不動產經紀業管理條例所稱主管機關，下列敘述何者錯誤？（A）內政部營建署（B）內政部（C）直轄市

政府地政處（D）縣（市）政府

(B) 10. 下列有關不動產經紀業營業保證金之敘述，何者錯誤？（A）營業保證金獨立於經紀業及經紀人員之外（B）除不動產經紀業管理條例另有規定外，得因經紀業或經紀人員之債權、債務關係而為讓與、扣押、抵銷或設定負擔（C）營業保證金應隨經紀業之合併、變更組織而移轉（D）經紀業申請解散者，得請求退還原繳存之營業保證金

(C) 11. 依不動產經紀業管理條例規定，經紀業或經紀人員不得收取差價或其他報酬。若有違反，則應如何處置？（A）返還支付人已收取之差價或其他報酬（B）加計利息後返還支付人已收取之差價或其他報酬（C）加計利息後加倍返還支付人已收取之差價或其他報酬（D）加計利息後返還支付人已收取之差價或其他報酬，並負損害賠償責任

(C) 12. 不動產經紀人員執行仲介或代銷業務時，因過失致交易當事人受損害者，不動產經紀業者其賠償責任，下列敘述何者正確？（A）由不動產經紀人員單獨負賠償責任（B）由不動產經紀業單獨負賠償責任（C）由不動產經紀業應與經紀人員負連帶賠償責任（D）不動產經紀業以有可歸責事由為限，始負連帶賠償責任

(B) 13. 依公平交易法規定，事業有與他事業經常共同經營或受他事業委託經營之情形者，稱為下列何者？（A）聯合（B）結合（C）獨占（D）寡占

（B）14. 不動產經紀業者,共同約束開發物件必須與委託人簽訂專任委託契約,致使不動產經紀業者及委託人選擇委託契約型態之自由受到限制,可能違反公平交易法之何種行為?（A）第20條之妨害公平競爭行為（B）第15條之聯合行為（C）第11條之結合行為（D）第9條之獨占行為

（D）15. 關於結合行為之申報,下列敘述何者錯誤?（A）事業自主管機關受理其提出完整申報資料之日起算30工作日內,不得為結合（B）關於不得為結合之期間,主管機關認為必要時,得書面通知事業另行延長期間。該延長期間不得逾60工作日（C）如主管機關屆期未為延長通知或決定者,原則上事業得逕行結合（D）關於不得為結合之期間,主管機關認為必要時,得書面通知事業另行縮短期間,該縮短期間不得短於15工作日

（B）16. 甲向乙汽車公司購買限量跑車一台,在交車前夕,甲接獲汽車公司通知必須加購「跑車保險」,但甲向乙公司表示,可自行安排保險事宜無須加保,但遭乙公司拒絕,試問,乙汽車公司最有可能違反公平交易法中何種規定?（A）聯合行為（B）不正當限制交易相對人與其交易行為（C）差別待遇（D）不實廣告

（A）17. 下列有關獨占之敘述,何者錯誤?（A）一事業在相關市場中達到三分之二的市場占有率（B）一事業在相關市場中具有壓倒性的地位,並且可以排除他事業的競爭（C）二事業實際上無價格競爭之情勢,但具

有排除第三事業進入市場的實力（D）因技術困難或政府法令等情形，使得其他事業進入但具市場產生障礙，此種情形，主管機關得以認定為獨占事業

（C）18. 依公平交易法第20條之規定，妨害公平競爭之行為不包括下列何者？（A）無正當理由，對他事業給予差別待遇之行為（B）以低價利誘或其他不正當方法，阻礙競爭者參與或從事競爭之行為（C）以脅迫、利誘或其他不正當之方法，使競爭者之交易相對人與自己交易之行為（D）以不正當限制交易相對人之事業活動為條件，而與其交易之行為

（D）19. 甲建設公司請乙廣告公司針對新推出之建案，宣傳其公共設施包含三溫暖及健身房，並請知名女星丙推薦該建案。然該建案依使用執照登載所示，廣告中宣傳該公共設施位置之使用用途為「梯間、水箱及機械室」且未辦理變更使用執照。使該建案於日後交屋時，消費者並未能獲得或合法享有廣告所示之公共設施空間使用。根據公平交易法，下列敘述何者錯誤？（A）主管機關得限期令甲停止或改正其行為，並得處新臺幣2,500萬元以下罰鍰（B）甲應負損害賠償責任（C）乙於明知該宣傳內容虛偽不實時，須負連帶損害賠償責任（D）丙如非明知或非可得而知該宣傳內容虛偽不實時，僅需就報酬十倍內負損害賠償責任

（B）20. 不動產開發業者或不動產經紀業者銷售預售屋時，要求購屋人須給付定金或一定費用始提供預售屋買賣契約書攜回審閱，可能違反公平交易法之何種行為？

（A）第20條之妨害公平競爭行為（B）第25條之欺罔或顯失公平行為（C）第21條之虛偽不實廣告行為（D）第15條之聯合行為

（D）21. 下列何者非反托拉斯法基金之用途？（A）辦理競爭法之教育及宣傳（B）補助本法與涉及檢舉獎金訴訟案件相關費用之支出（C）推動國際競爭法執法機關之合作（D）補助消費者因聯合行為而受之損害

（D）22. 依公平交易法規定，下列關於期間之敘述何者錯誤？（A）主管機關對於違反獨占、聯合行為之裁處權，因5年期間經過而消滅（B）損害賠償請求權，自請求權人知有行為及賠償義務人時起，2年間不行使而消滅（C）損害賠償請求權，自行為時起，逾10年不行使而消滅（D）聯合行為許可應附期限，其期限不得逾3年。以書面申請延展，其延展期限每次不得逾3年

（B）23. 依消費者保護法規定，關於消費爭議之處理，當事人對於調解委員依職權提出之解決方案若有異議，最遲得於送達後幾日內提出？（A）7日（B）10日（C）15日（D）20日

（C）24. 依消費者保護法規定，關於企業經營者責任之敘述，下列何者錯誤？（A）企業經營者所提供之服務，若具有危害消費者健康之可能者，應為警告標示。違反且致生損害於消費者時應負連帶賠償責任（B）從事經銷之企業經營者，對商品或服務所生之損害防免已盡相當之注意，無須負連帶賠償責任（C）企業經營者之商品雖致生損害於消費者，若能證明其無過失

者,則無須負連帶損害賠償責任(D)企業經營者對於商品符合可合理期待之安全性,負舉證責任

(A) 25. 輸入之商品或服務,須以何種方式為之?(A)應附中文標示(B)得附中文標示(C)無須附中文標示(D)應附中文及外文標示

(D) 26. 下列何者不是消費者保護法第12條所規定推定定型化契約條款顯失公平之情形?(A)契約之主要權利或義務,因受條款之限制,致契約之目的難以達成者(B)條款與其所排除不予適用之任意規定之立法意旨顯相矛盾者(C)違反平等互惠原則者(D)違反誠信原則者

(D) 27. 下列何者非屬於內政部依消費者保護法之規定所訂定之定型化契約應記載不得記載事項類型?(A)預售屋買賣定型化契約應記載及不得記載事項(B)成屋買賣定型化契約應記載及不得記載事項(C)不動產委託銷售定型化契約應記載及不得記載事項(D)停車位租賃定型化契約應記載及不得記載事項

(C) 28. 依消費者保護法規定,企業經營者對於消費者之申訴,應於申訴之日起幾日內妥適處理?(A)7日(B)10日(C)15日(D)20日

(C) 29. 依消費者保護法規定,企業經營者對消費者保證商品或服務品質所出具之書面保證書,應載明事項不包括下列何者?(A)商品或服務之名稱(B)保證之內容(C)製造日期(D)製造商之名稱、地址

(C) 30. 依消費者保護法規定,關於定型化契約之審閱期間,

下列敘述何者錯誤？（A）應有30日以內之合理審閱期間（B）企業經營者以定型化契約條款使消費者拋棄合理審閱期權利者，無效（C）違反合理審閱期規定者，該條款無效（D）中央主管機關得選擇特定行業，參酌定型化契約條款之重要性等事項，公告定型化契約之審閱期間

（C）31. 依消費者保護法規定，關於特種交易之敘述何者正確？（A）通訊交易係指企業經營者未經邀約而與消費者在公共場所或其他場所等所定之契約（B）訪問交易之消費者，除有合理例外情事，得於收受商品後7日內，以退回商品或書面通知方式解除契約，無須說明理由（C）通訊交易違反消費者解約權所為之約定，其約定無效（D）企業經營者應於收到消費者退回商品通知之次日起7日內，返還消費者已支付之對價

（B）32. 定型化契約中之定型化契約條款牴觸個別磋商條款之約定者，其牴觸部分？（A）效力未定（B）無效（C）構成契約之內容（D）不得撤銷

（C）33. 公寓大廈共用部分不得獨立使用供作專有部分，其為下列何者非不得為約定專用部分？（A）公寓大廈本身所占之地面（B）社區內各巷道、防火巷弄（C）非連通數個專有部分之樓梯或走廊（D）公寓大廈之主要樑柱之構造

（B）34. 在規約並未特別約定之情形下，一層一戶之住戶在樓梯間與走廊置放鞋櫃，並將安全門上鎖防止他人出入

該樓層。下列敘述，何者正確？（A）住戶不得於樓梯間與共同走廊間堆置雜物。若有違反，管理委員會有權制止並移除鞋櫃與剪斷鎖頭（B）主管機關得處該住戶新臺幣4萬元以上20萬元以下罰鍰，並限期改善（C）管理委員會促請該住戶改善，若於3個月內仍未改善，管理委員會得依區分所有權人會議決議，強制其遷離（D）若該住戶拒絕依照區分所有權人會議決議遷離並完成移轉登記手續者，管理委員會得聲請法院拍賣之

（C）35. 下列有關公寓大廈管理之敘述，何者錯誤？（A）住戶雖有繳管理費用，但仍不得任意棄置垃圾、惡臭物質（B）住戶不得於私設通路、防火間隔、防火巷弄等處所堆置雜物（C）住戶於開放空間及退縮空地，經管理委員會核准後，在核准範圍內得自行設置廣告物（D）住戶飼養動物時，應遵守規定，不得妨礙公共衛生、公共安寧以及公共安全

（A）36. 專有部分之樓地板維修時，原則上維護費用應由誰負擔？（A）樓地板上下方區分所有權人，共同負擔（B）全體區分所有權人，共同負擔（C）由樓地板上方之區分所有權人負擔（D）由公寓大廈公共基金負擔

（A）37. 公寓大廈住戶積欠應繳納之公共基金或應分擔之費用，下列何者情形管理委員會得訴請法院命其給付？（A）已逾二期，經定相當期間催告仍不給付者，得向法院起訴請求（B）雖金額尚未相當，仍可向法院

起訴請求（C）只要一逾期未繳，即可向法院起訴請求（D）視住戶態度決定催討與否或由管理委員會自行吸收

(B) 38. 依公寓大廈管理條例規定，召開區分所有權人會議之通知，應由召集人於開會幾日前以書面載明開會內容，通知各區分所有權人？（A）7日（B）10日（C）15日（D）20日

(B) 39. 依公寓大廈管理條例規定，關於供區分所有權人使用部分之敘述，下列何者錯誤？（A）區分所有權人除法律另有限制外，對其專有部分得自由使用、收益、處分（B）獨立建築物所有權之牆壁，以牆之外緣為界。故該牆所屬之區分所有權人得於區分所有人權會議決議同意後，於外牆設置廣告物（C）專有部分之共同壁修繕費用，若修繕費係因可歸責於區分所有權人之事由所致，全數由該區分所有權人負擔（D）公寓大廈通往室外之通路不得為約定專用部分

(C) 40. 依公寓大廈管理條例規定，關於召開區分所有權人會議，下列敘述何者錯誤？（A）每年至少應召開定期會議一次（B）發生重大事故有及時處理之必要，經管理委員會請求者，應召開臨時會議（C）須經區分所有權人三分之一以上及其區分所有權比例合計三分之一以上，以書面載明召集之目的及理由請求召集者，始得召開臨時會議（D）區分所有權人會議可由具區分所有權人身分之管理委員為召集人

106年不動產經紀人普考

土地法與土地相關稅法概要

甲、申論題部分：（50分）

一、稅捐稽徵機關對於土地申報移轉現值之審核標準為何？又，土地增值稅得重購退稅之情形為何？請依土地稅法之規定，分別說明之。（25分）

【提示】土地稅法第30、35、36、37條

答：

(一) 土地申報移轉現值之審核標準

1. 訂約日：
   申報人於訂定契約之日起三十日內申報者，以訂約日當期之公告土地現值為準。

2. 收件日：
   申報逾訂定契約之日起三十日始申報者，以受理申報機關收件日當當期之公告土地現值為準。

3. 死亡日：
   遺贈之土地，以遺贈人死亡日當期之公告土地現值為準。

4. 起訴日：
   依法院判決移轉登記者，以申報人向法院起訴日當期之公告土地現值為準。

5. 拍定日或拍定價：
   經法院拍賣之土地，以拍定日當期之公告土地現值為準。但拍定價額低於公告土地現值者，以拍

定價額為準；拍定價額如已先將設定抵押金額及其他債務予以扣除者，應以併同計算之金額為準。

6. 收買日或購買日：

經政府核定照價收買或協議購買之土地，以政府收買日或購買日當期之公告土地現值為準。但政府給付之地價低於收買日或購買日當期之土地公告現值者，以政府給付地價為準。

7. 前項第一、二、三、四款申報人申報之移轉現值，經審核低於公告土地現值者，得由主管機關照其自行申報之移轉現值收買或照公告土地現值徵收土地增值稅。其第一、二、三款之申報移轉現值，經審核超過公告土地現值者，應以其自行申報之移轉現值為準，徵收土地增值稅。

(二) 重購土地退稅

依土地稅法退稅要件規定如下：

1. 時間限制：

需土地所有權人於出售土地或土地被徵收後，自完成移轉登記或領取補償地價之日起二年內重購土地，或先購買土地後，自完成移轉登記之日二年內，始行出售土地或土地始被徵收。

2. 使用限制：

需出售自用住宅用地前一年內，未曾供營業或出租。

3. 性質限制：

需自用住宅用地,自營工廠用地,自耕農業用地、出售或被徵收後,重購土地之使用性質相同者。

4. 面積限制:

自用住宅用地購買未超過都市土地三公畝或非都市土地七公畝。

5. 超價限制:

需新購土地地價,超過原出售土地地價或補償地價扣除繳納土地增值稅後之餘額。

6. 移轉限制:

重購土地自完成移轉登記之日起,五年內再行移轉時,或改作其他用途時,除就該次移轉之漲價總數額課徵土地增值稅外,並應追還稅款。

二、試依區域計畫法之規定,說明非都市土地使用管制之結構為何?又,依土地稅法之規定,都市計畫公共設施保留地之地價稅如何課徵?依都市計畫法之規定,私有公共設施保留地之取得方式為何?以上三問,請依序分別說明之。(25分)

【提示】區域計畫法第11、15條、土地稅法17、19條、都市計畫法第48條

答:

(一)非都市土地使用管制之結構:

1. 區域計劃實施之效力:

區域計畫公告實施後,凡依區域計畫應擬定市鎮

計畫、鄉街計畫、特定區計畫或已有計畫而須變更者,當地都市計畫主管機關應按規定期限辦理擬定或變更手續。未依限期辦理者,其上級主管機關得代為擬定或變更之。
2. 非都市土地分區管制:
(1)區域計畫公告實施後,不屬第11條之非都市土地,應由有關直轄市或縣(市)政府,按照非都市土地分區使用計畫,製定非都市土地使用分區圖,並編定各種使用地,報經上級主管機關核備後,實施管制。變更之程序亦同。其管制規則,由中央主管機關定之。
(2)前項非都市土地分區圖,應按鄉、鎮(市)分別繪製,並利用重要建築或地形上顯著標誌及地籍所載區段以標明土地位置。

(二)公共設施保留地地價稅之課徵方式:
1. 在保留期間仍為建築使用者,如作自用住宅用地按千分之二計徵。
(1)合於左列規定之自用住宅用地,其地價稅按千分之二計徵:
A. 都市土地面積未超過三公畝部分。
B. 非都市土地面積未超過七公畝部分。
(2)超出面積之部分依地價稅一般稅率徵收。
(3)超出面積之部分仍為都市計劃公共設施保留地者統按千分之六計徵。
2. 未作自用住宅用地使用統按千分之六計徵。

3. 未作任何使用並與使用之土地隔離者，免徵地價稅。

(三) 私有公共設施保留地之取得方式：
依都市計畫法指定之公共設施保留地供公用事業設施之用者，由各該事業機構依法予以徵收或購買；其餘由該管政府或鄉、鎮、縣轄市公所依左列方式取得之：
1. 徵收。
2. 區段徵收。
3. 市地重劃。

乙、測驗題部分：（50分）

(一律給分) 1. 關於免於課徵之規定，下列規定何者錯誤？（A）每年（期）地價稅，每戶稅額在新臺幣100元以下者，免予課徵（B）每期田賦實際造單賦額，每戶未滿一賦元者，免予課徵（C）土地增值稅稅額，在新臺幣100元以下者，免予課徵（D）房屋稅稅額，在新臺幣100元以下者，免予課徵

(A) 2. 區段徵收之抵價地總面積，以徵收總面積百分之多少為原則？（A）50（B）45（C）40（D）30

(B) 3. 下列何種登記免納登記費？（A）土地總登記（B）限制登記（C）繼承登記（D）共有物分割登記

(C) 4. 區段徵收之土地，領回抵價地後第一次移轉，應課徵土地增值稅時，原地價應如何認定？（A）以原土地所有權人完成移轉登記之日當期公告土地現值

（B）以原土地所有權人權利取得之日當期公告土地現值（C）以原土地所有權人實際領回抵價地之地價（D）以原土地所有權人領得之補償地價總額

（B）5. 建築物於建造完成前，因何種原因而變更起造人名義，並取得使用執照者，應申報繳納契稅？（A）繼承（B）贈與（C）設典（D）分割

（C）6. 依土地法第100條之規定，出租人因下列何項情形，得收回房屋？（A）承租人積欠租金額，除擔保金抵償外，達1個月（B）承租人損壞出租人之房屋或附著財物，為相當之賠償時（C）出租人收回自住或重新建築時（D）承租人以房屋供合於法令之使用時

（C）7. 依105年1月1日起實施的房地合一所得稅制規定，因財政部公告之調職、非自願離職或其他非自願性因素，交易持有期間在2年以下之房屋、土地者，其稅率為何？（A）45%（B）35%（C）20%（D）15%

（D）8. 下列有關都市計畫主要計畫之擬定及核定程序規定，何者錯誤？（A）主要計畫擬定後，應先送由該管政府或鄉、鎮、縣轄市都市計畫委員會審議（B）縣政府所在地及縣轄市之主要計畫由內政部核定（C）地方政府於接到主要計畫核定公文之日起30日內，應將主要計畫書、圖發布實施（D）主要計畫經該管政府都市計畫委員會審議後，應公開展覽30天及舉行說明會

（B）9. 依土地法規定，公有土地之撥用程序為何？（A）各級政府機關需用公有土地時，應商同該管直轄市或縣

（市）民意機關層請行政院核准撥用（B）各級政府機關需用公有土地時，應商同該管直轄市或縣（市）政府層請行政院核准撥用（C）各級政府機關需用公有土地時，應商同該管直轄市或縣（市）民意機關層請內政部核准撥用（D）各級政府機關需用公有土地時，應商同該管直轄市或縣（市）政府層請內政部核准撥用

(C) 10. 下列何者不符合申請自用住宅用地之土地增值稅稅率規定？（A）出售前1年內，未營業使用或出租（B）都市土地面積未超過3公畝部分或非都市土地面積未超過7公畝部分（C）土地所有權人與其配偶及未成年之受扶養親屬，適用自用住宅用地稅率者，以一處為限（D）土地所有權人或其配偶、直系親屬於該地辦竣戶籍登記

(C) 11. 下列何種情形免徵契稅？（A）以遷移、補償等變相方式支付產價，取得不動產所有權者（B）依法領買或標購公產及向法院標購拍賣之不動產者（C）開徵土地增值稅區域之土地（D）以不動產為信託財產，受託人依信託本旨移轉信託財產與委託人以外之歸屬權利人時

(C) 12. 下列何者是土地增值稅的課稅基礎？（A）累進起點地價（B）公告土地現值（C）土地漲價總數額（D）申報地價

(D) 13. 下列有關規定地價之規定，何者錯誤？（A）規定地價後，每2年重新規定地價一次。但必要時得延長

之。重新規定地價者，亦同。（B）舉辦規定地價或重新規定地價時，土地所有權人未於公告期間申報地價者，以公告地價80%為其申報地價（C）已規定地價之土地，應按申報地價，依法徵收地價稅（D）直轄市或縣（市）主管機關為辦理規定地價，應分區調查最近2年之土地買賣價格或收益價格

(C) 14.下列有關外國人取得我國土地之規定，何者正確？（A）外國人依土地法規定取得土地時，應檢附相關文件，申請內政部核准（B）農、林、漁、牧用地不得移轉、設定負擔或租賃於外國人（C）外國人依土地法規定取得之土地，其面積及所在地點，應受該管直轄市或縣（市）政府依法所定之限制（D）外國人為有助於國內重大建設、整體經濟或農牧經營之投資所取得之土地，應先經行政院核准

(B) 15.個人及營利事業出售依農業發展條例申請興建的農舍，應如何計徵所得稅？（A）依104年12月31日前實施之舊制，僅就土地部分計算財產交易所得，課徵綜合所得稅（B）依104年12月31日前實施之舊制，僅就房屋部分計算財產交易所得，課徵綜合所得稅（C）依105年1月1日起實施之新制，房屋、土地均應按實價計算交易所得課稅（D）不論新、舊制，均免徵所得稅

(D) 16.下列有關契稅之申報起算日規定，何者錯誤？（A）不動產移轉發生糾紛時，其申報契稅之起算日期，應以法院判決確定日為準（B）向政府機關標購或領買

公產,以政府機關核發產權移轉證明書之日為申報起算日(C)向法院標購拍賣之不動產,以法院發給權利移轉證明書之日為申報起算日(D)不動產分割時,以其完成移轉登記之日為申報起算日

(A) 17. 下列何者非申請自住房屋稅稅率之要件?(A)土地所有權人或其配偶、直系親屬於房屋所在地辦竣戶籍登記(B)房屋無出租使用(C)供本人、配偶或直系親屬實際居住使用(D)本人、配偶及未成年子女全國合計3戶以內

(A) 18. 甲之土地於106年10月1日贈與並移轉登記予乙,請問106年期地價稅之納稅義務人為何?(A)甲(B)乙(C)甲乙協議(D)甲乙依持有月數分別負擔

(A) 19. 甲之土地、房屋於106年7月1日設定典權並完成移轉登記予乙。下列有關納稅義務人之規定,何者錯誤?(A)當年度地價稅之納稅義務人為甲(B)107年期房屋稅之納稅義務人為乙(C)典權契稅之納稅義務人為乙(D)土地增值稅之納稅義務人為甲

(B) 20. 甲出售市價2,000萬元之房屋連同基地,出售時土地公告現值總額為1,000萬元,房屋課稅現值為300萬元,繳納土地增值稅100萬元。如果甲符合自用住宅用地之規定,請問甲至少應買多少錢之房屋土地才能申請退還土地增值稅100萬元?(A)不問市價,只要新購土地之公告土地現值大於900萬元(B)不問市價,只要新購土地之公告土地現值大於1,000萬元(C)新購之房屋現值大於300萬元,房屋連同基地之市價大於

2,000萬元（D）新購房屋連同基地之市價大於2,000萬元

(C) 21. 土地稅法規定農業用地移轉與自然人時，得申請不課徵土地增值稅。此處所稱農業用地，下列規定何者錯誤？（A）農業發展條例第3條第11款所稱之耕地（B）依區域計畫法劃定為各種使用分區內所編定之林業用地、養殖用地、水利用地、生態保護用地、國土保安用地及供農路使用之土地，或上開分區內暫未依法編定用地別之土地（C）依區域計畫法劃定為農業區、山坡地保育區、森林區以外之分區內所編定之農牧用地（D）依都市計畫法劃定為農業區、保護區內之土地

(C) 22. 被徵收之土地，有下列何種情形時，原土地所有權人得於徵收公告之日起20年內，向該管直轄市或縣（市）主管機關申請照原徵收補償價額收回其土地？（A）徵收補償費發給完竣屆滿2年，未依徵收計畫開始使用者（B）徵收土地之殘餘部分面積過小或形勢不整，致不能為相當之使用者（C）未依核准徵收原定興辦事業使用者（D）依原徵收計畫開始使用後未滿6年，不繼續依原徵收計畫使用者

(B) 23. 下列何者為撤銷徵收之原因？（A）因工程變更設計，致原徵收之土地不在工程用地範圍內（B）公告徵收時，都市計畫已規定以聯合開發、市地重劃或其他方式開發。但以聯合開發方式開發之土地，土地所有權人不願參與聯合開發者，不在此限（C）依徵收

計畫開始使用前,興辦之事業改變、興辦事業計畫經註銷、開發方式改變或取得方式改變(D)已依徵收計畫開始使用,尚未依徵收計畫完成使用之土地,因情事變更,致原徵收土地之全部或一部已無徵收之必要

(D) 24. 下列有關違反區域計畫管制使用土地者之處罰規定,何者錯誤?(A)由該管直轄市、縣(市)政府處新臺幣6萬元以上30萬元以下罰鍰(B)經限期變更使用、停止使用或拆除地上物恢復原狀而不遵從者,得按次處罰(C)經限期變更使用而不遵從者,並得停止供水、供電、封閉、強制拆除或採取其他恢復原狀之措施(D)不依限變更土地使用者,除依強制執行法辦理外,並得處6個月以下有期徒刑或拘役

(C) 25. 下列何者非區域計畫法規定區域計畫得隨時檢討變更之原因?(A)發生或避免重大災害(B)興辦重大開發或建設事業(C)為適應國防或經濟發展之需要(D)區域建設推行委員會之建議

(B) 26. 下列有關都市計畫法中公共設施用地之設置規定,何者錯誤?(A)公共設施用地,應就人口、土地使用、交通等現狀及未來發展趨勢,決定其項目、位置與面積(B)公共設施用地應儘先利用適當之私有土地(C)公園、體育場所、綠地、廣場及兒童遊樂場,應依計畫人口密度及自然環境,作有系統之布置,除具有特殊情形外,其占用土地總面積不得少於全部計畫面積10%(D)道路系統、停車場所及加油

站，應按土地使用分區及交通情形與預期之發展配置之。鐵路、公路通過實施都市計畫之區域者，應避免穿越市區中心

（A）27. 依都市計畫法第22條規定，下列何者非細部計畫應以細部計畫書及細部計畫圖應表明之事項？（A）名勝、古蹟及具有紀念性或藝術價值應予保存之建築（B）居住密度及容納人口（C）土地使用分區管制（D）道路系統

（A）28. 重新實施地籍測量時，已依法設立界標之土地所有權人，於重測結果公告後認為測量結果有錯誤者，應如何辦理？（A）土地所有權人得於公告期間內，向該管地政機關繳納複丈費，聲請複丈（B）土地所有權人得於公告期滿後，向該管地政機關申請重新實施地籍測量（C）應由該管地政機關予以調處，不服調處者，應於接到調處通知後15日內，向司法機關訴請處理（D）應由該管地政機關予以調處，不服調處者，應於接到調處通知後15日內，循行政救濟程序辦理

（D）29. 下列有關逾期未辦繼承登記土地之處理程序，何者正確？（A）自繼承開始之日起逾1年未辦理繼承登記者，直轄市或縣市地政機關查明後，應公告繼承人於6個月內聲請登記（B）逾期未辦理繼承登記，經限期聲請登記仍未聲請者，地政機關予以列冊管理期間為10年（C）經地政機關列冊管理，期滿仍未聲請登記者，由地政機關將該土地或建築改良物清冊移請行政執行署公開標售（D）經公開標售之土地，自登記完

畢之日起10年內，原權利人得檢附證明文件按其法定應繼分，申請發給價金

(B) 30. 依土地法第103條規定，租用建築房屋之基地，非因下列何種情形，出租人不得收回？（A）出租人收回自住或重新建築時（B）承租人違反租賃契約時（C）承租人積欠租金額，除擔保金抵償外，達2個月以上時（D）承租人損壞出租人之房屋或附著財物，而不為相當之賠償時

(C) 31. 關於房地交易課徵所得稅之稅率規定，下列敘述何者錯誤？（A）個人持有房屋、土地之期間在1年以內者，稅率為45%（B）個人持有房屋、土地之期間超過1年，未逾2年者，稅率為35%（C）個人持有房屋、土地之期間超過2年，未逾10年者，稅率為25%（D）個人持有房屋、土地之期間超過10年者，稅率為15%

(D) 32. 依契稅條例之規定，契稅之課稅基礎是？（A）實價（B）市價（C）房價（D）契價

(B) 33. 土地所有權人曾使用自用住宅用地優惠稅率後，再出售其自用住宅用地，符合下列何項規定，為不受一次優惠稅率限制條件之一：（A）出售都市土地面積未超過3公畝部分或非都市土地面積未超過7公畝部分（B）出售時土地所有權人與其配偶及未成年子女，無該自用住宅以外之房屋（C）出售前持有該土地5年以上（D）土地所有權人或其配偶、未成年子女於土地出售前，在該地設有戶籍且持有該自用住宅連續滿

5年

(D) 34.下列敘述之地價稅稅率，何者錯誤？（A）自用住宅用地之地價稅稅率是2‰（B）依都市計畫法規定設置供公眾使用之停車場用地之地價稅稅率是10‰（C）公有非公用土地之地價稅稅率是10‰（D）都市計畫公共設施保留地，在保留期間仍為建築使用者，地價稅稅率是10‰

(A) 35.山坡地範圍內森林區、山坡地保育區及風景區之土地，在未編定使用地類別之前，適用那項用地之管制？（A）林業用地（B）遊憩用地（C）生態保護用地（D）國土保安用地

(D) 36.依平均地權條例之規定，土地買賣未辦竣權利移轉登記，承買人再行出售該土地時，處應納登記費多少倍以下之罰鍰？（A）5倍（B）10倍（C）15倍（D）20倍

(A) 37.都市計畫發布實施後，應依何法之規定，實施建築管理？（A）建築法（B）建築技術規則（C）建築師法（D）建築管理規則

(B) 38.依土地法之規定，聲請為土地權利變更登記，應檢附什麼文件？（A）原發土地所有權狀及地段圖（B）原發土地所有權狀及地段圖或土地他項權利證明書（C）原發土地所有權狀及地段圖及土地他項權利證明書（D）原發土地所有權狀或地段圖及土地他項權利證明書

(D) 39.依土地法及平均地權條例對於空地及荒地之規定，

下列敘述何者錯誤？（A）土地法規定，土地建築改良物價值不及所占地基申報地價20%者，視為空地（B）平均地權條例規定，空地係指已完成道路、排水及電力設施，於有自來水地區並已完成自來水系統，而仍未依法建築使用；或雖建築使用，而其建築改良物價值不及所占基地申報地價10%，且經直轄市或縣（市）政府認定應予增建、改建或重建之私有及公有非公用建築用地（C）土地法規定，凡編為農業或其他直接生產用地，未依法使用者為荒地（D）平均地權條例規定，農業用地閒置不用，經直轄市或縣（市）政府報經行政院農業委員會核准通知限期使用或命其委託經營，逾期仍未使用或委託經營者，按應納田賦加徵1倍至3倍之荒地稅

(C) 40. 甲105年6月買入A房地，購入成本1,300萬元，於106年2月以2,000萬元出售A房地時，繳納土地增值稅10萬元（土地漲價總數額為100萬元），因取得、改良及移轉而支付的費用50萬元，其應納交易所得稅若干？（A）1,925,000元（B）2,240,000元（C）2,475,000元（D）2,880,000元

不動產估價概要

甲、申論題部分：（50分）

一、有一宗位於都市計畫住宅區可立即開發之建地，請問應如何評估其價格？請詳述採用之方法及其運用程序。（25分）

答：

一宗位於都市計畫住宅區可立即開發之建地，一般會以「比較法」及「土地開發分析法」兩種估價方法評估其價格，其方法及運用程序分述如下：

(一) 比較法

　　1. 比較法定義：

　　　　比較法指以比較標的價格為基礎，經比較、分析及調整等，以推算勘估標的價格之方法。依前項方法所求得之價格為比較價格。

　　2. 比較法運用程序：

　　　⑴蒐集並查證比較標的相關資料。

　　　⑵選擇與勘估標的條件相同或相似之比較標的。

　　　⑶對比較標的價格進行情況調整及價格日期調整。

　　　⑷比較、分析勘估標的及比較標的間之區域因素及個別因素 之差異，並求取其調整率或調整額。

　　　⑸計算勘估標的之試算價格。

⑥決定勘估標的之比較價格。
(二) 土地開發分析法
　　1. 土地開發分析法：
　　　土地開發分析法，指根據土地法定用途、使用強度進行開發與改良所導致土地效益之變化，估算開發或建築後總銷售金額，扣除開發期間之直接成本、間接成本、資本利息及利潤後，求得開發前或建築前土地開發分析價格。
　　2. 土地開發分析法運用程序：
　　　⑴確定土地開發內容及預期開發時間。
　　　⑵調查各項成本及相關費用並蒐集市場行情等資料。
　　　⑶現況勘察並進行環境發展程度之調查及分析。
　　　⑷估算開發或建築後可銷售之土地或建物面積。
　　　⑸估算開發或建築後總銷售金額。
　　　⑹估算各項成本及相關費用。
　　　⑺選擇適當之利潤率及資本利息綜合利率。
　　　⑻計算土地開發分析價格。
(三) 就「比較價格」、「土地開發分析價格」所蒐集資料可信度及估價種類目的條件差異，考量價格形成因素之相近程度，決定本住宅區建地的價格，並將決定理由詳予敘明。

二、請依不動產估價技術規則之規定，詳述不動產估價應蒐集之資料及蒐集比較實例之原則。（25分）

答：
依不動產估價技術規則之規定，不動產估價應蒐集之資料及蒐集比較實例之原則分述如下：

(一) 不動產估價應蒐集之資料

依不動產估價技術規則第11條規定，不動產估價應蒐集之資料如下：

1. 勘估標的之標示、權利、法定用途及使用管制等基本資料。
2. 影響勘估標的價格之一般因素、區域因素及個別因素。
3. 勘估標的相關交易、收益及成本資料。

(二) 蒐集比較實例之原則

依不動產估價技術規則第12條規定，不動產估價師應依下列原則蒐集比較實例：

1. 實例之價格屬正常價格、可調整為正常價格或與勘估標的價格種類相同者。
2. 與勘估標的位於同一供需圈之近鄰地區或類似地區者。
3. 與勘估標的使用性質或使用管制相同或相近者。
4. 實例價格形成日期與勘估標的之價格日期接近者。

乙、測驗題部分：（50分）

(D) 1. 不動產估價應敘明價格種類，如估價師受託辦理太平島估價，您認為應屬於何種價格？(A) 限定價格

(B) 正常價格 (C) 特定價格 (D) 特殊價格

(C) 2. 下列何種情況，可歸類於不動產估價價格種類中之正常價格？(A) 實價登錄經主管機關篩選之價格 (B) 臺北市精華區標售國有土地價格 (C) 土地徵收補償所查估之市價 (D) 實價課稅經主管機關認定低報之價格

(D) 3. 依不動產估價技術規則第7條規定：「依本規則辦理估價所稱之面積，已辦理登記者，以登記之面積為準」但未辦理登記或以部分面積為估價者，應如何處理？(A) 省略不處理 (B) 先探求未登記之原因 (C) 當作無價值 (D) 調查註明

(D) 4. 如您於捷運地下街承租營運中，隔壁店家因故不與捷運局續租，此時您打算一併承租擴大經營，所承租之租金屬性應屬下列何者？(A) 市場租金 (B) 正常租金 (C) 經濟租金 (D) 限定租金

(D) 5. 臺北市政府最近發布之10月份住宅價格指數，中山松山南港區標準住宅總價1,224萬元、萬華文山北投區1,080萬元，其價差達144萬元。以上的價差分析，屬下列何種運用？(A) 定率法 (B) 比率法 (C) 定額法 (D) 差額法

(C) 6. 某出租型不動產之年總收益為100萬元，若總費用率為總收益的40%，收益資本化率4%，則該不動產之收益價格應為多少？(A) 1,000萬元 (B) 1,200萬元 (C) 1,500萬元 (D) 2,500萬元

(A) 7. 不動產估價比較法就「畸零地或有合併使用之交易」

所進行之調整,是屬於何項調整?(A)情況調整(B)價格日期調整(C)區域因素調整(D)個別因素調整

(D) 8. 關於不動產估價收益法之總費用估算項目,下列何者正確?(A)只能算地價稅,如地上權地租不能算(B)房屋稅只適用於保存登記之建物(C)所得稅亦應計算(D)維修費、保險費亦應計算

(B) 9. 計量模型分析法係指「蒐集相當數量具代表性之比較標的,透過計量模型分析,求出各主要影響價格因素與比較標的價格二者之關係式,以推算各主要影響價格因素之調整率及調整額之方法。」請問應用時應符合條件中,採迴歸分析者,其調整後判定係數不得低於多少?(A) 0.6 (B) 0.7 (C) 0.8 (D) 0.9

(B) 10.「考慮銀行定期存款利率、政府公債利率、不動產投資之風險性、貨幣變動狀況及不動產價格之變動趨勢等因素,選擇最具一般性財貨之投資報酬率為基準,比較觀察該投資財貨與勘估標的個別特性之差異,並就流通性、風險性、增值性及管理上之難易程度等因素加以比較決定之。」係指收益資本化率何種方式?(A)債務保障比率法(B)風險溢酬法(C)市場萃取法(D)有效總收入乘數法

(D) 11.若某房屋經濟耐用年數45年、經歷年數20年、殘餘價格率10%,於收益法估價時,等速折舊型,建物價格日期當時價值未來每年折舊提存率為何?(A) 0.02 (B) 0.025 (C) 0.03 (D) 0.033

(D) 12. 下列有關成本法耐用年數之敘述，何者正確？（A）建物折舊額計算應以物理耐用年數為主（B）物理耐用年數指建物因功能或效益衰退至不值得使用所經歷之年數（C）經濟耐用年數指建物因自然耗損或外力破壞至結構脆弱而不堪使用所經歷之年數（D）建物之經歷年數大於其經濟耐用年數時，應重新調整經濟耐用年數

(D) 13. 依不動產估價技術規則規定，公共設施用地及公共設施保留地之估價，是以何種估價方法為原則？（A）土地開發分析法（B）收益法（C）折現現金流量分析法（D）比較法

(B) 14. 勘估標的之營造或施工費之求取方法中，「以建築細部工程之各項目單價乘以該工程施工數量，並合計之」之方法，係指何方法？（A）淨計法（B）單位工程法（C）工程造價比較法（D）單位面積（或體積）比較法

(D) 15. 某公寓1至4樓之單價分別為100、70、60、70萬元/坪，若全棟建物成本價格占全棟房地總價格比率為30%，若以3樓為基準，1至4樓之樓層別效用比分別為下列何者？（A）100%、70%、60%、70%（B）100%、70%、70%、60%（C）167%、117%、117%、100%（D）167%、117%、100%、117%

(C) 16. 不動產估價技術規則第89條規定：「受有土壤或地下水污染之土地，應先估算其未受污染之正常價格，再依據委託人提供之土壤污染檢測資料，考量該土壤或

地下水污染之影響,並計算其地價減損額後,從正常價格中扣除之,以其餘額為該宗地之價格。」假設受污染宗地,未受污染正常價格2,000萬元,經勘估地價減損額500萬元,則受污染地價格多少?(A)500萬元(B)1,000萬元(C)1,500萬元(D)2,000萬元

(D)17. 某建物於10年前興建,重建成本500萬元,殘餘價格率4%、經濟耐用年數40年,請問等速折舊型之建物成本價格為何?(A)120萬元(B)240萬元(C)300萬元(D)380萬元

(A)18. 西門町某店面於3年前出租經營,到期擬續租,當年契約租金每年200萬元,目前市場經濟租金每年可達250萬元,若分析此租金上漲應有60%歸功於承租經營者,在必要費用不增加情況下,合理續租年租金多少?(A)220萬元(B)230萬元(C)240萬元(D)250萬元

(C)19. 某建商擬開發建地,預計興建樓板面積1,000坪,若推定銷售單價平均80萬元/坪,利潤率20%、資本利息綜合利率5%、直接成本3億元、間接成本6千萬元,則土地開發分析價格為何?(A)26,582萬元(B)27,215萬元(C)27,492萬元(D)28,200萬元

(A)20. 由於不動產是一種異質的商品,因其下列何種之特徵而分割為許多地區性市場?(A)區位(B)高程(C)地形(D)地質

(D)21. 已開闢道路及其二側或一側帶狀土地,可就具有顯著商業活動之繁榮地區,依當地發展及地價高低情形而

劃設為下列那二種地價區段？（A）住宅價區段與商業價區段（B）商業價區段與非商業價區段（C）基準地價區段與標準地價區段（D）繁榮街道路線價區段與一般路線價區段

(A) 22. 容積移轉及容積調派制度的實施，對不動產價值發生影響的因素被稱為：（A）行政條件（B）政治條件（C）社會條件（D）接近條件

(C) 23. 不動產附近如有公園、圖書館、學校、歌劇院等建設，皆會對其價值產生影響，此種估價時需掌握的原則較適合被稱為：（A）供需原則（B）貢獻原則（C）外部性原則（D）社會成本原則

(B) 24. 某私立學校為達校產活化目的，二年前將校舍之一部分出租予另一間外語學校，今年屆期想再續約，教育主管機構要求須附估價報告書供審查，此時所估之租金在目前的估價法規被歸類為下列何者？（A）正常租金（B）限定租金（C）特定租金（D）特殊租金

(C) 25. 初入社會的陳君預計在往後10年，每年有10萬元的償債能力，假設此時銀行利率為3%，請問其可貸得金額為何？（A）134,390元（B）457,970元（C）853,020元（D）1,146,390元

(C) 26. 依不動產估價技術規則第68條規定，建物累積折舊額之計算，應視下列何者選擇屬於等速折舊、初期加速折舊或初期減速折舊路徑之折舊方法？（A）建商信譽（B）建管單位要求（C）建物特性及市場動態（D）建築設計及建築投資公會

（A）27. 某建物已完工5年，面積100 m²，目前重建成本單價為新臺幣3萬元/ m²，殘餘價格率為5%、經濟耐用年數為50年，請問該建物累積折舊額為多少？（A）28.5萬元（B）30萬元（C）94.2153萬元（D）99.174萬元

（一律給分）28. 勘估土地時蒐集到一個半年前正常情況下之土地交易案例，以每平方公尺30萬元成交，其與價格日期相比跌了2%，區域條件較勘估標的優5%、個別條件較勘估標的優10%，其試算價格為何？（A）25.137萬元/ m²（B）26.163萬元/ m²（C）35.343萬元/ m²（D）46.305萬元/ m²

（B）29. 某一不動產每年營業淨收益60萬元，貸款成數80%，貸款利率5%，貸款年數20年，債權保障比率1.5，若以這些條件計算下之不動產價格應為：（A）404萬元（B）631萬元（C）909萬元（D）1,420萬元

（C）30. 附有建物之宗地，考慮建物對宗地價格影響下所為之土地估價，稱之為：（A）分割估價（B）合併估價（C）部分估價（D）獨立估價

（D）31. 下列有關勘估標的與比較標的調整及試算價格求取之敘述，何者正確？（A）差異調整以差額法為原則（B）差異調整以定性分析法為原則（C）偏高或偏低檢討後試算價格間差距仍達10%以上者，應排除適用（D）偏高或偏低檢討後試算價格間差距仍達20%以上者，應排除適用

（C）32. 蒐集市場上僅有的5個交易案例之資本化率分別為

10%、1%、5%、4.5%、4.9%，經估價師判斷應去掉差距過大之異常值，試問若依市場萃取法，勘估標的之資本化率應為：（A）3.85%（B）4.5%（C）4.8%（D）5.04%

(D) 33. 臺灣南部有許多鹽田，其價值評估以比較法估價為原則。若無買賣實例者，下列敘述何者正確？（A）得以收益法估計之（B）得以成本法估計之（C）得以鹽田會員制度及曬鹽費用等因素推估之（D）得以附近土地價格為基礎，考慮其日照、通風、位置及形狀等差異，比較推估之

(B) 34. 下列有關永佃權估價之敘述，何者正確？（A）應考慮設定目的估計之（B）應考慮佃租支付情形、民間習俗等因素估計之（C）應考慮權利存續期間、權利讓與之限制等因素，以典價為基礎估計之（D）應考慮設定目的、約定方法、權利存續期間、支付地租之有無及高低估計之

(D) 35. 有關不動產估價原則中之最有效使用原則，下列敘述何者錯誤？（A）具有良好意識及通常之使用能力者（B）在合法、實質可能、正當合理、財務可行前提下者（C）所作得以獲致最高利益之使用（D）係消費者主觀效用上

(D) 36. 有關土地開發分析法之估價程序中，最後四個步驟順序如何？（A）估算開發或建築後總銷售金額。選擇適當之利潤率及資本利息綜合利率。估算各項成本及相關費用。計算土地開發分析價格（B）估算各項

成本及相關費用。估算開發或建築後總銷售金額。選擇適當之利潤率及資本利息綜合利率。計算土地開發分析價格（C）選擇適當之利潤率及資本利息綜合利率。估算開發或建築後總銷售金額。估算各項成本及相關費用。計算土地開發分析價格（D）估算開發或建築後總銷售金額。估算各項成本及相關費用。選擇適當之利潤率及資本利息綜合利率。計算土地開發分析價格

（D）37. 在不考慮時間、高風險或不便利等因素下，審慎者不會支付高於財貨或勞務成本之代價，以取得一相同滿意度的替代性財貨或勞務。是指何種不動產價格形成原則？（A）預測原則（B）競爭原則（C）供需原則（D）替代原則

（A）38. 成本法中，指與勘估標的相同效用之建物，以現代建材標準、設計及配置，於價格日期建築所需之成本，是指何種成本？（A）重置成本（B）重建成本（C）重蓋成本（D）替換成本

（D）39. 有關不動產價值的定義，下列何者正確？（A）保險價值是不動產用於某種特定壽險用途所產生之價值（B）營運價值係指特定投資人評估該不動產投資所能產生的主觀價值（C）市場價值是不動產在營運過程中的既有價值，它是整個企業的一部分（D）公允價值係指能瞭解實情、有意願之當事人間公平交易所議定之資產交換或還清債務之數額

（A）40. 依不動產估價技術規則第55條第1款之規定，就勘估

標的所需要各種建築材料及人工之數量，逐一乘以價格日期當時該建築之單價及人工工資，並加計管理費、稅捐、資本利息及利潤之估價方法稱為：（A）淨計法（B）單位法（C）工程造價比較法（D）單位面積比較法

民法概要

甲、申論題部分：（50分）

一、甲、乙、丙、丁四人各出資新臺幣500萬元，並共同向戊借款1,000萬元，購置公寓一棟（以下簡稱A屋），並以A屋設定抵押權做為擔保，且約定由甲負責交付每月之利息給戊。問：

（一）甲未得其他三人同意將一樓的部分租給戊開設夾娃娃機店，該租賃契約效力如何？（10分）

（二）乙、丙、丁得否對戊主張權利？（10分）

（三）若甲、乙、丙、丁屆期未清償借款，戊應如何追討？（10分）

答：

（一）甲與戊簽訂之租賃契約效力。

1. 甲、戊間之租賃契約，對乙、丙、丁不生效力。
   按民法第820條第1項規定：「共有物之管理，除契約另有約定外，應以共有人過半數及其應有部分合計過半數之同意行之。但其應有部分合計逾2/3者，其人數不予計算。」準此，甲未得乙、丙、丁同意，私自將1樓部分出租給戊之租賃契約，對乙、丙、丁不生效力。

2. 甲、戊間之租賃契約，於甲、戊間為有效。
   甲、戊間之租賃契約，對乙、丙、丁固不生效力，惟於甲、戊間則為有效，此蓋因負擔行為不

以有處分權為必要也。但若甲不能依約交付1樓部分予戊使用、收益,則甲對戊應負債務不履行之損害賠償責任。

(二) 乙、丙、丁得對戊主張所有物返還請求權。
1. 按民法第821條規定:「各共有人對於第三人,得就共有物之全部為本於所有權之請求。但回復共有物之請求,僅得為共有人全體之利益為之。」又同法第767條第1項前段規定:「所有人對於無權占有或侵奪其所有物者,得請求返還之。」
2. 如前所述,甲、戊間之租賃契約,對乙、丙、丁不生效力。故戊對乙、丙、丁而言,係無權占有A屋1樓。從而,乙、丙、丁均得各自對戊就A屋之全部,主張民法第767條第1項前段規定之所有物返還請求權。

(三) 若甲、乙、丙、丁屆期未清償借款,戊得聲請法院拍賣A屋。
1. 按民法第873條規定:「抵押權人,於債權已屆清償期,而未受清償者,得聲請法院,拍賣抵押物,就其賣得價金而受清償。」
2. 因是可知,若甲、乙、丙、丁屆期未清償借款,戊得聲請法院拍賣A屋,優先受償1,000萬元。

二、甲現年18歲、未婚、富二代,離家赴某市就讀,未經其法定代理人同意,即與乙建設公司簽訂買賣契約,購買時價

500萬元之A套房,並辦理移轉登記。問:
(一)該屋債權及物權契約效力如何?(10分)
(二)乙交屋並辦理移轉登記於甲,甲居住其間,逾一年,發現該屋實為海砂屋,可依民法向乙主張何權利?(10分)

答:
(一)甲、乙間買賣A套房之債權及物權契約效力。
　　1. A套房之債權契約效力未定。
　　　　按民法第77條規定:「限制行為能力人為意思表示及受意思表示,應得法定代理人之允許。但純獲法律上之利益,或依其年齡及身分、日常生活所必需者,不在此限。」又民法第79條規定:「限制行為能力人未得法定代理人之允許,所訂立之契約,須經法定代理人之承認,始生效力。」準上,甲現年18歲、未婚,係限制行為能力人。其購買時價500萬元之A套房,當非民法第77條但書規定之範圍,故該A套房之債權契約效力未定。
　　2. A套房之物權契約為有效。
　　　　乙就A套房辦理移轉登記予甲,此物權行為於甲而言,係純獲法律上之利益,依前揭民法第77條但書規定,毋須得法定代理人之允許,即屬有效。惟甲之法定代理人若拒絕承認甲、乙間之債權契約,則乙得依民法第179條不當得利之規定,請求甲返還A套房。

(二)甲居住逾一年後,發現A套房為海砂屋時可主張之權利如下:
1. 甲得主張A套房有瑕疵,依民法第359條規定解除契約或請求減少價金,並依民法第259條第2款規定,請求返還500萬元價金及利息。
2. 甲之法定代理人未允許甲、乙訂定買賣契約,故甲發現A套房為海砂屋後,其法定代理人得拒絕承認該買賣契約,使該契約無效,則甲即得依民法第179條不當得利之規定,請求乙返還500萬元價金。
3. 因乙隱瞞A套房為海砂屋之事實,使甲被詐欺而陷於錯誤,故甲亦得依民法第92條規定撤銷A套房之買賣契約,再依民法第179條不當得利之規定,請求乙返還500萬元價金。

乙、測驗題部分:(50分)

(C) 1. 下列有關不動產買賣之敘述,何者錯誤?(A)不動產仲介公司用與不特定之消費者簽定同類委託銷售不動產而先予擬定之契約,屬於定型化契約(B)不動產買賣除標的物及價金外,該房地之交付時間、所有權移轉登記時期、價金之給付方式等,通常亦為契約成立之必要之點(C)居間人已為報告或媒介而契約不成立者,居間人支出之費用均得請求償還(D)約定之違約金是否過高,可斟酌當事人所受損害情形,及債務人如能依約履行時債權人可享受之一切利益

(B) 2. 下列有關從物之敘述,何者錯誤?(A)所有權狀為房地不動產之從物(B)屋頂平台為主物大樓建築之從物(C)土地共有人出賣房地全棟時,買賣契約效力及於另一共有人原所同意之同宗建築基地依法留設法定保留空地及退縮地之使用權等從權利在內(D)主物之處分及於從物,於主物與從權利之關係,亦可適用

(D) 3. 甲乙是大四同班同學,甲平常騎乘其父丙所贈與之電動機車作為交通工具。某日乙向甲借用該部電動機車,以接送其高中同學到學校所在地之風景名勝地區遊玩。下列有關甲乙間之契約關係的敘述何者錯誤?(A)甲乙間所訂立之契約為單務契約,乙之返還義務與甲之容忍使用義務間,無同時履行抗辯權之適用(B)甲乙間所訂立之契約為要物契約,以物之交付為契約成立之特別要件,必待借用物之交付,契約始得成立(C)甲乙間所訂立之契約為使用借貸契約,乙非經甲之同意,不得允許第三人使用該借用物,否則甲得終止契約(D)甲乙間所訂立之契約為使用借貸契約,甲對乙不以故意不告知借用物之瑕疵為限,承擔瑕疵擔保的責任,乙因此瑕疵所受之損害,得向甲請求賠償

(D) 4. 關於繼承之效力,下列敘述何者錯誤?(A)繼承人對於被繼承人之債務,以因繼承所得遺產為限,負清償責任(B)繼承,因被繼承人死亡而開始(C)繼承人有數人時,在分割遺產前,各繼承人對於遺產全

部為公同共有（D）繼承人從被繼承人生前所受贈之全部財產，視為其所得遺產

(A) 5. 關於意思表示錯誤，下列敘述何者正確？（A）當事人資格之錯誤，可能得撤銷之（B）表意人得向相對人請求損害賠償（C）動機錯誤，均為意思表示內容之錯誤（D）表示行為錯誤，不得撤銷

(B) 6. 甲有A地，且登記為A地所有人。甲因乙之脅迫，出賣且交付A地於乙，於甲尚未撤銷買賣契約前。試問，下列敘述何者正確？（A）甲得撤銷交付A地於乙之行為（B）現占有A地之乙為有權占有人（C）乙因此成為A地所有人（D）甲乙間之A地的買賣契約，無效

(D) 7. 關於消滅時效，下列敘述何者正確？（A）消滅時效之規定，已登記不動產之回復請求權，亦有適用（B）一般消滅時效期間，乃20年（C）請求權因其消滅時效完成而消滅（D）以租賃動產為營業者之租價請求權，其消滅時效期間為2年

(D) 8. 依民法規定，關於不動產買賣，下列敘述何者正確？（A）應作成公證書（B）非經登記，不生效力（C）非經交付買賣之不動產，不生效力（D）因當事人就標的物及其價金互相同意而成立

(C) 9. 甲有A屋，登記為A屋所有人。甲將A屋贈與乙女。試問，下列敘述何者正確？（A）非經交付A屋，該贈與不生效力（B）該贈與應以書面為之（C）甲移轉A屋所有權予乙前，得撤銷該贈與（D）甲遲延交付A

屋予乙時，乙得請求遲延損害賠償

(A) 10. 依民法規定，關於受任人之權利及義務，下列敘述何者正確？（A）受任人受有報酬者，應以善良管理人之注意，處理委任事務（B）受任人未處理委任事務前，不得向委任人請求預付處理委任事務之必要費用（C）受任人必有代理權（D）受任人不得隨時終止委任契約

(A) 11. 甲有A屋，共95坪，登記為A屋所有人。乙詢問甲A屋坪數，甲告知A屋計有100坪。甲與乙締結100坪之A屋買賣契約。試問，下列敘述何者錯誤？（A）甲侵害乙之A屋所有權（B）乙得解除契約（C）乙得請求減少價金（D）乙得以甲詐欺為由，撤銷締結該買賣契約之意思表示

(D) 12. 甲有A地，登記為A地所有人。甲與乙成立承攬契約，由乙承攬A地之整地工作。乙不僅整地有瑕疵，而且還趁整地之餘，將有毒廢棄物掩埋於A地之下。試問，下列敘述何者錯誤？（A）甲得請求乙修補瑕疵（B）甲依侵權行為法之規定（民法第184條第1項前半段），得請求乙回復原狀，移除掩埋在A地下之有毒廢棄物（C）甲得以掩埋有毒廢棄物乃違反保護義務為由，解除契約（D）甲得依民法第495條第1項規定，請求乙賠償A地因掩埋有毒廢棄物所減損之價額

(D) 13. 關於遺囑，下列敘述何者正確？（A）遺囑乃非要式行為（B）無行為能力人，僅得為公證遺囑（C）代

筆遺囑，應由遺囑人指定二人以上之見證人（D）繼承人及其配偶或其直系血親，不得為遺囑見證人

(A) 14. 甲對乙負有1,000萬元借款債務，丙為甲對乙所負該債務之連帶保證人。試問，下列敘述何者正確？（A）乙得直接請求丙履行1,000萬元保證債務（B）乙僅得同時請求甲與丙履行債務（C）丙連帶責任之約定無效（D）丙負最終責任

(C) 15. 關於合會，下列敘述何者正確？（A）法人亦得為合會會員（B）會首得兼為同一合會之會員（C）限制行為能力人亦得為會員（D）自然人不得同時為數合會之會首

(C) 16. 關於物權法定主義，下列敘述何者正確？（A）僅得依制定法創設物權（B）僅得依特別法創設物權（C）得依習慣法創設物權（D）得依法理創設物權

(B) 17. 關於區分所有建築物，下列敘述何者正確？（A）全體專有部分所有人公同共有區分所有建築物之基地（B）專有部分可共有或單獨所有（C）全體專有部分所有人公同共有區分所有建築物之公同部分（D）頂樓之專有部分所有人得占有區分所有建築物之屋頂，並為使用收益

(D) 18. 關於婚約下列敘述何者正確？（A）婚約，得由未成年人之法定代理人代理為之（B）未成年人訂定婚約，無須經法定代理人之同意（C）婚約，得請求強迫履行（D）因訂定婚約而為贈與者，婚約解除時，當事人之一方，得請求他方返還贈與物

（D）19. 關於結婚，下列敘述何者正確？（A）男未滿17歲，女未滿15歲者，不得結婚（B）結婚應以公開儀式為之（C）直系血親及直系姻親在6親等以內者，不得結婚（D）當事人之一方，於結婚時不能人道而不能治者，他方得向法院請求撤銷之

（D）20. 甲、乙與丙3人共有A車，應有部分各3分之1，約定A車由丙占有、使用及收益（分管契約）。占有A車之丙未經甲與乙同意，出賣A車於丁。試問，下列敘述何者正確？（A）丁若不知丙非單獨所有人，且就其不知無過失，則善意取得A車所有權（B）丁若明知甲、乙與丙間之A車分管契約，則得占有使用收益A車（C）甲與乙若未同意，丙與丁間之A車的買賣，效力未定（D）丁對甲與乙乃有權占有

（D）21. 關於地上權，下列敘述何者正確？（A）以公共建設為目的而成立之地上權，不得定有期限（B）經設定地上權之土地，不得再設定抵押權（C）同一土地上，得設定數則內容相同之地上權（D）地上權亦得為時效取得之客體

（A）22. 關於公同共有，下列敘述何者正確？（A）公同關係存續中，各公同共有人，不得請求分割其公同共有物（B）各公同共有人，得自由處分其應有部分（C）公同關係，不以法律規定或習慣者為限（D）各公同共有人之權利，僅及於公同共有物之應有部分

（A）23. 關於最高限額抵押權，下列敘述何者正確？（A）當事人得約定其所擔保原債權之應確定之期日（B）最

高限額抵押權所擔保之債權，不以由一定法律關係所生之權利為限（C）最高限額抵押權所擔保之債權，不得將其分離而為讓與（D）同一不動產上，僅得設定一項最高限額抵押權

(D) 24. 關於占有之推定，下列敘述何者正確？（A）占有已登記之不動產而行使物權者，推定有該物權（B）行使所有權以外之權利者，對使其占有之人，推定有該權利（C）占有人推定其為他主占有（D）占有人推定其為無過失占有

(D) 25. 依民法規定，關於一定之數量有文字與號碼不符合之情形時，下列敘述何者錯誤？（A）若能探求出當事人原意，應以原意為準（B）若不能探求出當事人原意，而契約文書上對於同一數量同時以文字及號碼表示有不相符合之情形，應以文字為準（C）若不能探求出當事人原意，契約文書上對於同一數量同時以文字及號碼為數次表示時，應以文字最低額為準（D）若不能探求出當事人原意，契約文書上對於同一數量同時以文字及號碼為數次表示時，依實務見解，應以數字最低額為準

(C) 26. 依民法之規定，法定要式行為有使用文字之必要時，下述情形何者錯誤？（A）不動產物權之移轉或設定，當事人得以蓋章代替簽名（B）兩願離婚之協議書，夫妻雙方得以蓋章代替簽名（C）在代筆遺囑之情形，遺囑人得以蓋章代替簽名（D）應以書面方式訂立之人事保證契約，雙方得以蓋章代替簽名

（D）27. 關於撤銷權之性質，下列敘述何者錯誤？（A）撤銷權屬於形成權之一種，得因撤銷權人單方之意思表示到達相對人時，即生法律關係生效、變更或消滅之效力（B）撤銷權之行使期間，不受到消滅時效規定之限制（C）撤銷權行使後，其撤銷之客體視為自始無效（D）撤銷權須法律明文規定始得發生，當事人間不得以契約約定，由一方當事人因特定事由之發生而取得撤銷權

（A）28. 依民法規定，無權占有人返還占有物於回復請求人時，其得向回復請求人主張之權利及應負擔之義務，下列敘述何者正確？（A）善意占有人對於占有物支出之必要費用，於扣除其所收取孳息之餘額，皆得請求償還（B）善意占有人對於占有物因改良占有物支出之有益費用，於扣除其所收取孳息之餘額，皆得請求償還（C）惡意占有人對於占有物孳息之收取，推定其適法有此權利，無須返還（D）惡意占有人，就占有物之滅失或毀損，縱使非因可歸責於自己之事由所致者，負損害賠償之責任

（C）29. 依民法之規定，稱典權者，謂支付典價在他人之不動產為使用、收益，於他人不回贖時，取得該不動產所有權之權。下列關於典權之敘述，何者錯誤？（A）典權人對於典物因轉典所受之損害，負賠償責任（B）典權之約定期限超過15年時，當事人間得附有到期不贖即作絕賣之條款（C）典權人為典物支出有益費用，使典物增加價值，不論該增益之價值是否仍

然存在，得請求出典人償還（D）未定期限之典權，出典人得隨時以原典價回贖典物。但自出典後經過30年不回贖者，典權人即取得典物所有權

(A) 30. 19歲之甲經父母同意受僱於乙公司。某日甲受乙公司之盼咐，將貨物送到客戶手中。途中行經十字路口，甲闖紅燈致丙在綠燈穿越時受傷，經該地區行車事故鑑定委員會認定，認定甲應負全部之肇事責任。就此情形，下列敘述何者錯誤？（A）甲是未成年人，對於丙之損害，無須負賠償責任（B）丙得主張乙與甲負連帶損害賠償責任（C）丙得主張甲及其父母負連帶損害賠償責任（D）乙賠償丙之損害後，得向甲求償

(D) 31. 就賣方甲與買方乙間訂立之買賣契約，下列敘述何者錯誤？（A）該買賣標的物因可歸責於甲之事由而滅失，致給付不能者，乙得解除契約並請求損害賠償（B）該買賣標的物因不可歸責甲乙之事由而滅失，致給付不能者，甲得免除該物之給付義務（C）該買賣標的物因不可歸責甲乙之事由而滅失，致給付不能者，乙得免除價金支付之義務（D）該買賣標的物因可歸責乙之事由而滅失，致給付不能者，甲不得向乙請求價金之支付

(D) 32. 下列有關夫妻離婚後所生身分及財產上效力之說明，何者正確？（A）夫妻離婚後，其子女對未享有親權之父母一方，喪失原本享有之法定繼承權（B）夫妻離婚後，未享有親權之父母一方與其子女間，互相不

負扶養之義務（C）兩願離婚之場合，關於子女之親權，由夫任之（D）夫妻無過失之一方，因判決離婚而限於生活困難者，他方縱無過失，亦應給予贍養費

(C) 33. 下列有關遺產分割之敘述，何者錯誤？（A）繼承人請求分割遺產之不動產，性質上為處分行為，依民法第759條規定，於未辦妥繼承登記前，不得為之（B）被繼承人之遺囑，定有分割遺產之方法，或託他人代定者，從其所定（C）繼承人對被繼承人已屆清償期之債務，自遺產分割時起，15年內仍負連帶責任（D）繼承人之一所得之土地持分短少，得向其他繼承人請求賠償短少分配之同額價金

(D) 34. 下列有關繼承之敘述，何者錯誤？（A）奠儀於繼承發生時並不存在，非屬被繼承人所遺財產（B）繼承人對於被繼承人之債務，以因繼承所得遺產為限，負清償責任（C）債權人得單獨向法院聲請命繼承人於3個月內提出遺產清冊（D）繼承人對於遺產全部為公同共有關係，無應有部分，故若逾越應繼分比例享有（行使）權利，毋須負返還義務

(A) 35. 下列有關意思表示之敘述，何者錯誤？（A）因錯誤或被詐欺而締結契約者，在表意人依法撤銷其意思表示之前，契約效力未定（B）當事人之意思表示未合致者，其契約自始未成立（C）買賣為諾成契約，除當事人另有約定外，縱然未訂立書面，亦不影響契約之成立（D）非定期行為之契約，當事人一方遲延給付者，他方當事人得定相當期限催告其履行，如債務

人仍不履行時,債權人仍須另為解約之意思表示

(B) 36. 下列有關租賃契約之敘述,何者錯誤?(A)租賃關係存續中,出租人未使租賃物合於約定使用收益狀態,致承租人未達租賃目的者,承租人得拒絕給付租金(B)出租人將已交付承租人之租賃物的所有權讓與他人,承租人與受讓人間仍須另立租賃契約始發生租賃關係(C)定有期限之租賃契約,當事人約定得提前終止者,於終止契約前應先期通知(D)租賃契約經公證並附有逕受強制執行條款者,當承租人有不付租金、租期屆滿拒不搬遷,或房東不返還押租金時,當事人可直接申請強制執行

(A) 37. 下列有關抵押權之敘述,何者正確?(A)以抵押權擔保之債權請求權,雖經時效消滅,債權人仍得於時效完成後5年內實行抵押權(B)以建築物為抵押者,其附加部分亦為抵押權效力所及,應一律併付拍賣(C)抵押權人聲請查封抵押物,惟該執行名義嗣後經抗告法院裁定予以廢棄確定時,抵押人可依法請求財產上及非財產上損害賠償(D)抵押權人於債權清償期屆滿後,為受清償,不得訂立契約取得抵押物之所有權

(C) 38. 下列有關契約解除之敘述,何者錯誤?(A)契約解除時,當事人雙方負回復原狀之義務(B)解除權之行使,不妨礙損害賠償之請求(C)房屋買賣契約解除時,原買受人已支出之裝潢費用均得請求出賣人返還(D)解除權之行使,得以送達訴狀繕本予他方當

事人之方法為之

(D) 39.下列有關相鄰關係之敘述，何者錯誤？（A）聲響之侵入係偶發、輕微或依地方習慣認為相當者，彼此仍應於合理程度範圍內忍受，不得請求損害賠償（B）相鄰關係重在不動產利用人間權利義務關係之調和，不以各該不動產相互緊鄰為必要（C）土地所有人拆除舊建物時，致相鄰樓房發生傾斜、龜裂等，應依民法第184條第2項負損害賠償責任（D）土地所有人非因故意或重大過失建築房屋逾越疆界者，鄰地所有人無論何時均得提出異議，請求移去或變更其建築物

(C) 40.下列有關人格權之敘述，何者錯誤？（A）姓名乃用以區別人己之一種語言標誌，將人個別化，以確定其人之同一性（B）法人在法令限制與性質範圍內，亦享有人格權（C）公司名稱用以識別企業之主體性，此時姓名權等於商標權（D）針對無涉公益之報導，若不當揭載足資識別當事人資料，侵害其名譽權者，得依民法第18條請求排除侵害

國文

甲、作文部分：（60分）

莎士比亞說：「閃閃發光的，未必就是黃金」。這句話固然提醒我們小心魚目混珠，但同時也讓我們反思，世間許多有價值的事物，未必有吸引人的外表。請以「別讓表象遮蔽真相」為題，作文一篇，闡述其旨。

乙、測驗部分：（40分）

（D）1. 下列各組「」內的字，意思相同的是：（A）「矯」首遐觀／「矯」俗干名（B）「勞」燕分飛／「勞」師動眾（C）「與」人為善／「與」世浮沉（D）「乘」奔御風／「乘」堅策肥

（A）2. 下列文句，沒有錯別字的是：（A）考期將至，考生們個個埋首案前，孜孜苦讀（B）歹徒有藏鏡人包庇，才敢恣意妄為，放肆為惡（C）洪水泛瀾，整座村莊，一夕間，盡成水鄉澤國（D）做人要腳踏實地，循序漸進，不可心存僥倖，意圖不詭

（B）3. 下列成語正確的用法是：（A）王教授藏書豐富，書架成林，何止「學富五車」（B）順應時代潮流，若是「摭拾皮毛」，也無足取（C）小林為人冷漠，對朋友的不幸遭遇總是「屏氣凝神」（D）哥哥愛買書，但不愛讀書，所以如今還是「胸無城府」

（C）4. 下列詩文所吟詠的人物何者正確？（A）門外東風雪

灑裙，山頭回首望三吳。不應彈鋏為無魚：孟嘗君（B）天意欲興劉，到此英雄難用武。人心猶慕項，至今父老尚稱王：劉邦（C）胯下王孫久見輕，誰知一躍竟成名。古來將相本無種，庸眾何為色不平：韓信（D）傷心來笑一場，笑你個三閭強，為什麼不身心放？滄浪污你，你污滄浪：姜太公

（D）5. 下列題辭何者不適用於壽慶場合？（A）花開甲子（B）懿德古稀（C）八千為春（D）常棣聯輝

（B）6. 「自然教學，或者從中發展出來的生態旅行，更重要的是親子間和大自然的互動。讓大自然在你們之間扮演一個生命的橋樑，一個穩定的三角之一。努力和親人在大自然裡長時分享生活，這樣的能力是每一個父母都能做到的，不一定非得自然老師或專家才可能完成。」
依據上文，作者強調與自然建立和諧的關係，最重要的推動力為：（A）自然老師的教導（B）父母的引導分享（C）長時間接近自然（D）經常作自然旅行

（B）7. 「我曾看過一張攝影家艾略特‧厄維特1950年在美國北卡羅來維州拍攝的照片，照片中是兩個飲水台，一個上頭寫著『有色』，另一個寫著『白色』。標示『有色』的飲水台低矮而髒，『白色』的飲水台則乾淨明亮。」這張照片反映的是：（A）公德的缺乏（B）種族的歧視（C）人心的墮落（D）文明的倒退

（D）8. 「我們的古代經典，並不都是長篇累牘，沉重難解的，也有輕快如一支圓舞曲的語錄體。當《幽夢影》

這部作品完成，文人雅士爭相傳誦，忍不住為之作評和推薦，留下了許多短小而雋永的對話，竟與網路時代的今日做出奇妙的對照。臉書或是微博，只是媒介的更新，在形式與意義上，原來與古人並無二致。」
上文所謂「與古人並無二致」指的是：（A）不論今古文人好發議論（B）長篇巨著難以廣為流傳（C）暢銷口碑必須依靠口耳相傳（D）網路留言回應有如古書評點

（C）9. 能選擇的人，就是自由的人。但沒有一個選擇，是最好的選擇，因為選擇有其代價。所以我們也可以反過來說，每一個選擇，都是最好的選擇。成熟的人，在面臨抉擇時，會謹慎考慮，但不會一直猶豫。因為猶豫不決，便會計較得失。一直停留在原地，對實質沒有幫助，反而讓心靈不自由。
下列選項的敘述，何者合乎上文之意？（A）只要願意付出代價，就能找到最好的選擇（B）面對抉擇時，謹慎考慮常會造成患得患失（C）選擇之後必須下定決心，才能繼續向前行（D）不斷停留在選擇中，就能得到最大的自由

（C）10.「臉書是需要被看見、被知道、被安慰、被讚賞、被愛慕的人，展露容顏、曝曬心情的窗口；或是傾洩怨憤，攻擊敵人的砲台。人們只是寂寞，無邊的寂寞；只是孤獨、無解的孤獨。當人們都已如蜂群擁入虛擬的網路世界中，找尋消除孤獨與寂寞的友伴，而遺忘了實境世界中，彼此的體溫、汗味以及可以撫觸的心

情；孤獨、寂寞就已在網路世界中，以幾何級數在滋長，成為一種飲盡百萬瓶礦泉水，也難以止渴的病症。」

下列敘述最切合上文意旨的是：（A）網路互動可免除實境世界的困擾（B）虛擬世界是消除孤獨之感的場域（C）使用臉書是內心寂寞的反映之一（D）臉書是發抒各種情緒的最佳管道

（D）11.「在歷史建築的保存過程中，什麼樣的建築應該被保存？什麼樣的建築可以拆除？經常引起不同人士的爭辯。官方的重要建築，因為有政治代表性，或因為建築較為華麗精緻，比較容易被保存下來；但是一般公共建築，則常常面臨拆除的命運。官方建築固然值得保存，但是我認為攸關人民生活的公共建築，例如火車站、戲院或菜市場等更值得保存，因為這些公共建築是都市居民集體記憶的儲存所，失去了這些建築，等於失去了許多市民的珍貴記憶，城市居民將有如患了失憶症的遊魂一樣，不再對這座城市產生認同感。」

由本文可知作者認為判斷一座歷史建築是否值得保存的原則應該是：（A）建築存在的時間長短（B）投入建築經費的多寡（C）建築精巧華麗的程度（D）建築與人民生活密切相關

（A）12.「有時候覺得許多美學的理論和知識，不管怎麼分析、怎麼討論，也許真的不如把一個人帶到盛放在春天的花樹底下，讓他在花裡感覺到生命從誕生、綻

放、燦爛到凋謝的過程。我相信一個孩子站在花的前面,他會懂得許許多多的生命,如同古老的基督教《聖經》所說的:『所羅門王最富有的時候,所有的財富加起來也不如野地裡的一朵百合花。』同樣地,我們在那古老的印度,釋迦牟尼說法的時候,也曾經拿過一朵落花給大家看,許多人不瞭解那是什麼意思,但其中一位學生叫迦舍的,微笑了。在這個『拈花微笑』故事的最後,釋迦牟尼將這朵花給了迦舍,並說,他一生講過的所有的道理,其實不如這朵花。」

下列敘述,何者最能呼應文意?(A)美學與美感是一種生命智慧(B)美學與美感是一種知性的理解(C)美學與美感必須通過教育而來(D)美學與美感需要有具體的物質對象

(A) 13. 地震預警的基本原理,是在地震儀偵測到地震後,在強烈地震波到達之前提早警告民眾。地震波可分為壓縮波(P波)和剪力波(S波),P波傳播速度較快(約每秒6.5公里),會使建築物上下振動,但破壞力較小;S波傳播速度較慢(約每秒3.5公里),會使建築物左右搖晃,破壞力較強。國震中心這套地震預警系統即是利用P波傳播速度較快的特性,計算即將傳到的S波強度與時間,如果震度超過某一標準,可能造成建築物毀損,就立即發出警報。裝置在學校的預警系統中包括了地震儀,以偵測當地的P波,屬於「現地型預警系統」。除了國震中心,臺灣大學地質

系教授吳逸民也研發了一套現地型預警系統。其預警儀中的地震儀若偵測到地表垂直位移量超過0.35公分，預警儀會立即發出警報。根據他的研究統計，若P波造成的地表垂直位移量超過0.35公分，則隨後而來的S波震度有一半以上的機率超過五級，九成以上的機率超過四級。

根據上文，下列選項敘述正確的是：（A）地震發生得以預警，是利用兩種震波傳播的時間差（B）S波的破壞力強，每秒可以摧毀3.5平方里的建築物（C）由吳逸民研究可知四級以上的地震九成是由P波引起（D）裝置在學校的預警系統因為技術瑕疵，無法偵測S波

（A）14. 梆子突然敲響，三弦琴開始嗚咽；她微微吃了一驚，下意識地站起身來，向臺前移步，同時張口唱起來：雪梅自嘆命薄——思念夫君——淚雙垂

她在臺前唱著，無聊地，眼睛打量著觀眾：三十排的木板椅子只坐了一半，多半是老人和小孩；老太婆搖著紙扇，斜睨著眼睛；男人噴著紙煙，大口地吞汽水；孩子們在後頭奔跑，打架。賣冰棒的小孩低聲吆喝著，一只眼搜索顧客，另一眼盯著臺上的她。後臺傳來拆卸重物，搬移箱櫃的聲響，遲重的，不耐煩的拖拉聲。

從文中，「微微吃了一驚」、「下意識地站起身來」、「無聊地，眼睛打量著觀眾」等語，可知這位歌仔戲表演者是：（A）無心於表演（B）練習不夠

熟練（C）技巧不夠專業（D）劇團默契不佳

（A）15.「雨映寒空半有無，重樓閒上倚城隅。淺深山色高低樹，一片江南水墨圖。」（劉敞〈登城〉其一）根據此詩內容，下列那一個選項的景色最接近詩意？（A）煙雨霏霏（B）雨過天青（C）雨過潮平（D）驟雨初歇

（C）16.《大學》：「欲治其國者，先齊其家；欲齊其家者，先修其身；欲修其身者，先正其心。」旨在表達什麼？（A）治國的目標（B）修身的理由（C）修身、齊家、治國為漸進關係（D）修身、齊家、治國為因果關係

（B）17.蘇軾〈留侯論〉：「子房以蓋世之材，不為伊尹、太公之謀，而特出於荊軻、聶政之計，以僥倖於不死，此圯上老人之所為深惜者也。是故倨傲鮮腆，而深折之，彼其能有所忍也，然後可以就大事，故曰：孺子可教也。」圯上老人之所以深惜子房者，是因為：（A）鋒芒太露，傲慢不恭（B）有勇無謀，成事不足（C）武術不精，功虧一簣（D）好高騖遠，虎頭蛇尾

（D）18.「一老農當稻熟時，擇日食新。其鄰家一人善謔，輒嘲之曰：『爾舊歲食新，曾卜日耶？』曰：『然。』『今歲舊穀足用耶？』曰：『不足，稱貸而益之耳。』『夫舊歲卜日，而穀猶不足也，今亦安庸再卜？稻可食，則食之矣。』老農乃始憬然有悟。」（江盈科《雪濤閣集》）

根據上文,下列那一個選項最合乎旨意?(A)揭示老農的修為(B)憐憫老農的貧困(C)哀傷老農的辛勞(D)點出老農的愚昧

(D) 19.《史記・魏公子列傳》:「公子留趙十年不歸。秦聞公子在趙,日夜出兵東伐魏。魏王患之,使使往請公子。公子恐其怒之,乃誡門下:『有敢為魏王使通者,死。』賓客皆背魏之趙,莫敢勸公子歸。毛公、薛公兩人往見公子曰:『公子所以重於趙,名聞諸侯者,徒以有魏也。今秦攻魏,魏急而公子不恤,使秦破大梁而夷先王之宗廟,公子當何面目立天下乎?』語未及卒,公子立變色,告車趣駕歸救魏。」何以留趙十年不歸的魏公子,會立刻趕回魏國?(A)怕魏王發怒(B)秦軍已經攻入魏都大梁(C)不想當一個見死不救的人(D)了解國家滅亡,個人就無立足之地

(A) 20.「齊宣王好射,說人之謂己能則彊弓也。其嘗所用不過三石,以示左右,左右皆試引之,中關而止,皆曰:『此不下九石,非王其孰能用是。』宣王之情,所用不過三石,而終身自以為用九石,豈不悲哉?」(《呂氏春秋》)

根據上文,下列選項最接近文意的是:(A)知人者智,自知者明(B)處世戒多言,言多必失(C)是非只為多開口,煩惱皆因強出頭(D)舉世皆濁我獨清,眾人皆醉我獨醒

貳

107年
不動產經紀人普考

不動產經紀人歷屆考題解析

不動產經紀相關法規概要

甲、申論題部分：（50分）

一、依公寓大廈管理條例規定，住戶有何種情形時，管理委員會促請其改善卻未改善者，管理委員會得訴請法院強制其遷離？如該住戶為區分所有權人時，管理委員會如何聲請法院強制拍賣其區分所有權？（25分）
【提示】公寓大廈管理條例第23條
答：
（一）管理委員會得訴請法院強制其遷離：
1. 依區分所有權人會議之決議，訴請法院強制其遷離：
管理負責人或管理委員會促請其改善，於三個月內仍未改善者，管理負責人或管理委員會得依區分所有權人會議之決議，訴請法院強制其遷離：
2. 住戶有下列情形之一時：
(1)積欠依本條例規定應分擔之費用，經強制執行後再度積欠金額達其區分所有權總價百分之一者。
(2)違反本條例規定經依第49條第1項第1款至第4款規定處以罰鍰後，仍不改善或續犯者。
(3)其他違反法令或規約情節重大者。
（二）聲請法院拍賣：
1. 前項之住戶如為區分所有權人時，管理負責人或

管理委員會得依區分所有權人會議之決議，訴請法院命區分所有權人出讓其區分所有權及其基地所有權應有部分；於判決確定後三個月內不自行出讓並完成移轉登記手續者，管理負責人或管理委員會得聲請法院拍賣之。
2. 前項拍賣所得，除其他法律另有規定外，於積欠本條例應分擔之費用，其受償順序與第一順位抵押權同。

二、依不動產經紀業管理條例規定，經紀業或經紀人員不得收取差價或其他報酬。何謂差價？如違反規定時，已收取之差價或其他報酬應如何處理？依法該經紀業及經紀人員有何處罰規定？（25分）

【提示】不動產經紀業管理條例第4、19、29、31條

答：
（一）差價：
係指實際買賣交易價格與委託銷售價格之差額。
（二）已收取差價或其他報酬之處理：
1. 經紀業或經紀人員不得收取差價或其他報酬：
經紀業或經紀人員不得收取差價或其他報酬，其經營仲介業務者，並應依實際成交價金或租金按中央主管機關規定之報酬標準計收。
2. 加計利息後加倍返還支付人：
違反前項規定者，其已收取之差價或其他報酬，應於加計利息後加倍返還支付人。

(三) 經紀業及經紀人員之處罰：
  1. 經紀業之處罰：
     違反第19條第1項規定者，處新臺幣六萬元以上三十萬元以下罰鍰。
  2. 經紀人員之處罰：
     違反第19條第1項規定者，應予六個月以上三年以下之停止執行業務處分。

乙、測驗題部分：（50分）

(D) 1. 關於不動產經紀業刊登廣告及銷售，依不動產經紀業管理條例之規定，何者正確？(A) 經紀業與買受人簽訂委託契約書後，方得刊登廣告及銷售 (B) 廣告及銷售內容與事實不符者，應負損失補償責任 (C) 廣告及銷售內容，應註明經紀業名稱。如有違反，處新臺幣三萬元以上十五萬元以下罰鍰 (D) 不動產廣告稿應由經紀業指派經紀人簽章。如有違反，處新臺幣六萬元以上三十萬元以下罰鍰

(C) 2. 何種情況之受害人，得向中華民國不動產仲介經紀業或代銷經紀業同業公會全國聯合會請求代為賠償？(A) 不可歸責於經紀業之事由不能履行委託契約，致委託人受損害者 (B) 經營仲介業務者並未揭示報酬標準及收取方式於營業處所明顯之處，致受託人受損害者 (C) 經紀業因經紀人員執行仲介或代銷業務之故意或過失致交易當事人受損害者 (D) 非經紀業而經營仲介或代銷業務，致當事人受損害者

(A) 3. 甲於A市經營不動產經紀業,數年後欲遷出所在地A市到B縣,應於遷出後多久時間內,以書面向遷入之B縣主管機關申請遷入備查,並向原所屬之同業公會報備,及加入B縣同業公會,該遷入之同業公會並應轉知其全國聯合會?(A)三十日(B)四十五日(C)二個月(D)三個月

(B) 4. 依不動產經紀業管理條例之規定,何者為應予停止營業處分之情形?(A)經紀業未於經紀人到職之日起十五日內,造具名冊報請所在地主管機關層報中央主管機關備查(B)經紀業繳存之營業保證金低於規定之額度時,經中華民國不動產仲介經紀業或代銷經紀業同業公會全國聯合會通知經紀業者於一個月內補足而未補足(C)經紀業僱用未具備經紀人員資格者從事仲介或代銷業務(D)經營仲介業務者,對於買賣或租賃委託案件,未依規定於簽訂買賣契約書並辦竣所有權移轉登記或簽訂租賃契約書後三十日內,向主管機關申報登錄成交案件實際資訊

(A) 5. 依不動產委託銷售定型化契約應記載及不得記載事項之規定,買賣雙方價金與條件一致時,委託人應與受託人所仲介成交之買方另行簽訂「不動產買賣契約書」,並約定由委託人及買方共同或協商指定地政士辦理所有權移轉登記及相關手續;如未約明者,由何人指定之?(A)委託人(B)受託人(C)買方(D)直轄市、縣(市)主管機關

(D) 6. 雙方當事人簽訂租賃或買賣契約書時,經紀人應將不

動產說明書交付與委託人交易之相對人,並由相對人在不動產說明書上簽章。依不動產說明書應記載及不得記載事項「壹、應記載事項二、成屋」部分,有關應記載或說明之「其他重要事項」,下列敘述何者錯誤?(A)周邊環境,詳如都市計畫地形圖或相關電子地圖並於圖面標示周邊半徑三百公尺範圍內之重要環境設施(B)是否已辦理地籍圖重測(C)是否為直轄市或縣(市)政府列管之山坡地住宅社區(D)本建物共有部分於產權持有期間是否曾發生兇殺、自殺、一氧化碳中毒或其他非自然死亡之情形

(B) 7. 依不動產經紀業管理條例之規定,關於不動產經紀人證書之敘述,何者正確?(A)經不動產經紀人考試及格者,應具備半年以上經紀營業員經驗,始得向直轄市或縣(市)政府請領經紀人證書(B)中華民國之國民,經不動產經紀人考試及格,並依不動產經紀業管理條例領有不動產經紀人證書者,得充不動產經紀人(C)經紀人證書有效期限為四年,期滿時,經紀人應檢附其於三年內在中央主管機關認可之機構、團體完成專業訓練三十個小時以上之證明文件,向直轄市或縣(市)政府辦理換證(D)經紀業應將其仲介或代銷相關證照及許可文件連同經紀人證書揭示於營業處所明顯之處。其為加盟經營者,得免揭示

(C) 8. 不動產經紀業者共同約束專任委託契約之期間,致使不動產經紀業者縱未積極努力撮合,委託人卻因受限於契約而無法另行委託其他不動產經紀業者,該行為

將違反公平交易法所規範之那一種行為？（A）以著名之他人姓名、商號或公司名稱、標章或其他表示他人營業、服務之表徵，於同一或類似之服務為相同或近似之使用，致與他人營業或服務之設施或活動混淆（B）結合（C）聯合行為（D）為其他足以影響交易秩序之欺罔或顯失公平之行為

（A）9. 甲為不動產經紀業者，受乙不動產開發業者委託從事銷售行為，甲外包請丙廣告公司設計廣告，經消費者丁舉報該廣告之內容，有虛偽不實或引人錯誤之情形，經公平交易委員會認定為違反規定。依公平交易法之規定，下列敘述情形，何者錯誤？（A）主管機關對於甲，得限期令停止、改正其行為或採取必要更正措施，並得處新臺幣二十萬元以上五千萬元以下罰鍰（B）若甲與乙共同具名製作不實房屋銷售廣告，且收取建案底價或總銷售金額一定成數之銷售服務費用，與乙共同獲有利益，可認為甲乙俱為廣告主（C）丙在明知或可得而知情形下，仍製作或設計有引人錯誤之廣告，與廣告主負連帶損害賠償責任（D）甲違反公平交易法之規定，致侵害丁之權益，應負損害賠償責任

（D）10. 公平交易委員會發現某甲事業可能有違法之聯合行為情事，依職權欲對甲事業調查處理。關於調查之事項，下列何者錯誤？（A）派員前往當事人及關係人之事務所、營業所或其他場所為必要之調查（B）甲事業若承諾在主管機關所定期限內，採取具體措施停

止並改正涉有違法之行為者，主管機關得中止調查（C）執行調查之人員依法執行公務時，未出示有關執行職務之證明文件者，受調查者得拒絕之（D）調查所得可為證據之物，主管機關得扣留之；其扣留範圍及期間，不以供調查、檢驗、鑑定或其他為保全證據之目的所必要者為限

(C) 11. 甲為一位知名影星，曾拍攝二個不動產廣告，且知悉該等廣告有不實的情形。在成名之前，甲接拍廣告主乙的不動產廣告，廣告中反映甲對不動產商品的信賴，結果當時消費者丙即曾經檢舉廣告不實。十二年之後，甲已成為知名公眾人物，接了第二個廣告主丁的不動產廣告，反映甲對該廣告商品的親身體驗。此時，消費者戊檢舉廣告不實。依公平交易法之規定，下列敘述，何者正確？（A）甲必須是「明知」其所從事之薦證有引人錯誤之虞，而仍為薦證，才需要負責（B）第一個廣告，甲仍非知名公眾人物，僅於受乙報酬五倍之範圍內，與乙負連帶損害賠償責任（C）第二個廣告，甲為知名人士，須與丁負連帶損害賠償責任（D）丙和戊的請求權尚未超過法定期限，故其請求權尚未消滅

(C) 12. 消費者保護法關於企業經營者對於廣告內容之規定，下列何者正確？（A）製作廣告之媒體經營者應確保廣告內容之真實，其對消費者所負之義務不得低於廣告之內容（B）企業經營者對消費者從事與分期付款買賣有關之交易時，應於廣告上明示應付所有總費用

之年百分率（C）刊登或報導廣告之媒體經營者明知或可得而知廣告內容與事實不符者，就消費者因信賴該廣告所受之損害與企業經營者負連帶責任（D）企業經營者得預先約定限縮信賴該廣告之賠償責任範圍

(A) 13. 消費者保護團體得依消費者保護法之規定，提起消費者損害賠償訴訟或不作為訴訟，下列何者錯誤？（A）消費者保護團體依規定提起訴訟者，得以自己之名義提起，視個案情形決定是否委任律師代理訴訟（B）消費者保護團體對於同一之原因事件，致使眾多消費者受害時，得受讓二十人以上消費者損害賠償請求權後，以自己名義，提起訴訟（C）消費者保護團體以自己名義提起訴訟者，應具備之條件有：許可設立二年以上，置有消費者保護專門人員，且申請行政院評定優良（D）消費者保護團體以自己之名義提起消費者損害賠償訴訟，其標的價額超過新臺幣六十萬元者，超過部分免繳裁判費

(C) 14. 當有事實證明該流通進入市場之商品或服務，具有危害消費者安全與健康之虞時，為避免消費者權益遭受損害，企業經營者應回收或停止該有危險之商品或服務，以防免發生或擴大損害。依消費者保護法之規定，下列何者錯誤？（A）中央主管機關認為有必要時，得命有損害消費者生命、身體、健康或財產的企業經營者立即停止該商品之設計、生產、製造、加工、輸入、經銷或服務之提供，或採取其他必要措施（B）直轄市或縣（市）政府對於企業經營者提供

之商品或服務，經調查認為確有損害消費者生命、身體、健康或財產，或確有損害之虞者，應命其限期改善、回收或銷燬（C）企業經營者於有事實足認其提供之商品或服務有危害消費者安全與健康之虞時，於明顯處為警告標示，得免除回收該批商品或停止其服務之責任（D）直轄市或縣（市）政府於企業經營者提供之商品或服務，對消費者已發生重大損害或有發生重大損害之虞，而情況危急時，應即在大眾傳播媒體公告企業經營者之名稱、地址、商品、服務、或為其他必要之處置

（D）15. 依公寓大廈管理條例規定，有關公寓大廈外牆開口部或陽台設置防墜設施的條件，下列何者錯誤？（A）有十二歲以下兒童之住戶（B）有六十五歲以上老人之住戶（C）防墜設施須不妨礙逃生且不突出外牆面（D）應經管理委員會之同意

（A）16. 依公寓大廈管理條例之規定，非封閉式之公寓大廈集居社區其地面層為各自獨立之數幢建築物，且區內屬住宅與辦公、商場混合使用，其辦公、商場之出入口各自獨立之公寓大廈，各該幢內之辦公、商場部分，得就該幢或結合他幢內之辦公、商場部分，經其區分所有權人過多少比例之書面同意，及全體區分所有權人會議決議或規約明定法定事項後，以該辦公、商場部分召開區分所有權人會議，成立管理委員會，並向直轄市、縣（市）主管機關報備？（A）二分之一（B）三分之二（C）五分之三（D）四分之三

(D) 17. 依公寓大廈管理條例之規定，公寓大廈之起造人或區分所有權人應依使用執照所記載之用途及法定之測繪規定，辦理建物所有權第一次登記。下列敘述何者錯誤？（A）獨立建築物所有權之牆壁，以牆之外緣為界（B）建築物共用之牆壁，以牆壁之中心為界（C）附屬建物以其外緣為界辦理登記（D）無隔牆設置者，以建築執照竣工平面圖區分範圍為界，其面積應包括四周牆壁之厚度

(B) 18. 公寓大廈共用部分原則上不得獨立使用供做專有部分，依公寓大廈管理條例之規定，下列何者屬得為約定專用部分：（A）連通數個專有部分之走廊或樓梯，及其通往室外之通路或門廳；社區內各巷道、防火巷弄（B）無固定使用方法，非屬區分所有權人生活利用上不可或缺之共用部分（C）公寓大廈基礎、主要樑柱、承重牆壁、樓地板及屋頂之構造（D）公寓大廈本身所占之地面

(D) 19. 依公寓大廈管理條例之規定，共用部分指公寓大廈專有部分以外之其他部分及不屬專有之附屬建築物，而供共同使用者。關於共用部分，下列敘述何者錯誤？（A）專有部分不得與其所屬建築物共用部分之應有部分及其基地所有權或地上權之應有部分分離而為移轉或設定負擔（B）管理負責人或管理委員會因維護、修繕共用部分或設置管線，必須進入或使用其專有部分或約定專用部分時，不得拒絕（C）各區分所有權人按其共有之應有部分比例，對建築物之共用部

分及其基地有使用收益之權。但另有約定者從其約定（D）共用部分及其相關設施之拆除、重大修繕或改良，應依管理委員會之決定為之

（B）20. 依公寓大廈管理條例之規定，開放空間及退縮空地，在直轄市、縣（市）政府核准範圍內，應經下列何種程序，始得供營業使用？（A）經向直轄市、縣市主管機關申請許可之許可函（B）依規約或區分所有權人會議決議（C）依管理負責人或管理委員會之決定（D）依開放空間及退縮空地鄰近之區分所有權人之同意

（D）21. 依公寓大廈管理條例之規定，因地震、水災、風災、火災或其他重大事變，肇致危害公共安全，而需要辦理公寓大廈之重建者，下列敘述何者錯誤？（A）公寓大廈依此事由所為之重建，不須經全體區分所有權人及基地所有權人、地上權人或典權人之同意（B）經區分所有權人會議決議重建時，區分所有權人不同意決議又不出讓區分所有權或同意後不依決議履行其義務者，管理負責人或管理委員會得訴請法院命區分所有權人出讓其區分所有權及其基地所有權應有部分（C）重建之建造執照之申請，其名義以區分所有權人會議之決議為之（D）管理負責人或管理委員會依公寓大廈管理條例之規定，訴請法院命不同意決議又不出讓區分所有權之區分所有權人出讓其區分所有權及其基地所有權應有部分後，對於該受讓人仍應徵詢其意見，不當然視為同意重建

(A) 22. 依不動產經紀業管理條例之規定，下列何種情形不得申請經營經紀業？(A) 受破產之宣告尚未復權者 (B) 受感訓處分之裁定確定，執行完畢後已滿三年者 (C) 犯詐欺、背信、侵占罪，經受有期徒刑一年以上刑之宣告確定，執行完畢或赦免後已滿三年者 (D) 受廢止經紀人員證書或證明處分已滿五年者

(D) 23. 下列有關經紀業及經紀人員業務及責任之敘述，何者正確？(A) 不動產說明書應由經紀業指派經紀人員簽章 (B) 經營仲介業務者，應依實際成交價金按中華民國不動產仲介經紀業同業公會全國聯合會規定之報酬標準計收 (C) 不動產廣告及銷售內容，應與事實相符，並註明經紀業及經紀人員名稱 (D) 經營仲介業務者經買賣雙方當事人之書面同意，得同時接受雙方之委託，並提供買受人關於不動產必要之資訊

(A) 24. 下列有關不動產經紀人辦理換發證書之規定敘述，何者正確？(A) 換發之證書，其有效期限自原證書有效期限屆滿之次日起算四年 (B) 應於證書有效期限屆滿前三個月內申請 (C) 應完成專業訓練至少二十個小時 (D) 應向執業所在地之直轄市或縣（市）政府申請

(B) 25. 首次請領不動產經紀人證書時，不須檢附下列何種文件？(A) 身分證明文件影本 (B) 完成專業訓練三十個小時以上之證明文件 (C) 不動產經紀人考試及格證書及其影本 (D) 一年以上經紀營業員經驗證明文件及其影本

不動產經紀人歷屆考題解析

土地法與土地相關稅法概要

甲、申論題部分：（50分）

一、甲所有位於A市都市計畫範圍內之一筆建築基地，因故委託乙不動產經紀人代為出售，丙對該地具有潛在購買慾望。不久該地被劃入A市某公辦市地重劃地區內，該市乃依法公告若干土地權利禁止或限制事項（例如禁建），但對此事項亦有例外規定，其內容為何？又，甲倘若於其地被劃入該市地重劃地區內之後、公告禁建之前已依法取得建造執照且正在施工建築者，其施工中建築物之處理內容為何？試依據平均地權條例等法規之規定，分別說明乙不動產經紀人應如何向丙為解說該地所涉上述兩項問題之相關內容？（25分）

【提示】市地重劃實施辦法第11、13條

答：

（一）下列事項非屬平均地權條例第59條第1項規定公告禁止或限制事項：

1. 土地繼承登記。
2. 建物及其基地登記。
3. 因抵繳遺產稅土地所有權移轉國有登記。
4. 因強制執行、土地徵收或法院判決確定，申請登記。
5. 共有土地因實施耕者有其田部分徵收放領，辦理持分交換移轉登記。

  6. 申請剩餘財產差額分配登記。

  7. 抵押權讓與登記。

  8. 實施重劃本身所必要之作業。

(二) 按平均地權條例第59條第2項所稱禁止或限制期間一年六個月為期，指各禁止或限制事項，不論分別或同時辦理公告禁止或限制，其全部期間合計不得超過一年六個月。

(三) 市地重劃區經依本條例第59條規定公告禁建後，在公告禁建前已依法核發建造執照正在施工中之建築物，依左列規定處理：

  1. 得繼續施工情形：

   經審核不妨礙重劃工程及土地交換分配者，得准其依原核發建造執照繼續施工。

  2. 不得繼續施工情形：

   經審核有妨礙重劃工程或土地交換分配者，應通知其停工。但可改善者，應通知其限期改善。其經通知停工仍不停工或逾期不為改善者，依行政執行法強制執行之，並對繼續施工建築部分之拆除不予補償。

二、甲擬於近日出售其所有位於A市一間房屋及其坐落基地，依法須繳納房地交易所得稅，甲由其從事不動產仲介業務之朋友處得知亦有土地增值稅之負擔問題。則甲於出售該房地而計徵其房地交易所得稅額時，所涉及「交易所得額」與「交易所得稅率」之規定內容為何？又應如何處理

其所涉「土地增值稅」？試依據土地稅法及所得稅法等法律之規定分述之。（25分）
【提示】所得稅法第14-4條、土地稅法第28條
答：
(一) 交易所得額：
　　1. 所得稅法第4條之4規定之個人房屋、土地交易所得或損失之計算，其為出價取得者，以交易時之成交價額減除原始取得成本，與因取得、改良及移轉而支付之費用後之餘額為所得額；其為繼承或受贈取得者，以交易時之成交價額減除繼承或受贈時之房屋評定現值及公告土地現值按政府發布之消費者物價指數調整後之價值，與因取得、改良及移轉而支付之費用後之餘額為所得額。
　　2. 但依土地稅法規定繳納之土地增值稅，不得列為成本費用。
　　3. 個人房屋、土地交易損失，得自交易日以後三年內之房屋、土地交易所得減除之。
(二) 交易所得稅率：
　　1. 個人依前二項規定計算之房屋、土地交易所得，減除當次交易依土地稅法規定計算之土地漲價總數額後之餘額，不併計綜合所得總額，按下列規定稅率計算應納稅額：
　　　⑴中華民國境內居住之個人：
　　　　A.持有房屋、土地之期間在一年以內者，稅率為百分之四十五。

B.持有房屋、土地之期間超過一年,未逾二年者,稅率為百分之三十。

C.持有房屋、土地之期間超過二年,未逾十年者,稅率為百分之二十。

D.持有房屋、土地之期間超過十年者,稅率為百分之十五。

E.因財政部公告之調職、非自願離職或其他非自願性因素,交易持有期間在二年以下之房屋、土地者,稅率為百分之二十。

F.個人以自有土地與營利事業合作興建房屋,自土地取得之日起算二年內完成並銷售該房屋、土地者,稅率為百分之二十。

G.符合第四條之五第一項第一款規定之自住房屋、土地,按本項規定計算之餘額超過四百萬元部分,稅率為百分之十。

(2)非中華民國境內居住之個人:

A.持有房屋、土地之期間在一年以內者,稅率為百分之四十五。

B.持有房屋、土地之期間超過一年者,稅率為百分之三十五。

2. 第4條之4第1項第1款、第4條之5第1項第1款及前項有關期間之規定,於繼承或受遺贈取得者,得將被繼承人或遺贈人持有期間合併計算。

(三) 課徵土地增值稅:

1. 應課徵情形:

已規定地價之土地，於土地所有權移轉時，應按其土地漲價總數額徵收土地增值稅。
2. 免徵情形：
但因繼承而移轉之土地，各級政府出售或依法贈與之公有土地，及受贈之私有土地，免徵土地增值稅。

乙、測驗題部分：（50分）

（D）1. 關於土地權利變更登記，下列何者正確？（A）其係繼承登記者，應由全體繼承人聲請之（B）其係繼承登記者，依法應自繼承開始之日起二個月內為之（C）聲請逾期者，每逾一個月得處應納登記費額二倍之罰鍰（D）罰鍰最高不得超過應納登記費額二十倍

（C）2. 下列土地，何者非屬土地法規定不得為私有之土地？（A）礦泉地（B）瀑布地（C）國家公園土地（D）名勝古蹟

（A）3. 下列何種登記，應繳納登記費？（A）土地權利信託登記（B）土地權利塗銷登記（C）土地標示變更登記（D）因土地重劃之變更登記

（D）4. 土地法第34條之1第1項有關以多數決處分共有土地之規定，下列處分方式，何者不適用該規定？（A）設定農育權（B）設定不動產役權（C）設定典權（D）辦理共有物分割

（D）5. 重新實施地籍測量，遇有土地所有權人因設立界標或

到場指界發生界址爭議時，地政機關應如何處理？（A）逕行參照舊地籍圖施測（B）請當事人逕行向法院提起確認界址之訴，俟判決確定後再行辦理（C）逕行依地方習慣施測（D）準用土地法第59條第2項規定之調處程序處理之

(A) 6. 逾期未辦繼承登記之土地，經依土地法第73條之1規定程序列冊管理期滿，移請國有財產署標售五次不成，而登記為國有者，自登記完畢之日起多少年內，原權利人得檢附證明文件按其法定應繼分請求國有財產署發給價金？（A）10年（B）12年（C）15年（D）20年

(A) 7. 預告登記，對於因下列何種事由而為之新登記，具有排除之效力？（A）土地交換（B）徵收（C）強制執行（D）法院判決

(B) 8. 為保護基地承租人，依土地法規定，租用基地建築房屋，應由出租人與承租人會同聲請該管直轄市或縣（市）地政機關為何種權利之登記？（A）租賃權（B）地上權（C）典權（D）不動產役權

(A) 9. 依土地法規定，關於租用建築房屋之基地，下列何者，非屬出租人得收回之情形？（A）出租人收回自行建築時（B）契約年限屆滿時（C）承租人以基地供違反法令之使用時（D）承租人轉租基地於他人時

(D) 10. 依平均地權條例規定，直轄市或縣（市）政府對於尚未建築之超額私有建築用地之處理，下列敘述，何者正確？（A）應通知土地所有權人於三年內出售

(B)應通知土地所有權人於三年內建築使用(C)逾期未出售或未建築使用者,得予強制拍賣(D)逾期未出售或未建築使用者,得予照價收買

(D) 11. 耕地以外之出租土地,因市地重劃而不能達到原租賃之目的者,承租人得終止租約,並得向出租人請求如何之補償?(A)按重劃計畫書公告當期公告土地現值扣除預計土地增值稅後餘額之三分之一(B)按重劃計畫書公告當期公告土地現值之三分之一(C)相當六個月租金(D)相當一年租金

(D) 12. 依土地徵收條例規定,關於特定農業區農牧用地之徵收,下列何者錯誤?(A)除零星夾雜難以避免者外,不得徵收。但國防所必須或經行政院核定之重大建設所需者,不在此限(B)除零星夾雜難以避免者外,不得徵收。但交通所必須或經行政院核定之重大建設所需者,不在此限(C)特定農業區經行政院核定為重大建設須辦理徵收者,若有爭議,應依行政程序法舉行聽證(D)特定農業區經行政院核定為重大建設須辦理徵收者,若有爭議,應依行政程序法舉行公聽會

(C) 13. 依土地徵收條例有關徵用之規定,下列敘述,何者正確?(A)國家因興辦繼續性之公共建設工程,得徵用私有土地或土地改良物(B)徵用期間逾六年,或二次以上徵用,期間合計逾六年者,需用土地人應於申請徵用前,以書面通知(C)土地或土地改良物所有權人於收到徵用通知書之日起三十日內,得請求需

用土地人徵收所有權（D）因徵用而請求徵收土地或土地改良物所有權者，必要時所有權人得申請收回其土地或土地改良物

（B）14. 依土地徵收條例規定，徵收土地之殘餘部分面積過小或形勢不整，致不能為相當之使用者，所有權人得向何機關申請一併徵收？（A）需用土地人（B）該管直轄市或縣（市）主管機關（C）內政部（D）行政院

（B）15. 實施區段徵收時，申請發給抵價地者，對其被徵收土地之權利義務，於何時終止？（A）向直轄市或縣（市）主管機關申請發給抵價地時（B）接到直轄市或縣（市）主管機關核定發給抵價地通知時（C）直轄市或縣（市）主管機關將抵價地登記為申請人所有時（D）直轄市或縣（市）主管機關將抵價地點交申請人接管時

（B）16. 區域計畫法有關非都市土地許可開發之規定，下列敘述，何者錯誤？（A）開發許可前，應先將申請開發案提報各該區域計畫委員會審議之（B）申請開發許可，申請人應先取得開發地區內全部土地及建築物之所有權（C）開發許可後，辦理分區或用地變更前，應將開發區內公共設施用地完成分割移轉登記為各該直轄市、縣（市）有或鄉、鎮（市）有，並繳交開發影響費（D）直轄市、縣（市）政府受理開發申請案後，除情形特殊者外，應於六十日內報請各該區域計畫擬定機關審議

(C) 17. 依非都市土地使用管制規則規定,山坡地範圍內之土地,在未編定使用地類別前,適用林業用地之管制,下列何者不包含在內?(A)森林區(B)風景區(C)國家公園區(D)山坡地保育區

(C) 18. 下列土地他項權利,何者為土地法所創設?(A)地上權(B)農育權(C)耕作權(D)不動產役權

(C) 19. 下列土地關係人,何者非屬土地稅法第3條所定之地價稅納稅義務人?(A)承領土地,為承領人(B)承墾土地,為耕作權人(C)權屬不明土地,為主管稅捐稽徵機關指定之土地使用人(D)設有典權土地,為典權人

(B) 20. 土地為信託財產者,於信託關係存續中,以何人為地價稅或田賦之納稅義務人?(A)委託人(B)受託人(C)受益人(D)信託監察人

(D) 21. 配偶相互贈與之土地,得申請不課徵土地增值稅。但於再移轉第三人時,以該土地第一次贈與前之原規定地價或前次移轉現值為原地價,計算下列何種數值或數額,課徵土地增值稅?(A)公告現值(B)申報移轉現值(C)現值數額(D)漲價總數額

(A) 22. 自用住宅用地得適用優惠稅率課徵地價稅,下列有關自用住宅用地要件之敘述,何者錯誤?(A)須土地所有權人或其配偶、直系親屬於該地有居住事實並辦竣戶籍登記(B)須為無出租或供營業使用之住宅用地(C)土地面積,都市土地未超過三公畝部分,非都市土地未超過七公畝部分(D)土地上之建築改良

物屬土地所有權人或其配偶、直系親屬所有者為限

(B) 23. 買賣契稅之稅率，為其契價百分之六。所稱契價，以何者為準？(A) 以實際買賣價格為準 (B) 以當地不動產評價委員會評定之標準價格為準 (C) 以當地地價及標準地價評議委員會評定之標準價格為準 (D) 以當地建築主管機關公告之房屋造價為準

(B) 24. 依房屋稅條例規定，私有房屋受重大災害時，有關房屋稅之減免，下列敘述何者正確？(A) 毀損面積佔整棟面積三成以上，不及五成之房屋，免徵房屋稅 (B) 毀損面積佔整棟面積五成以上，必須修復始能使用之房屋，免徵房屋稅 (C) 毀損面積佔整棟面積五成以上，其房屋稅減半徵收 (D) 毀損面積佔整棟面積五成以上，必須修復始能使用之房屋，其房屋稅減半徵收

(B) 25. 依所得稅法規定，有關出售自住房屋，其房地交易所得稅之優惠，下列敘述，何者錯誤？(A) 免稅所得額，以按該法第14條之4第3項規定計算之餘額不超過四百萬元為限 (B) 個人或其配偶、直系親屬辦竣戶籍登記、持有並居住於該房屋連續滿六年 (C) 交易前六年內，無出租、供營業或執行業務使用 (D) 個人與其配偶及未成年子女於交易前六年內未曾適用該法第4條之5第1項第1款規定

不動產經紀人歷屆考題解析

不動產估價概要

甲、申論題部分：（50分）

一、請列式說明定率法的折舊公式。如果一個1000萬元的建築物，以每年減損2%的速度折舊，請問第5年年末，該建築物的現值為多少？（25分）

答：

（一）列式說明定率法的折舊公式如下：

1. $D_n = C[1-(1-d)]^n$

   $P_n = C(1-d)^n$

   其中：

   D_n：累積折舊額。

   P_n：建築物的現值。

   C：建物總成本。

   n：已經歷年數。

   d：定率法折舊率。

2. 定率法是不動產估價技術規則第68條：「初期加速折舊（凸型）」折舊法。在建物耐用年數期間，每年以折舊比率相同的方式進行折舊額計算。以相同的折舊比率乘上當年的成本價格，以求得每年折舊額的方法，因為成本價格是逐年向下，乘上相同的折舊比率後，所求得的每年折舊額將逐年下降。所以定率法又稱為百分減值法或餘額遞減法。

(二) 如果一個1000萬元的建築物，以每年減損2%的速度折舊，請問第5年末，該建築物的現值如下：
如上（一）所述
$P_n = C(1-d)^n$
$C = 1000萬$
$d = 2\%$
$n = 5年$
$P_5 = 1000(1-2\%)^5 = 903.92萬$

二、何謂同一供需圈？何謂近鄰地區？何謂類似地區？請說明三者的關係。（25分）
答：
(一) 同一供需圈、近鄰地區、類似地區的意義如下：
依不動產估價技術規則第68條：
1. 同一供需圈：指比較標的與勘估標的間能成立替代關係，且其價格互為影響之最適範圍。
2. 近鄰地區：指勘估標的或比較標的之周圍，供相同或類似用途之不動產，形成同質性較高之地區。
3. 類似地區：指同一供需圈內，近鄰地區以外而與勘估標的使用性質相近之其他地區。
(二) 同一供需圈、近鄰地區、類似地區三者的關係：
三者關係，就地理範圍以言，其係以具替代性為同一供需圈之評價基準，亦即勘估標的與比較標的需具有一定替代關係，若相關其地理位置或具相同或類似用途等同質性較高地區稱為近鄰地區，而其相

對性較低者則稱為類似地區；近鄰地區內區域因素之評價相同不需要調整，而類似地區則區域因素有所不同；而就數量以言，近鄰地區以外皆屬於類似地區，為複數。

乙、測驗題部分：（50分）

（C）1. 某便利商店需承租兩間相鄰之店面，兩間店面打通後合併使用之總面積方符合公司之需求。請問此二間店面合併為目的形成之租賃價值，以貨幣金額表示者稱為：（A）正常租金（B）特殊租金（C）限定租金（D）合併租金

（D）2. 有關勘估標的總費用之推算項目，不包括下列那一項？（A）管理費及維修費（B）地價稅或地租、房屋稅（C）保險費（D）貸款利息

（A）3. 下列何者不屬不動產估價師蒐集比較實例所應依循之原則？（A）實例之價格屬限定價格、可調整為限定價格或與勘估標的價格種類相同者（B）與勘估標的位於同一供需圈之近鄰地區或類似地區者（C）與勘估標的使用性質或使用管制相同或相近者（D）實例價格形成日期與勘估標的之價格日期接近者

（A）4. 下列何者符合應用計量模型分析法關係式採用5個自變數時所要求之所有條件？（A）蒐集26個比較標的、迴歸分析調整後判定係數為0.8、截距項以外其他各主要影響價格因素之係數估計值同時為零之顯著機率為0.04（B）蒐集36個比較標的、迴歸分析調整後

判定係數為0.8、截距項以外其他各主要影響價格因素之係數估計值同時為零之顯著機率為0.95（C）蒐集60個比較標的、迴歸分析調整後判定係數為0.02、截距項以外其他各主要影響價格因素之係數估計值同時為零之顯著機率為0.03（D）蒐集20個比較標的、迴歸分析調整後判定係數為0.8、截距項以外其他各主要影響價格因素之係數估計值同時為零之顯著機率為0.01

（D）5. 運用比較法在試算價格之調整運算過程中，區域因素調整、個別因素調整或區域因素及個別因素內之任一單獨項目之價格調整率大於百分之（甲），或情況、價格日期、區域因素及個別因素調整總調整率大於百分之（乙）時，判定該比較標的與勘估標的差異過大，應排除該比較標的之適用。請問甲與乙各為多少？（A）甲為10，乙為20（B）甲為10，乙為25（C）甲為15，乙為25（D）甲為15，乙為30

（A）6. 採用比較法經比較調整後求得之勘估標的試算價格，應就價格偏高或偏低者重新檢討，經檢討確認適當合理者，始得作為決定比較價格之基礎。檢討後試算價格之間差距仍達百分之二十以上者，應排除該試算價格之適用。前者所稱百分之二十以上之差距係指：（A）高低價格之差除以高低價格平均值達百分之二十以上者（B）高低價格之差除以最高價格達百分之二十以上者（C）高低價格平均值除以最高價格達百分之二十以上者（D）高低價格平均值除以高低價格

之差達百分之二十以上者

(B) 7. 收益法估價應蒐集勘估標的及與其特性相同或相似之比較標的最近幾年間總收入、總費用及收益資本化率或折現率等資料？(A) 2年 (B) 3年 (C) 4年 (D) 5年

(C) 8. 當建物價格日期當時價值未來每年折舊提存率大於零時，下列對淨收益已扣除折舊提存費之房地綜合收益資本化率與淨收益未扣除折舊提存費之房地綜合收益資本化率兩者間之敘述，何者正確？(A) 淨收益已扣除折舊提存費之房地綜合收益資本化率高於淨收益未扣除折舊提存費之房地綜合收益資本化率 (B) 淨收益已扣除折舊提存費之房地綜合收益資本化率等於淨收益未扣除折舊提存費之房地綜合收益資本化率 (C) 淨收益已扣除折舊提存費之房地綜合收益資本化率小於淨收益未扣除折舊提存費之房地綜合收益資本化率 (D) 無法判斷

(A) 9. 在使用成本法估價時，建物估價以求取（甲）為原則。但建物使用之材料目前已無生產或施工方法已改變者，得採（乙）替代之。請問甲、乙分別為何種成本？(A) 甲為重建成本、乙為重置成本 (B) 甲為重置成本、乙為重建成本 (C) 甲為直接成本、乙為間接成本 (D) 甲為間接成本、乙為直接成本

(B) 10. 於採土地開發分析法之資本利息綜合利率之計算中，如果資本利息年利率為3%，土地價值比率為40%，建物價值比率為60%，開發年數為3年，請問資本利息

綜合利率為何？（A）9%（B）6.3%（C）4.5%（D）3%

(A) 11. 下列那一項不屬於土地建築開發之間接成本？（A）施工費（B）規劃設計費（C）銷售費（D）管理費

(D) 12. 當某土地開發後預期總銷售金額為1000萬元，適當之利潤率為12%，開發所需之直接成本為300萬元，開發所需之間接成本為250萬元，開發所需總成本之資本利息綜合利率為4%時，請問土地開發分析法價格大約為何？（A）433萬元（B）402萬元（C）386萬元（D）309萬元

(A) 13. 附有違章建築之房地估價，有關違建部分之處理方式，下列何者正確？（A）違建部分不予以評估（B）委託人要求評估違建部分之價值時，只需就合法建物及違建部分於估價報告書中標示合併之總價格即可（C）委託人如果要求評估違建部分之價值時，應拒絕之（D）不論委託人有無要求，皆應就合法建物及違建部分於估價報告書中標示合併之總價格

(C) 14. 不動產估價報告書中載明價格日期，係立基於下列何種原則？（A）最有效使用原則（B）競爭原則（C）變動原則（D）預期原則

(D) 15. 不動產估價有所謂的獨立估價，請問獨立估價是指：（A）土地上原有地上建物，但於估價之價格日期時已頹壞傾倒，估價時仍視為有地上建物，併同土地一併估價（B）土地上無地上建物，純素地估價（C）土地上有地上建物，估價時將土地與地上建物併同估

價(D)土地上有地上建物或他項權利存在，但估價時將土地視為素地予以估價，不考慮地上建物或他項權利對該土地的影響

(C) 16. 勘估標的是一都市邊緣之農地，未來極有可能變更為建地，今依委託人要求針對勘估標的未來可能變更為建地情況進行估價，其價格種類為何？(A)正常價格(B)限定價格(C)特定價格(D)特殊價格

(A) 17. 下列有關比較法的敘述，何者錯誤？(A)試算價格調整運算過程中，情況因素、價格日期、區域因素、個別因素或區域因素及個別因素內之任一單獨項目之價格調整率不得大於15%，但勘估標的性質或區位特殊，於報告書敘明者，不在此限(B)試算價格調整運算過程中，情況因素、價格日期、區域因素及個別因素總調整率不得大於30%，但勘估標的性質或區位特殊，於報告書敘明者，不在此限(C)情況調整係指比較標的之價格形成條件中有非屬於一般正常情形而影響價格時，或有其他足以改變比較標的之價格之情況存在時，就該影響部分所作之調整(D)估價師運用比較法估價時，應採用三件以上比較標的

(C) 18. 王先生手中取得一份不動產估價報告書，比較法推估過程中三個比較案例的價格依序為新臺幣63萬元/坪、64.5萬元/坪、68.5萬元/坪，所推估之試算價格依序分別為新臺幣45萬元/坪、50萬元/坪、57.5萬元/坪，下列敘述何者正確？(A)比較案例一總調整率不符規定(B)比較案例三總調整率不符規定(C)比較案

例一與比較案例三試算價格之差距不符規定（D）比較案例一與比較案例二之試算價格較接近，應給予較高之權重

（D）19. 依不動產估價技術規則之規定，下列收益法之估價步驟中，何種排列次序較為正確？①計算淨收益②推算總費用③決定收益資本化率或折現率④推算有效總收入⑤蒐集總收入、總費用及收益資本化率或折現率等資料⑥計算收益價格（A）①⑤②③④⑥（B）⑤①②④③⑥（C）⑤④①②⑥③（D）⑤④②①③⑥

（A）20. 下列關於收益資本化率之敘述，何者錯誤？（A）增值性較高的不動產，其收益資本化率較高（B）流通性高的不動產，其收益資本化率較低（C）風險性較高的不動產，其收益資本化率較高（D）管理度較難的不動產，其收益資本化率較高

（D）21. 選擇數個與勘估標的相同或相似之比較標的，以其淨收益除以價格後，以所得之商數加以比較決定收益資本化率之方法為：（A）加權平均資金成本法（B）有效總收入乘數法（C）債務保障比率法（D）市場萃取法

（B）22. 附著於土地之工事及水利土壤之改良，以何種方法估價為原則？（A）收益法（B）成本法（C）比較法（D）土地開發分析法

（A）23. 同棟多層樓之不動產估價，估價師通常以某一層為比準層，再依樓層別效用比推估其他樓層之價格，若以

最低價之樓層為比準層，其他各樓層之效用比為何？
（A）均大於100（B）均等於100（C）均小於100
（D）大於或小於100

(B) 24. 三筆土地分別為1500萬元、2500萬元及6000萬元，今決定將三筆土地合併開發，經評估合併後土地總價值為1億5千萬元，請問相對於原來1500萬元之土地，其合併後價格應為：（A）3750萬元（B）2250萬元（C）9000萬元（D）2500萬元

(C) 25. 依不動產估價技術規則規定，承租人每期支付予出租人之租金，加計押金或保證金、權利金及其他相關運用收益之總數，稱為：（A）純租金（B）支付租金（C）實質租金（D）經濟租金

民法概要

甲、申論題部分：（50分）

一、甲將自己所有之一筆土地出賣於乙，尚未交付，亦未辦理所有權移轉登記，乙即將該土地轉賣於丙，屆清償期乙未依約將該土地所有權移轉登記於丙，丙一再催促，乙均置之不理，而該土地仍登記為甲所有。請問：丙得如何行使權利，取得該土地所有權？（25分）

答：

丙得先依民法第242條前段以及同法第348條第1項之規定，代位乙請求甲辦理土地所有權移轉登記後，再向乙請求將該地所有權移轉登記給自己，說明如下：

(一) 按：「債務人怠於行使其權利時，債權人因保全債權，得以自己之名義，行使其權利。」、「物之出賣人，負交付其物於買受人，並使其取得該物所有權之義務。」，民法第242條前段以及同法第348條第1項分別定有明文。

(二) 查，甲與乙就系爭土地訂立買賣契約，乙於該地尚未交付、亦未辦理所有權移轉登記前便轉售與丙而與丙另成立買賣契約關係，因買賣契約為債權契約，不以有處分權為必要，故上揭乙、丙間之買賣契約仍屬有效，合先敘明。

(三) 次查，本件於清償期屆至後，乙未依約將該地所有權移轉登記於丙，亦未積極要求甲履行出賣人義

務，此時丙為保全自己之債權，自得依據上揭民法第242條前段以及同法第348條第1項之規定，代位乙請求甲辦理土地所有權移轉登記後，再向乙請求將該地所有權移轉登記給自己。

二、消滅時效與除斥期間之區別何在？設甲有一筆登記在其名下之A地及一棟未辦理保存登記之B屋，於民國92年5月1日被乙擅自占用，甲直到107年10月25日始向乙請求返還，乙抗辯甲之請求權已罹於時效而消滅，其抗辯是否有理由？（25分）

答：

茲就消滅時效與除斥期間之區別，以及本題乙之抗辯有無理由，

說明如下：

(一) 按消滅時效，係指一定期間不行使權利，致請求權消滅之法律事實；至於除斥期間則係指權利存在之預定存續期間，而於該期間經過後，則該權利歸於消滅。二者之區別如下：

1. 立法精神不同：

消滅時效之立法精神係在維持新建立之法律秩序；除斥期間則係維持繼續存在之法律秩序。

2. 適用客體不同：

消滅時效之客體係針對請求權，例如民法第125條；而除斥期間則係針對形成權而做規範，例如民法第91條之規定。

3. 期間計算不同：

消滅時效係自權利可得行使時起算，有中斷及不完成之規範；而除斥期間則係不變期間，除法律另有規定外，自權利開始時起算，不得變更或展期。

4. 效力不同：

消滅時效經過後，僅義務人取得抗辯權，該權利並不當然消滅，此非法院職權調查事項；而除斥期間經過後，權利當然消滅，此亦為法院職權調查事項。

(二)乙對B屋之抗辯有理由，但對A地之抗辯無理由：

1. 按：「請求權，因十五年間不行使而消滅。」，民法第125條前段定有明文；次按司法院大法官釋字第107號解釋要旨，已登記之不動產，不適用關於取得時效之規定，為適應此項規定，其回復請求權，應無民法第125條消滅時效之適用。

2. 查，本件甲所有之登記在其名下之A地以及未辦保存登記之B屋，於民國（下同）92年5月1日均遭乙無權占用，甲直至107年10月25日始向乙請求返還，已罹於上揭民法第125條所定15年之請求權時效，故乙得據此拒絕返還B屋；但因A地業已登記在甲名下，依據上揭釋字第107號要旨，乙不得對已登記之不動產主張時效利益，是乙對A地之抗辯無理由。

乙、測驗題部分：（50分）

（D）1. 甲有A、B、C三台車，以總價50萬元出售給乙，其後甲將其對乙的債權贈與於丙，並讓與之。於乙將50萬元現金支付於丙後，甲將A、B、C三台車交付給乙並移轉所有權。試問甲、乙、丙間共有多少法律行為？（A）4（B）5（C）6（D）7

（D）2. A公司董事長甲於5月1日上午告訴其助理乙致函於丙，表示願以一億元購買其工廠。乙於5月2日上午發信，信於5月4日到達丙處。經查，甲於5月2日晚上心肌梗塞死亡，丙於5月6日函覆A公司為承諾，試問買賣契約是否成立？（A）買賣契約不成立（B）買賣契約效力未定，需視A公司繼任董事長是否承認決定其效力（C）買賣契約效力未定，需視甲之繼承人是否承認決定其效力（D）買賣契約成立

（C）3. 下列有關使者之敘述，何者錯誤？（A）使者係在傳達他人的意思表示（B）使者得為無行為能力人（C）身分行為不可藉使者傳達其意思表示（D）使者未適時傳達的危險由表意人承擔

（B）4. 種類之債係以不特定物之給付為標的，為使債之實現，於履行前應為特定。下列有關種類之債特定之方法，何者正確？（A）種類之債只能依法定方法為特定（B）往取之債於債務人具體指定給付物，並將準備給付之情事，通知債權人時，種類之債即為特定（C）送赴之債於債務人將給付物送至債權人住所

地，使債權人處於得隨時受領之狀態時，種類之債即為特定（D）赴償之債於債務人交付其物於運送之人時，種類之債即為特定

(D) 5. 甲向乙貸款新臺幣500萬元，以其所有之A地及其上之B屋設定抵押權給乙作擔保。試問下列何者非屬抵押權效力所及？（A）B屋抵押權設定後，甲於B屋上增建無獨立出入口之頂樓（B）B屋抵押權設定前，甲於B屋旁增建有獨立出入口之車庫（C）A地抵押權設定前，甲於A地栽種之果樹（D）A地扣押前，自甲於A地栽種果樹所分離之果實

(B) 6. 債務人甲所有之抵押物上，設有擔保乙200萬元債權之第一次序抵押權、丙120萬元債權之第二次序抵押權及丁50萬元債權之第三次序抵押權。抵押物拍賣所得價金為300萬元。乙將其第一次序之優先受償利益拋棄予丁，則應如何分配拍賣所得之金額？（A）乙150萬元，丙0元，丁50萬元（B）乙160萬元，丙100萬元，丁40萬元（C）乙0元，丙100萬元，丁200萬元（D）乙150萬元，丙100萬元，丁50萬元

(C) 7. 下列有關農育權之敘述，何者錯誤？（A）農育權係用益物權之一種（B）農育權有支付地租約定者，農育權人因不可抗力致收益減少，得請求減免其地租（C）農育權原則上係不定期限（D）農育權人原則上得將其農育權讓與他人

(A) 8. 甲乙丙丁共有A地，各有應有部分四分之一，甲乙丙三人未經丁之同意即將A地出賣給戊並為移轉登記，

請問此物權移轉行為之效力為何？（A）有效（B）無效（C）未得共有人全體同意，係屬無權處分效力未定（D）債權行為效力未定，物權移轉行為亦受其影響而效力未定

（C）9. 下列有關夫妻分別財產制之規定，下列何者錯誤？（A）分別財產制為約定財產制之一種（B）夫妻各自保有財產之所有權，並各自為管理、使用、收益及處分（C）夫妻之一方得因他方有花柳病或其他惡疾，向法院請求宣告改用分別財產制（D）夫妻各自對其債務負清償之責，但夫妻之一方以自己財產清償他方債務時，得請求返還

（B）10. 下列有關夫妻法定財產制之敘述，下列何者正確？（A）婚前財產由夫妻各自所有，婚後財產由夫妻公同共有（B）婚前財產及婚後財產均由夫妻各自所有（C）婚前財產由夫妻各自所有，婚後財產由夫妻分別共有（D）婚前財產及婚後財產均由夫妻公同共有，且夫妻對其結婚而公同共有之財產均有管理、使用、收益、處分之權利，若將來離婚對他方有請求分割之權利

（D）11. 16歲之甲於騎車上學時，與正在送貨之某公司送貨員乙（30歲）擦撞，並導致路人丙受傷。若甲與乙均為違規駕駛，下列敘述何者正確？（A）丙僅得請求財產上之損害賠償，不得主張非財產上損害賠償（B）甲為有識別能力人，故丙僅得向甲單獨請求損害賠償，不得向甲之父母求償（C）我國並無僱傭人責任

之規範，僱傭乙之公司不必負損害賠償責任（D）甲與乙對丙構成共同侵權行為，均須對丙負連帶損害賠償責任

（D）12. 針對民法有關撤銷權之規範，下列敘述何者正確？（A）撤銷權僅能對不健全的意思表示為之，不得對法律行為或法律關係為之（B）任何撤銷權之行使，均只須以意思表示方式為之，即生法律效果（C）撤銷權因一定期間內不行使而消滅，此期間稱為消滅時效（D）撤銷權之法律性質與解除權相同，均屬形成權之一種

（A）13. 18歲之甲考取大學後，拿著父母親給的住宿費、生活費至北部求學，擬向乙承租A屋一年。關於甲乙間租賃契約之效力，下列敘述，何者錯誤？（A）甲為限制行為能力人，故甲所締結之租賃契約無效（B）甲得主張關於租賃契約之意思表示，在現代社會中可認為係依其年齡及身分、日常生活所必需者，例外無須得法定代理人允許，契約仍可成立生效（C）甲得提出法定代理人就租屋之書面允許，以使契約成立生效（D）乙得定期限催告法定代理人，確答是否承認甲乙間租賃契約，以使契約成立生效

（D）14. 下列有關贈與之敘述，何者正確？（A）贈與係單獨行為（B）贈與以物之交付為要件，於物之交付後，贈與行為才為生效（C）經公證之贈與，於贈與物之權利未移轉前，贈與人得隨時撤銷其贈與（D）贈與得附有負擔

（C）15.民法關於法人之規定，下列敘述，何者錯誤？（A）法人可分為財團法人與社團法人（B）法人於法令限制內，有享受權利負擔義務之能力。但專屬於自然人之權利義務，不在此限（C）法人應設董事與監察人（D）法人對於其董事或其他有代表權之人因執行職務所加於他人之損害，與該行為人連帶負賠償之責任

（C）16.關於人格權保護，下列敘述，何者錯誤？（A）人格權受侵害時，得請求法院除去其侵害；有受侵害之虞時，得請求防止之（B）名譽權受侵害時，若法院採取命被告登報道歉作為回復名譽之適當處分，依現行司法實務見解，仍屬合憲（C）債務人因債務不履行，致債權人之人格權受侵害者，不得請求損害賠償（D）生命權受侵害時，配偶得請求損害賠償與慰撫金

（A）17.關於僱傭契約，下列敘述，何者錯誤？（A）僱傭契約之專屬性較低，故僱用人得將其勞務請求權讓與第三人，無需受僱人同意（B）受僱人服勞務，因非可歸責於自己之事由致受損害者，得向僱用人請求賠償（C）定期之僱傭契約，若當事人之一方遇有重大事由，仍得於期限屆至前終止契約（D）受僱人因執行職務，不法侵害他人之權利者，原則上係由僱用人與受僱人連帶負損害賠償責任

（B）18.下列敘述所涉及之物，何者不能單獨作為物權之客體？（A）醫療器材店所販售之大腿義肢（B）已被安裝置入大廈內運作的客製化電梯（C）區分所有建

築物（如大廈）之專有部分（D）足以遮風避雨的違章建築物

(B) 19. 甲於颱風過後翌日在河邊拾得從國家森林區漂流而下之珍貴紅檜木，乙自甲處竊取之，並將之以低價出售予不知情之丙。下列敘述，何者正確？（A）甲拾得珍貴漂流木，依民法第802條無主物先占規定，原始取得其所有權（B）甲拾得珍貴漂流木，依民法第810條適用關於拾得遺失物規定，負通知及交存該物之義務，無法立即取得該物所有權（C）因天災致國有珍貴林木漂流至國有林區外時，甲得自由撿拾取得所有權，不受民法關於拾得遺失物規定之限制（D）甲因丙取得漂流木所有權而受損害時，得依關於不當得利之規定請求償還價額

(A) 20. 下列何種權利，得為抵押權之標的物？（A）地上權（B）不動產役權（C）著作權（D）租賃權

(C) 21. 下列何者並非公同共有關係？（A）祭祀公業之派下員對不具法人資格之祭祀公業財產之關係（B）合夥人對合夥財產之關係（C）將一筆土地贈與且移轉登記予數人，受贈人對該贈與物之關係（D）數人繼承遺產，於分割遺產前，各繼承人對於遺產全部之關係

(D) 22. 下列關於物權規定之敘述，何者正確？（A）用益物權包括地上權、農育權、不動產役權、典權與質權（B）違章建築物不能辦理移轉登記，故於建造完成時，建造人無法取得所有權（C）基於公同關係而共有之房地，各共有人得就其應有部分設定抵押權

（D）稱最高限額抵押權者，謂債務人或第三人提供其不動產為擔保，就債權人對債務人一定範圍內之不特定債權，在最高限額內設定之抵押權

（D）23.甲與乙於民國100年結婚，雙方並未約定夫妻財產制，嗣於105年乙因外遇而雙方離婚。關於婚後財產，下列敘述何者正確？（A）甲於民國103年因其父親過世所獲得的遺產300萬元是婚後財產（B）乙於民國102年因車禍所獲50萬元慰撫金之非財產上損害賠償屬於婚後財產（C）甲於民國100年將婚前所投資之股票出售，獲利30萬元，屬於婚後財產（D）乙於民國101年所購入之房屋屬於婚後財產

（A）24.關於相鄰地必要通行權，下列敘述何者錯誤？（A）通行權人必須為土地所有人（B）土地因與公路無適宜聯絡即可，無須毫無聯絡方法（C）通行權人有必要時可以開設道路（D）通行權人對於通行地因此所受之損害，應支付償金

（B）25.甲有子女乙丙二人，乙與丁結婚後育有一女戊，丙收養一女己；然乙卻因工時過長，過勞而亡。甲於乙死亡後兩年亦病逝。有關甲遺產之繼承，下列敘述何者正確？（A）戊、己得以代位繼承（B）丙、戊為甲的遺產繼承人（C）丙、戊、己為甲的遺產繼承人（D）丙、丁、戊、己均為甲的遺產繼承人

國文

甲、作文部分：（60分）

去跳蚤市場買二手貨比買新品便宜，我們雖然少付了一點錢，卻可能增加了其他無形的成本——購物的時間和交通，買到假貨、劣貨的風險……。所有這些成本加起來，才是買到二手貨的總成本。因此，有時你看似付了更多錢，總成本卻不一定比較高。人生的經營也是如此，我們容易計較有形的成本，卻往往忽略了時間、健康、情感等無形的成本。那麼，該如何省視這些迷思，用合理的成本創造自己的幸福。請以「精算人生的成本」為題，作文一篇，闡述己見。

乙、測驗部分：（40分）

（B）1. 下列選項「」中的詞語，何者用字完全正確？（A）這本小說曾創下破記錄的銷售數字，「風靡一時」（B）這支籃球隊伍連戰皆捷，「所向披靡」，稱霸當今籃壇（C）這家餐廳以排骨熬粥，其美味讓顧客「不食肉靡」則不快（D）這份報告製作用心，資料豐贍，「鉅細靡遺」，深獲眾人肯定

（B）2. 下列文句中，對他人稱呼自己家屬的用法，何者錯誤？（A）內人擅長料理義大利菜（B）令尊已逾耳順之年，仍健步如飛（C）家姊喜愛園藝，假日常蒔花弄草（D）舍弟今夏大學畢業，正準備參加國家考

試
(D) 3. 下列對話『』內成語的使用，何者最恰當？（A）「陳教授，聽說你帶領的研究團隊獲得國際大獎，恭喜恭喜。」「哪裡哪裡，我們算是『實至名歸』。」（B）「老張默默行善，數十年如一日，今年獲得鎮公所頒發的好人好事獎。」「老張『求仁得仁』，我也贊同。」（C）「董事長，公司的新措施鬧得人心沸騰，是不是考慮調整一下？」「你是總經理，你去幫我『揚湯止沸』不就得了！」（D）「老總，你不是昨天才跟李經理吵架，怎麼今天就把這個標案交給他處理？」「為了公司的發展，我只好『委曲求全』。」

(B) 4. 下列各組文句「」中的詞語，何者意思兩兩相同？（A）會「數」而禮勤，物薄而情厚／漁父樵夫之舍，皆可指「數」（B）吾觀三代以下，世衰道「微」／天下分裂，而唐室固以「微」矣（C）「顧」人之常情，由儉入奢易，由奢入儉難／為之四「顧」，為之躊躇滿志（D）師者，「所以」傳道、受業、解惑也／視其「所以」，觀其所由，察其所安

(A) 5. 「孔子說：一個人年紀大了，體力和精神都已經衰退了，應該特別注意對財富、權力、名譽、地位都不可貪求，『貪』就是不滿足目前已經得到的，而繼續要求、追求更多的財富和權力，更高的名譽和地位。其實，貪和進取之心兩者之間的分界，往往是模糊的，每個人都可以也應該有向上提升、向前求進步的心

懷，但是把期待和目標放得太高太遠，變成過分和不現實，那就是『貪』了。其實，一個人不論在什麼年紀，都要記住不要有貪婪之心，不過孔子說，到了老年更應該是如此。」

上文是在闡述孔子那句話？（A）戒之在得（B）貧而無怨（C）約之以禮（D）過猶不及

(C) 6.「隨著科技及應用發展，線上社群在真實世界的行動力，近年逐漸受到肯定。從國外的反戰、社會運動、美國總統選舉，到國內的搶救樂生、拯救動物……在在證明線上社群也能連結線下行動，發揮實體世界的影響力。」

關於「線上社群」的影響力，下列敘述何者最切近上文旨意？（A）線上社群可以快速的連結，創造議題吸引媒體目光（B）線上與線下之間的連結愈快速，實質的影響力愈大（C）線上社群對於真實世界的影響力，透過連結線下行動而產生（D）線上的真實行動力，來自於社群之間對議題的強大論述能力

(B) 7.「每個人都是一顆離開槍膛的子彈，停止便意味了墜亡。問題是，我們卻又常常希冀自己所擁有的某些物事，能夠靜止地成為永恆，譬如青春啦！財富啦！健康啦！愛情啦！然而，誰曾看見奔流的江水能夠永遠擁抱一座靜默的高山！」

下列敘述，何者最符合上文文意？（A）「奔流的江水」意謂一生的榮華富貴（B）「靜默的高山」意謂永恆不變的事物（C）「離開槍膛的子彈」是指人們

旅行時的自由無拘束（D）「希冀自己所擁有的」是指人們總羨慕他人能擁有

(D) 8. 顧肇森：「假期中偶爾早起，趕上她梳頭，即使在做完髻之前，我總得幫她擎起鏡子，讓她判斷梳歪了沒有，往往得打散髮髻重做。而且髮根漸漸鬆動，一梳就扯下一叢頭髮，使我看得背上直起寒慄。梳成的髻，常是危樓的光景。我仍記得早些年第一次在麵疙瘩的湯中看見一縷青絲，不禁像看到河裡浮屍似的哇哇叫起來，母親抱歉得不得了，硬要我另換一碗。自那時起，她的髮屢在飯菜中出現，見慣不奇，也就不值得大驚小怪了。只是趁她不注意，偷偷的抽起來丟掉。」
下列敘述，何者最貼近作者面對母親掉髮最終的態度？（A）恐懼憂慮（B）視而不見（C）習以為常（D）不動聲色

(D) 9. 「環保葬是近年來才興起的概念，英國早在1993年就推動環保自然葬，是最早推動的國家，後續環保葬的概念又慢慢推行至美國、北歐、日本、紐澳等國家。日本在2008年時，火化率就達到99.85%，為世界第一；同年瑞典及丹麥火化率皆達75%以上，英國為72.45%、紐西蘭為70%、澳洲為65%。而各國因民情不同，環保葬盛行的方式也不同，例如日本靠海因此不少民眾採用海葬，而丹麥、瑞典、挪威三國除了紀念花園之外，也設置海岸墓園，提供民眾多元選擇。就內政部資料顯示，國人到2015年底為止，全國火化

率已達95.65%,可見經過長年推廣,『火化遺體』這概念已逐漸為大眾所接受。2015年推動環保自然葬計9,136件,為2005年之20倍,其中又以樹葬居多,顯示環保葬的概念獲得愈來愈多民眾認同。」

下列文句,何者最適合作為上述報導的標題?(A)民情使然,日本環保葬世界第一(B)環保葬新趨勢,多元墓地供選擇(C)環保自然葬蔚然成風,英國推行有功(D)環保葬成趨勢,臺灣10年成長20倍

(C) 10.「從文學史上看,大部分詩人都能很輕易地把握兩種以上的瓊瓦,這也許不表示詩人優於別的作家,但至少表示詩人的延伸性大於別的作家。詩是壓縮的語言,但人不能永遠說壓縮的語言,尤其當你想到要直接而迅速地服役社會的時候,壓縮的語言是不容易奏效的。我常常想,這大概是我也寫散文的原因。我在金門的時候和瘂弦談這個問題,他說:『好比臺糖公司,除了出產蔗糖以外,也出產鈣片和甘蔗板。』散文是詩人的副產品,大概是無可否認的。」

依據上文,下列敘述何者不符合作者的看法?(A)所謂「兩片瓊瓦」,指的是新詩與散文(B)詩人善於運用壓縮的語言,並能較輕鬆地掌握其他文類(C)散文寫作耗時,難以服役社會,故詩人視散文為副產品(D)認同瘂弦以臺糖公司為譬,將新詩視為蔗糖,散文視為鈣片或甘蔗板

(A) 11.「於是,我找到了帕多瓦,在這裡遇見了喬托。他透過樸實無華的筆觸,向世界歌頌人的心靈。在喬托之

前,中世紀的藝術作品純粹是神蹟的展現,畫面中的人物缺乏情感、面無表情,他們都只是構成事件的道具。喬托的作品讓我們相信:生命的救贖,就存在於我們習以為常的生活當中;真正的偉大,就是在熙熙攘攘的紅塵裡,做一個平凡自在的人。這位偉大的畫家,達文西稱他為『藝術之父』,沒有他的啟迪,很有可能就沒有文藝復興。或許,我們還要在黑暗中摸索相當的歲月,才能走出中世紀的幽黯。」
根據上文,下列說明何者正確?(A)達文西因喬托對黑暗時期的貢獻,讚他為「藝術之父」(B)喬托擅長描繪面無表情的小人物,藉以傳達對神的崇敬(C)在達文西的筆觸下,人物的心靈與情感總是趨向於神性(D)文藝復興的藝術關注,由現實生活與人物心靈轉向宗教

(A) 12.「愛情,愛情,你只使我體驗什麼什麼,而不去問『為什麼』。『為什麼』在愛情中止息,『為什麼』所生的空虛,在愛情中充實。我幾次想逃出愛情之外,自問我為什麼要愛她,我愈問愈得不著答案。因為我之愛她,即因『我』不知為什麼;我就是因為她能使『我』不問為什麼,才會愛她。在愛情中,最初也不知我的目的安在。我可以在朦朧中覺到我之目的,是得那神祕的心。然而我不能以我任何身外之物為手段。我要得她之心,只有把我之情懷,向她傾吐,把我之精神,向她貢獻。我只能以我『現在之整個自我』為手段,以換取『對方之自我』為目的。」

根據上文,下列選項何者錯誤?(A)愛情是完全盲目的(B)人在愛情中避免了生命的空虛(C)真正的愛情是把自己交付給對方(D)愛情中不問為什麼是因為愛情是無功利性的

(A) 13.「目前有些人以為,大自然的平衡是早期世界比較單純時的事,而現在已經有太多的改變,沒有必要再去談它。又有些人以為這只是一種假說,不足為據。今天大自然的平衡當然和洪荒時期不一樣,但是仍然存在著,生物間複雜、精確,而且具高度整合性的關係,不能隨便忽略。就好像站在懸崖邊緣的人,若藐視重力定律,能不受到處罰嗎?自然的平衡不是一種固定的狀況,而是流動的,不斷變化的,一直都在調適當中。人類也是平衡中的一部分,有時平衡對人有利,有時往往由於人自己的所做所為,使平衡轉為不利。」

下列敘述,何者最不符合上文所謂「自然的平衡」?(A)天地之精所以生物者,莫貴於人(B)天何言哉?四時行焉,百物生焉(C)天行有常,不為堯存,不為桀亡(D)天之道其猶張弓與,高者抑之,下者舉之

(C) 14.下列選項,何者不符合「防微杜漸」的觀念?(A)為之於未有,治之於未亂(B)聖人不病,以其病病,是以不病(C)大道廢,有仁義;六親不和,有孝慈(D)不貴難得之貨,使民不為盜;不見可欲,使民心不亂

（D）15.「今夫世俗愜意事，如美食大官，高貲華屋，皆眾人所必爭，而造物者之所甚靳，有不可得者。」作者認為「世俗愜意事」之所以難於謀取的原因為何？（A）世俗無德者多，故不具取得資格（B）造物者亦以此為貴，故吝於給予（C）對於命中所無之事，自不可強求（D）僧多粥少，上蒼亦不能有求必應

（C）16. 王安石〈遊褒禪山記〉：「余於仆碑，又以悲夫古書之不存，後世之謬其傳而莫能名者，何可勝道也哉！此所以學者不可以不深思而慎取之也。」
根據文意，下列敘述何者最符合作者的慨歎本意？（A）古書流傳訛誤以致真相難明，故為學必須謹言慎行（B）古書保存不易以致求知困難，故為學必須拜師學藝（C）古書亡佚以致真相本意難明，故為學必須慎思明辨（D）古書傳世不多以致訪求困難，故為學必須廣泛蒐羅

（D）17. 甲、上邪！我欲與君相知，長命無絕衰。山無陵，江水為竭；冬雷震震，夏雨雪；天地合，乃敢與君絕

乙、枕前發盡千般願，要休且待青山爛。水面上秤錘浮，直待黃河徹底枯。白日參辰見，北斗迴南面。休即未能休，且待三更見日頭

根據上引詩歌，下列詮釋何者正確？（A）甲詩描述種種氣候的異象，以隱晦的方式暗示戀情不見容於社會（B）乙詩不僅以天地起誓，還藉秤錘、睡枕為喻，鄭重表達婚約之盼（C）兩首詩歌都藉由四季的

更迭表現時光荏苒，襯托戀人的情感日篤（D）兩首詩歌都以大自然的異常景象反襯愛情的堅貞，強調至死不渝

（C）18. 夫國家作事，以公共為心者，人必樂而從之；以私奉為心者，人必咈（ㄈㄨˊ）而叛之。故燕昭築金臺，天下稱其賢。殷紂作玉杯，百代傳其惡，蓋為人與為己殊也。（陸贄〈奉天請罷瓊林大盈二庫狀〉）
根據上文，下列選項何者錯誤？（A）「咈而叛之」意謂人民違逆不願服從（B）「以公共為心」和「以私奉為心」的差別在動機不同（C）「殷紂作玉杯，百代傳其惡」的原因是：製作玉杯將使人人為己而忘公（D）「燕昭築金臺，天下稱其賢」的原因是：築黃金臺招致賢才，為國家之公利

（A）19.「說國賊懷奸從佞，遣愚夫等輩生嗔；說忠臣負屈銜冤，鐵心腸也須下淚。講鬼怪令羽士心寒膽戰；論閨怨遣佳人綠慘紅愁。說人頭廝挺，令武士快心；言兩陣對圓，使雄夫壯志。談呂相青雲得路，遣才人著意群書；演霜林白日升天，教隱士如初學道。」
下列敘述，何者最能詮釋上文有關說書人表演的描述？（A）說書藝術具有移人性情的感染力，能讓怯者勇、薄者敦（B）說書藝術首重想像虛構，才能針砭時政、喚起聽眾共鳴（C）說書人的講述反映市井生活，販夫走卒經常成為故事中的主角（D）說書人須清楚交代故事人物的經歷，才能證明自己的學識淵博

（D）20.尺棰當猛虎，奮呼而操擊；徒手遇蜥蜴，變色而卻步；人之情也。知此者，可以將矣。袒裼而按劍，則烏獲不敢逼；冠冑衣甲，據兵而寢，則童子彎弓殺之矣。故善用兵者以形固。夫能以形固，則力有餘矣。（蘇洵〈心術〉）

文中「能以形固」之意，下列說明何者最正確？（A）攻其無備，出其不意（B）善戰者因其勢而利導之（C）不戰而屈人之兵，善之善者（D）善用兵者，使之無所顧，有所恃

108年 不動產經紀人普考

不動產經紀相關法規概要

甲、申論題部分：（50分）

一、消費者保護法所規範之「企業經營者」之定義為何？而企業經營者從事不動產交易應負該法第7條所規定之商品及服務責任，請詳述該條所規定之商品或服務責任之構成要件及損害賠償為何？若消費者依商品或服務責任提起訴訟，得請請該法第51條懲罰性賠償金，請詳述該規定為何？另，詳述該法第10條，於何種情形下，企業經營者有回收義務？（25分）

◎請參考消費者保護法第2條第2款、第7條、第10條、51條

答：

(一) 企業經營者：

指以設計、生產、製造、輸入、經銷商品或提供服務為營業者。

(二) 企業經營者就其商品或服務所應負之責任：

1. 從事設計、生產、製造商品或提供服務之企業經營者，於提供商品流通進入市場，或提供服務時，應確保該商品或服務，符合當時科技或專業水準可合理期待之安全性。

2. 商品或服務具有危害消費者生命、身體、健康、財產之可能者，應於明顯處為警告標示及緊急處理危險之方法。

3. 企業經營者違反前二項規定，致生損害於消費者或第三人時，應負連帶賠償責任。但企業經營者能證明其無過失者，法院得減輕其賠償責任。

(三) 消費者求懲罰性賠償金之訴訟：
依本法所提之訴訟，因企業經營者之故意所致之損害，消費者得請求損害額五倍以下之懲罰性賠償金；但因重大過失所致之損害，得請求三倍以下之懲罰性賠償金，因過失所致之損害，得請求損害額一倍以下之懲罰性賠償金。

(四) 企業經營者對於危險商品或服務之處理回收義務：
1. 企業經營者於有事實足認其提供之商品或服務有危害消費者安全與健康之虞時，應即回收該批商品或停止其服務。但企業經營者所為必要之處理，足以除去其危害者，不在此限。
2. 商品或服務有危害消費者生命、身體、健康或財產之虞，而未於明顯處為警告標示，並附載危險之緊急處理方法者，準用前項規定。

二、不動產之買賣，如委由經紀業仲介者，不動產經紀業者應提出不動產經紀業管理條例地22條第1項所規定之各類文件，其中包括不動產說明書，而該條例第22條第3項對經紀業所製作之不動產說明書內容有何限制規定？另不動產說明書有那些相關人等之簽章以及簽章之時間點？在執行業務過程中，不動產說明書應如何解說？何者為義務人？當買賣雙方當事人簽訂買賣契約書時，應如何處置，該不

動產說明書則視為或買賣契約書之一部分？若就不動產說明書之製作及執行過程，有經紀人員未盡其義務，至交易當事人受損害，則受損害者可請求何人負賠償責任？（25分）

◎請參考不動產經紀業管理條例第22、23、24、26條；不動產說明書不應記載事項

答：

（一）不動產說明書內容有何限制規定：
1. 不得記載本說明書內容僅供參考。
2. 不得記載繳回不動產說明書。
3. 不得使用實際所有權面積以外之「受益面積」、「銷售面積」、「使用面積」等類似名詞。
4. 預售屋出售標的，不得記載未經依法領有建造執照之夾層設計或夾層空間面積。
5. 不得記載以不動產委託銷售標的現況說明書、不動產委託承購標的現況說明書、要約書標的現況說明書或建物現況確認書，替代不動產說明書之內容。
6. 不得記載房價有上漲空間或預測房價上漲之情形。

（二）不動產說明書簽章責任者及時間點：
1. 不動產經紀人於製作不動產說明書時應經簽章。
2. 不動產說明書提供解說前，應經委託人簽章。
3. 雙方當事人簽訂租賃或買賣契約書時，經紀人應將不動產說明書交付與委託人交易之相對人，並

由相對人在不動產說明書上簽章。
(三) 不動產說明書之解說對象：
1. 經紀人員在執行業務過程中，應以不動產說明書向與委託人交易之相對人解說。
2. 前項說明書於提供解說前，應經委託人簽章。
(四) 不動產說明書之處置：
1. 雙方當事人簽訂租賃或買賣契約書時，經紀人應將不動產說明書交付與委託人交易之相對人，並由相對人在不動產說明書上簽章。
2. 前項不動產說明書視為租賃或買賣契約書之一部分。
(五) 經紀業與經紀人員應負之賠償責任：
1. 經紀業：
因可歸責於經紀業之事由不能履行委託契約，致委託人受損害時，由該經紀業負賠償責任。
2. 經紀業應與經紀人員負連帶賠償責任：
經紀業因經紀人員執行仲介或代銷業務之故意或過失致交易當事人受損害者，該經紀業應與經紀人員負連帶賠償責任。
3. 調處：
前二項受害人向中華民國不動產仲介經紀業或代銷經紀業同業公會全國聯合會請求代為賠償時，視為已向基金管理委員會申請調處，基金管理委員會應即進行調處。
4. 請求代為賠償：

受害人取得對經紀業或經紀人員之執行名義、經仲裁成立或基金管理委員會之決議支付後，得於該經紀業繳存營業保證金及提供擔保總額內，向中華民國不動產仲介經紀業或代銷經紀業同業公會全國聯合會請求代為賠償；經代為賠償後，即應依第八條第四項規定，通知經紀業限期補繳。

乙、測驗題部分：（50分）

（C）1. 關於不動產經紀業營業保證金之敘述，以下何者錯誤？（A）營業保證金除不動產經紀業管理條例另有規定外，不因經紀業或經紀人員之債務債權關係而為讓與、扣押或設定負擔（B）不動產經紀業申請解散者，得自核准註銷營業之日滿一年後二年內，請求退還原繳存之營業保證金。但不包括營業保證金之孳息（C）應繳之營業保證金及繳存或提供擔保之辦法，由中華民國不動產仲介經紀業或代銷經紀業同業公會全國聯合會定之（D）經紀業因合併、變更組織時對其所繳存之營業保證金之權利應隨之移轉

（B）2. 依不動產經紀業管理條例規定，經紀業應依中央主管機關規定繳存營業保證金。下列關於營業保證金之說明，何者錯誤？（A）獨立於經紀業及經紀人員之外，除不動產經紀業管理條例另有規定外，不因其債務債權關係而為扣押（B）得因經紀業或經紀人員之債務債權關係而抵銷（C）經紀業合併時，所繳存營業保證金之權利，應隨之移轉（D）經紀業申請解散

時，得自核准註銷營業之日滿一年後二年內，請求退還原繳存之營業保證金

(A) 3. 不動產之買賣、互易、租賃或代理銷售，如委由經紀業仲介或代銷者，下列何者不屬不動產經紀業管理條例規定經紀業應指派經紀人簽章之文件？(A) 不動產承租、承購委託契約書 (B) 不動產承租、承購要約書 (C) 定金收據 (D) 不動產廣告稿

(B) 4. 不動產經紀業管理條例關於經紀業經營仲介與代銷業務之規範，下列敘述何者正確？(A) 受起造人或建築業之委託，負責企劃並代理銷售不動產之業務為仲介業務；從事不動產買賣、互易、租賃之居間或代理業務為代銷業務 (B) 經營仲介業務者，應將報酬標準及收取方式於營業處所明顯處揭示；經營代銷業務者，則不須揭示之 (C) 經營仲介業務者，應僱用具備經紀人員資格者從事業務；經營代銷業務者，則無此限制 (D) 經營仲介業務者，有向主管機關申報登錄成交案件實際資訊之義務；經營代銷業務者，則無此義務

(D) 5. 有下列何種情形者，不得申請經營經紀業，其經許可者，撤銷或廢止其許可？(A) 犯詐欺、背信、侵占罪經受有期徒刑一年以上刑之宣告確定，執行完畢或赦免後已滿三年者 (B) 曾經營經紀業，經主管機關撤銷或廢止許可，自撤銷或廢止之日起已滿五年者 (C) 受停止營業處分，已執行完畢者 (D) 受廢止經紀人員證書或證明處分未滿五年者

(D) 6. 甲通過不動產經紀人考試並領有不動產經紀人證書，從事不動產仲介業務多年，同時擔任乙仲介公司董事長。執業期間因車禍腦部受創而受法院監護宣告，成為無行為能力人。下列敘述何者正確？（A）甲得繼續充任不動產經紀人，其資格不受影響（B）主管機關應予甲申誡處分（C）主管機關應廢止乙公司之營業許可（D）由主管機關命乙公司限期改善；逾期未改善者，廢止其許可，並通知公司或商業登記主管機關廢止其登記

(D) 7. 甲公司接受乙建築公司之委託，簽訂委託契約書後，負責企劃並代理銷售乙公司新推出之公寓大廈預售屋。下列敘述何者正確？（A）雙方應簽訂委託銷售契約書，並由乙公司指派經紀人於契約書簽章（B）甲公司於簽訂委託銷售契約書前，即得刊登廣告並開始銷售（C）甲公司應將報酬標準及收取方式揭示於營業處所明顯之處（D）乙公司之不動產廣告及銷售內容，應與事實相符，並註明甲公司名稱

(B) 8. 公平交易法規定，法院因被害人之請求，如為事業之故意行為，得依侵害情節，酌定損害額以上之賠償。但不得超過已證明損害額之幾倍？（A）二倍（B）三倍（C）四倍（D）五倍

(C) 9. 不動產經紀業者以下何種行為不涉及違法聯合行為？（A）共同決定服務報酬收費標準，或協議限制服務報酬之調整（B）協議拒絕其他不動產經紀業者參與聯賣（C）共同約束開發物件必須與委託人簽訂一般

委託契約（D）共同約束專任委託契約之期間

(A) 10. 下列何者非屬內政部所頒不動產說明書不得記載事項之內容？（A）附屬建物除陽台外，其餘項目不得計入買賣價格（B）不得記載本說明書內容僅供參考（C）不得使用實際所有權面積以外之「受益面積」、「銷售面積」、「使用面積」等類似名詞（D）預售屋出售標的，不得記載未經依法領有建造執照之夾層設計或夾層空間面積

(C) 11. 安心社區擬於近日召開區分所有權人定期會議，討論社區管理事宜，同時選任新的管理委員。社區規約對於定期會議之召集程序及管理委員之選任事項，未定有特別規定。請問：管理委員會主任委員召集會議時，下列何項程序有違公寓大廈管理條例之規定？（A）於開會前十日通知各區分所有權人（B）以書面通知載明開會內容（C）逕以公告代替書面通知，公告期間多於二日（D）有關管理委員之選任事項，在開會通知中載明並公告之

(A) 12. 甲房屋仲介公司擬與乙房屋仲介公司合併，下列何種情形不須先向公平交易委員會提出申報？（A）甲公司已持有乙公司達百分之五十以上之有表決權股份（B）兩家公司合併後之市場占有率達三分之一（C）乙公司之市場占有率已達四分之一（D）甲公司上一會計年度銷售金額，超過公平交易委員會所公告之金額

(C) 13. 某直轄市內有競爭關係之甲、乙、丙、丁不動產仲介

業者相互協議，就仲介成交之房屋買賣或租賃案件一律收取固定之服務報酬。試問：甲、乙、丙、丁之協議行為，可能構成公平交易法所規定之何種行為？（A）獨占（B）結合（C）聯合（D）杯葛

(B) 14. 定型化契約中之條款可以分為定型化契約條款及個別磋商條款兩種，兩者如果發生不一致情形時，以下何者正確？（A）個別磋商條款具有高於所有定型化契約條款之效力（B）由於個別磋商條款，係經過契約當事人個別磋商而合意約定的契約條款，相較於僅由企業經營者所預先擬定的定型化契約條款，更能顯示當事人真意所在，自應優先考量（C）如定型化契約條款與個別磋商條款發生牴觸時，定型化契約條款全部無效，其未牴觸部分亦無效（D）定型化契約條款牴觸個別磋商條款之約定者，定型化契約無效

(D) 15. 關於消費者保護法所稱分期付款買賣，以下何者正確？（A）指買賣契約約定消費者支付頭期款，餘款分期支付之交易型態（B）預售屋分期付款買賣，價金分期給付，是消費者保護法有關分期付款買賣（C）分期付款買賣契約書未記載利率者，其利率按現金交易價格週年利率百分之六計算之（D）分期付款買賣契約書應記載各期價款與其他附加費用合計之總價款與現金交易價格之差額

(B) 16. 消費者與企業經營者因商品或服務發生消費爭議，消費者向企業經營者申訴時，企業經營者對於消費者的申訴，以下何者正確？（A）從企業經營者接獲消費

者申訴的當日開始起算十日內予以妥適處理（B）從企業經營者接獲消費者申訴的當日開始起算十五日內予以妥適處理（C）從消費者為申訴的那一天開始起算十五日內予以妥適處理（D）從消費者為申訴的那一天開始起算十日內予以妥適處理

(C) 17. 甲、乙、丙三公司分別為從事A商品之設計、製造及銷售之企業經營者。假設消費者丁購買丙公司銷售之A商品，造成丁的兒子受到傷害，依消費者保護法規定，甲公司應負何種責任？（A）不須負任何責任（B）與乙、丙公司比例分擔損害賠償責任（C）與乙、丙公司負連帶賠償責任。但能證明其無過失者，法院得減輕其賠償責任（D）與乙、丙公司負連帶賠償責任。但其對於損害之防免已盡相當之注意，或縱加以相當之注意而仍不免發生損害者，不在此限

(D) 18. 依消費者保護法規定，消費者與企業經營者間因商品或服務所生之爭議，得選擇申訴、調解及訴訟途徑，尋求救濟。下列有關申請調解之敘述，何者正確？（A）調解屬於司法解決途徑（B）申訴與調解並無先後之分，未提起申訴仍得申請調解（C）調解須向直轄市、縣（市）政府消費者保護官申請（D）調解成立者，調解書經法院核定後，與民事確定判決有同一之效力

(B) 19. 消費者因使用商品或接受服務，造成權利受損，依消費者保護法規定得提起團體訴訟，向企業經營者求償。有關團體訴訟之敘述，下列何者正確？（A）至

少有五十人將損害賠償請求權讓與經主管機關核定之優良消費者保護團體（B）消費者保護團體係以自己名義提起訴訟（C）損害賠償僅限於財產上之損害，不包括非財產上之損害（D）消費者團體就此項訴訟，得向消費者請求報酬

（B）20. 關於不動產經紀人設置之敘述，以下何者正確？（A）營業處所經紀營業員數每逾10名時，應增設經紀人1人（B）經紀業設立之營業處所至少應置經紀人1人，但非常態營業處所，其所銷售總金額達新臺幣6億元以上時，該處所至少應置經紀人1人（C）經紀業應於經紀人到職之日起7日內，造具名冊報請所在地主管機關層報中央主管機關備查，異動時，亦同（D）非中華民國國民，不得充任中華民國不動產經紀人

（B）21. 公寓大廈專有部分之共同壁及樓地板或其內之管線，其維修費用，以下敘述何者正確？（A）修繕費係因非可歸責於區分所有權人之事由所致者，由該區分所有權人負擔（B）由該共同壁雙方或樓地板上下方之區分所有權人共同負擔（C）由公共基金負擔（D）由管理委員會負擔

（D）22. 下列何者，得為公寓大廈約定專用部分？（A）連通數個專有部分之走廊或樓梯，及其通往室外之通路或門廳（B）社區內各巷道、防火巷弄（C）公寓大廈基礎、主要樑柱、承重牆壁、樓地板及屋頂之構造（D）樓頂平臺

(C) 23. 以下有關公寓大廈區分所有權人會議及管理委員會兩者間關係之說明,何者錯誤?(A)管理委員會有執行區分所有權人會議決議事項之義務(B)管理委員會會議決議之內容不得違反區分所有權人會議決議(C)管理委員會不得為訴訟之原告或被告,如起訴或被訴時,應通知區分所有權人擔當訴訟(D)管理委員會應向區分所有權人會議負責,並向其報告會務

(B) 24. 向上大樓已成立管理委員會,並將公共基金存放銀行專戶。住戶希望閒置的公共基金能獲取較銀行存款更高的投資報酬,擬交付信託。試問:依公寓大廈管理條例規定,應如何處理?(A)經管理委員會決議後,由負責財務管理之管理委員交付信託(B)經區分所有權人會議決議後,由管理委員會交付信託(C)由管理委員會主任委員直接交付信託(D)由負責財務管理之管理委員直接交付信託

(C) 25. 下列有關公寓大廈規約之敘述,何者正確?(A)由管理委員會訂定(B)內政部訂頒之「公寓大廈規約範本」具強制效力,公寓大廈訂定規約不得違反該範本之內容(C)就住戶違反義務之處理方式,非經載明於規約,不生效力(D)規約訂定後,應向主管機關報備,始生效力

不動產經紀人歷屆考題解析

土地法與土地相關稅法概要

甲、申論題部分：（50分）

一、土地徵收涉及人民在憲法上所保障權利的侵害，政府在進行土地徵收時一定要嚴守土地徵收的必備要件，請問此必備要件為何？（25分）

◎請參考憲法第15條土地徵收條例第1、3-1、3-2、10、19條

答：

（一）憲法第十五條規定：

人民之生存權、工作權及財產權，應予保障。

（二）土地徵收條例立法目的：

1. 為規範土地徵收，確保土地合理利用，並保障私人財產，增進公共利益，特制定本條例。

2. 土地徵收，依本條例之規定，本條例未規定者，適用其他法律之規定。

3. 其他法律有關徵收程序、徵收補償標準與本條例牴觸者，優先適用本條例。

（三）興辦公益事業勘選土地原則：

需用土地人興辦公益事業，應按事業性質及實際需要，勘選適當用地及範圍，並應盡量避免耕地及優先使用無使用計畫之公有土地或國營事業土地。

（四）興辦事業徵收土地評估因素：

需用土地人興辦事業徵收土地時，應依下列因素評

估興辦事業之公益性及必要性，遵依社會因素、經濟因素、文化及生態因素及永續發展因素等評估，並為綜合評估分析。

(五) 事業計畫之申請許可徵收程序：
需用土地人興辦之事業依法應經目的事業主管機關許可者，於申請徵收土地或土地改良物前，應將其事業計畫報經目的事業主管機關許可。

(六) 發給補償費：
徵收土地或土地改良物應發給之補償費，由需用土地人負擔，並繳交該管直轄市或縣（市）主管機關轉發之。

二、請依平均地權條例規定，說明地價稅之累進起點地價及課徵之一般稅率結構？（25分）
◎請參考平均地權條例第18、19條；土地稅法第16條；土地稅法施行細則5、6條

答：
(一) 累進起點地價：
1. 各直轄市、縣（市）政府即開始適用累進稅率計稅之起點地價總額，又稱稅基。
2. 累進起點地價計算公式：
   (1) 係以各該直轄市及縣（市）土地七公畝之平均地價為準。但不包括工業用地、礦業用地、農業用地、免稅土地在內。
   (2) 計算公式：

地價稅累進起點地價＝直轄市或縣（市）規定地價總額－（工業用地地價＋礦業用地地價＋農業用地地價＋免稅土地等）÷直轄市或縣（市）地價總面積－（工業用地面積＋礦業用地面積＋農業用地面積＋免稅土地地價面積）×7（公畝）

(二) 地價稅一般稅率結構：

1. 基本稅率為千分之十：

土地所有權人之地價總額，未超過土地所在直轄市或縣（市）累進起點地價者，按千分之十計徵。

2. 超過部分則按累進稅率計徵：

土地所有權人地價總額超過土地所在地直轄市或縣（市）累進起點地價者，依下列規定累進課徵地價稅：

(1)超過累進起點地價未達五倍者，就超過部分課徵千分之十五。

(2)超過累進起點地價5倍至10倍者，就超過部分課徵千分之二十五。

(3)超過累進起點地價10倍至15倍者，就超過部分課徵千分之三十五。

(4)超過累進起點地價15倍至20倍者，就超過部分課徵千分之四十五。

(5)超過累進起點地價20倍以上者，就超過部分課徵千分之五十五。

乙、測驗題部分：（50分）

(C) 1. 私有土地所有權之移轉、設定負擔或租賃，如有妨害基本國策者，中央地政機關得報請下列何機關制止之？（A）立法院（B）司法院（C）行政院（D）監察院

(C) 2. 因登記錯誤遺漏或虛偽致受有損害者，由該地政機關負損害賠償責任，此項損害賠償之請求，如經該地政機關拒絕，受損害人得採取下列何種處理方式？（A）向行政院申訴（B）向立法院告發（C）向司法機關起訴（D）向監察院告發

(B) 3. 平均地權條例規定照價收買後之土地，其權屬應為？（A）國有（B）直轄市、縣（市）有（C）鄉鎮有（D）公營事業有

(A) 4. 下列有關土地徵收條例的優先購買權敘述，何者正確？（A）行使主體係被徵收之原土地所有權人或其繼承人（B）行使原因須被徵收土地經依徵收計畫使用後，依法變更原使用目的而讓售（C）行使條件須與讓售條件相同，且應公告三個月（D）行使期間須於讓售決定後十日內表示優先購買

(D) 5. 下列有關基地房屋之優先購買權敘述，何者正確？（A）基地出賣時，抵押權人有依同樣條件優先購買之權（B）房屋出賣時，抵押權人有依同樣條件優先購買之權（C）優先購買權人，於接到出賣通知後一個月內不表示者，其優先權視為放棄（D）出賣人未

通知優先購買權人而與第三人訂立買賣契約者，其契約不得對抗優先購買權人

(C) 6. 下列有關土地所有權移轉或設定典權，申報移轉現值之審核標準，係以何時之當期公告土地現值為準？（A）申報人逾訂定契約之日起三十日始申報者，以訂約日（B）遺贈之土地，以遺贈人死亡後六個月（C）依法院判決移轉登記者，以申報人向法院起訴日（D）經法院拍賣之土地，以強制執行日

(D) 7. 下列有關平均地權條例及土地稅法中有關累進課地價稅之敘述，何者正確？（A）超過累進起點地價未達五倍者，就其超過部分課徵千分之三十（B）超過累進起點地價五倍至十倍者，就其超過部分課徵千分之三十五（C）超過累進起點地價十倍至十五倍者，就其超過部分課徵千分之四十（D）超過累進起點地價十五倍至二十倍者，就其超過部分課徵千分之四十五

(C) 8. 預告登記，對於因下列何種法律行為或事實而為之新登記，無排除之效力？（A）重劃（B）繼承（C）徵收（D）都市更新

(A) 9. 山坡地範圍內森林區、山坡地保育區及風景區之土地，在未編定使用地之類別前，適用何種管制？（A）林業用地（B）農牧用地（C）國土保安用地（D）原住民保留地

(C) 10. 下列敘述何者正確？（A）個人房屋、土地交易損失，得自交易日以後五年內之房屋、土地交易所得減除之（B）個人房屋、土地交易損失，得自交易日以

後七年內之房屋、土地交易所得減除之（C）重購之自住房屋、土地，於重購後五年內改作其他用途或再行移轉時，應追繳原扣抵或退還稅額（D）重購之自住房屋、土地，於重購後七年內改作其他用途或再行移轉時，應追繳原扣抵或退還稅額

(B) 11. 依土地稅法規定，關於地價稅之納稅義務人，下列何項敘述錯誤？（A）信託土地，於信託關係存續中，為受託人（B）設有典權土地，為出典人（C）承領土地，為承領人（D）承墾土地，為耕作權人

(A) 12. 依都市計畫法規定，都市計畫區內之公園、體育場所、綠地、廣場及兒童遊樂場，應依計畫人口密度及自然環境，作有系統之布置，除具有特殊情形外，其占用土地總面積不得少於全部計畫面積百分之幾？（A）百分之十（B）百分之十二（C）百分之十五（D）百分之十七

(D) 13. 依平均地權條例之規定，直轄市或縣（市）政府對於尚未建築之私有建築用地之處理方式，下列何項敘述錯誤？（A）除有特殊情形外，應限制尚未建築用地面積最高額以十公畝為限（B）對於超額私有建築用地，應通知土地所有權人於二年內出售或建築使用（C）逾期未出售或未建築使用者，得予照價收買（D）照價收買價格，按收買當時查估之正常市價

(C) 14. 出租之公、私有耕地因實施市地重劃致不能達到原租賃之目的者，可由直轄市或縣（市）政府逕為註銷其租約並通知當事人，如重劃後分配土地者，承租人得

請求之補償，下列何項為正確？（A）按重劃計畫書公告當期該土地公告土地現值減除預計土地增值稅後餘額之三分之一（B）按重劃計畫書公告當期該土地查估之市價減除預計土地增值稅後餘額之三分之一（C）按重劃計畫書公告當期該土地之公告土地現值之三分之一（D）按重劃計畫書公告當期該土地查估之市價之三分之一

(C) 15. 都市計畫應依據現在及既往情況，並預計未來幾年內之發展情形訂定之？（A）十五年（B）二十年（C）二十五年（D）三十年

(D) 16. 甲將其所有X地號土地出售予乙後，由甲會同乙申辦土地買賣移轉登記時，請問本案應按何標準計收千分之一的登記費？（A）該筆土地的公告現值（B）該筆土地的公告地價（C）該筆土地的買賣實價（D）該筆土地的申報地價

(C) 17. 已公告徵收之土地，需用土地人應切實按核准計畫及所定期限使用。在未依徵收計畫完成使用前，需用土地人應每年檢討其興辦事業計畫，並由其上級事業主管機關列管。有下列那種情形，應辦理撤銷徵收？（A）因工程變更設計，致原徵收之土地不在工程用地範圍內（B）土地徵收計畫開始使用前，興辦之事業改變、興辦事業計畫經註銷、開發方式改變或取得方式改變（C）公告徵收時，都市計畫已規定以市地重劃或其他方式開發（D）已依徵收計畫開始使用，尚未依徵收計畫完成使用之土地，因情事變更，致原

徵收土地之全部或一部已無徵收之必要

(D) 18. 下列土地何者屬於土地法第四條所稱的公有土地？（A）所有權人登記為台灣糖業股份有限公司（B）所有權人登記為臺灣石門農田水利會（C）所有權人登記為國家中山科學研究院（D）所有權人登記為埔里鎮

(A) 19. 依法得分割之共有土地或建築改良物，共有人不能自行協議分割者，任何共有人得申請該管直轄市、縣（市）地政機關調處，不服調處者，應於接到調處通知後幾日內向司法機關訴請處理？（A）十五日（B）二十日（C）二十五日（D）三十日

(D) 20. 非都市土地申請開發達一定規模者，應辦理土地使用分區變更，下列何項敘述錯誤？（A）申請開發社區之計畫達五十戶或土地面積在一公頃以上，應變更為鄉村區（B）申請開發為工業使用之土地面積達十公頃以上，應變更為工業區（C）申請開發遊憩設施之土地面積達五公頃以上，應變更為特定專用區（D）申請開發高爾夫球場之土地面積達五公頃以上，應變更為特定專用區

(B) 21. 關於繼承登記，下列何項敘述錯誤？（A）繼承登記，得自繼承開始之日起，六個月內為之。申請逾期者，每逾一個月得處應納登記費額一倍之罰鍰（B）自繼承開始之日起逾六個月未辦繼承登記者，經該管直轄市或縣市地政機關查明後，應即公告繼承人於三個月內申請登記；逾期仍未申請者，得由地政機關予

以列冊管理（C）前項列冊管理期間為十五年，逾期仍未申請登記者，由地政機關將該土地或建築改良物清冊移請財政部國有財產署公開標售（D）標售所得之價款應於國庫設立專戶儲存，繼承人得依其法定應繼分領取，逾十年無繼承人申請提領該價款者，歸屬國庫

（D）22. 土地所有權辦理買賣移轉登記時，申報土地移轉現值之審核標準，下列何項敘述錯誤？（A）申報人於訂定契約之日起三十日內申報者，以訂約日當期之公告土地現值為準（B）申報人逾訂定契約之日起三十日始申報者，以受理申報機關收件日當期之公告土地現值為準（C）遺贈之土地，以遺贈人死亡日當期之公告土地現值為準（D）依法院判決移轉登記者，以判決確定日當期之公告土地現值為準

（B）23. 區段徵收土地時，地價補償得經土地所有權人申請，以徵收後可供建築之抵價地折算抵付，而抵價地總面積，以徵收總面積百分之五十為原則，如因情況特殊，經上級主管機關核准者，不在此限，但不得少於百分之四十；惟曾經農地重劃者，該重劃地區部分之抵價地不得少於多少？（A）百分之四十三（B）百分之四十五（C）百分之四十七（D）百分之四十九

（D）24. 依規定民國109年需辦理重新規定地價，下列對規定地價或重新規定地價之敘述，何項錯誤？（A）規定地價或重新規定地價後，每二年重新規定地價一次，但必要時得延長之（B）須分區調查最近一年之土地

買賣價格或收益價格（C）公告及申報地價，其期限為三十日（D）申報地價未滿公告地價百分之八十時，得照價收買或以公告地價為其申報地價

(D) 25. 非都市土地依區域計畫法施行細則之規定，得劃定幾種使用區？編定幾種使用地？（A）十種使用區；十八種使用地（B）十種使用區；十九種使用地（C）十一種使用區；十八種使用地（D）十一種使用區；十九種使用地

不動產經紀人歷屆考題解析

不動產估價概要

甲、申論題部分：（50分）

一、有一房屋仲介業者對委託人說：「附近甲社區最近成交了2戶，每坪都是18萬，您的房子，也一樣可以賣一坪18萬。」此房仲業者以這2個實例來做比較是否恰當？請從以下資料依不動產估價技術規則之規定分析說明之。（25分）

	委託人不動產	甲社區A戶	甲社區B戶
使用現況住	住宅用住	住宅用住	住宅用住
與委託人不動產距離		500公尺	500公尺
土地使用分區	住宅區	工商綜合區	工商綜合區

答：

(一) 依「不動產估價技術規則」規定分析房屋仲介業者，以勘估標的附近甲社區A戶及B戶最近2個交易實例（如題目所示），建議屋主委賣房子的價格是否適當？

(二) 依「不動產估價技術規則」規定分析如下：

1. 依「不動產估價技術規則」第12條不動產估價師應依下列原則蒐集比較實例：

(1)實例之價格屬正常價格、可調整為正常價格或與勘估標的價格種類相同者。

⑵與勘估標的位於同一供需圈之近鄰地區或類似地區者。

⑶與勘估標的使用性質或使用管制相同或相近者。

⑷實例價格形成日期與勘估標的之價格日期接近者。

房屋仲介業者,以勘估標的附近甲社區A戶及B戶最近2個交易實例來推估勘估標的價格,依「不動產估價技術規則」,可能會以下問題:

⑴勘估標的附近甲社區A戶及B戶最近2個交易實例之價格,可能不是正常價格,須經比較、分析、調整,不能直接引用。

⑵勘估標的附近甲社區A戶及B戶最近2個交易實例,距離500公尺的「工商綜合區」,而本案勘估標的位於「住宅區」,不是位於同一供需圈之近鄰地區或類似地區者,非適當比較標的。

⑶勘估標的附近甲社區A戶及B戶最近2個交易實例,位於「工商綜合區」,而本案勘估標的位於「住宅區」,兩者之使用性質或使用管制並不相同或相近,不能以「使用現況」來作判斷。

⑷勘估標的附近甲社區A戶及B戶最近2個交易實例,之價格形成日期與勘估標的之價格日期可能不接近,須經比較、分析、調整,不能直接

引用。

2. 依「不動產估價技術規則」第27條不動產估價師應採用三件以上比較標的，就其經前條推估檢討後之勘估標的試算價格，考量各比較標的蒐集資料可信度、各比較標的與勘估標的價格形成因素之相近程度，決定勘估標的之比較價格，並將比較修正內容敘明之。

房屋仲介業者，以勘估標的附近甲社區A戶及B戶最近2個交易實例來推估勘估標的價格，依「不動產估價技術規則」第27條規定，必須要採用三件以上比較標的，2個交易實例不符規定。

(三) 由以上依不動產估價技術規則之規定分析，此房仲業者以勘估標的附近甲社區A戶及B戶最近2個交易實例來做比較標的，是不恰當的。

二、數筆土地合併開發利用，應如何估價？應採用何種估價方法？請詳述之。（25分）

答：

(一) 數筆土地合併開發利用，應如何估價？

依「不動產估價技術規則」第84條數筆土地合併為一宗進行土地利用之估價，應以合併後土地估價，並以合併前各筆土地價值比例分算其土地價格。

數筆土地合併開發之前其個別價值可能不同，合併開發利用之個別貢獻度可能也不同，所以須考量合併前各筆土地價值比例分算其土地價格。

(二) 應採用何種估價方法？

依「不動產估價技術規則」第87條對以進行開發為前提之宗地，得採土地開發分析法進行估價，並參酌比較法或收益法之評估結果決定其估價額。

1. 依「不動產估價技術規則」第70條

   土地開發分析法，指根據土地法定用途、使用強度進行開發與改良所導致土地效益之變化，估算開發或建築後總銷售金額，扣除開發期間之直接成本、間接成本、資本利息及利潤後，求得開發前或建築前土地開發分析價格。

   土地開發分析法價格之計算公式如下：

   $V = S \div (1+R) \div (1+i) - (C+M)$

   其中：

   V：土地開發分析價格。

   S：開發或建築後預期總銷售金額。

   R：適當之利潤率。

   C：開發或建築所需之直接成本。

   M：開發或建築所需之間接成本。

   i：開發或建築所需總成本之資本利息綜合利率。

2. 依「不動產估價技術規則」第18條

   比較法指以比較標的價格為基礎，經比較、分析及調整等，以推算勘估標的價格之方法。依前項方法所求得之價格為比較價格。

3. 依「不動產估價技術規則」第28條

   收益法得採直接資本化法、折現現金流量分析法

等方法。依前項方法所求得之價格為收益價格。
直接資本化法,指勘估標的未來平均一年期間之客觀淨收益,應用價格日期當時適當之收益資本化率推算勘估標的價格之方法。
直接資本化法之計算公式如下:
收益價格=勘估標的未來平均一年期間之客觀淨收益÷收益資本化率
折現現金流量分析法,指勘估標的未來折現現金流量分析期間之各期淨收益及期末價值,以適當折現率折現後加總推算勘估標的價格之方法。
前項折現現金流量分析法,得適用於以投資為目的之不動產投資評估。
折現現金流量分析法之計算公式如下:
$$P=\sum_{k=1}^{n'} CFk/(1+Y^k)+Pn'/(1+Y)^{n'}$$
其中:
P:收益價格。
CFk:各期淨收益。
Y:折現率。
n':折現現金流量分析期間。
k:各年期。
Pn':期末價值。
從以上三個估價基本方法的定義、計算方法、蒐集資料等方面考量,本題數筆土地合併開發利用,採用土地開發分析法進行估價,並參酌比

較法或收益法之評估結果決定其估價額，較為適當。

乙、測驗題部分：（50分）

（B）1. 甲君擬購買相鄰兩塊土地合併建築，請問在此目的下所評估出的價值，以貨幣金額表示者，稱為：（A）正常價格（B）限定價格（C）特定價格（D）特殊價格

（C）2. 有一筆建地面積1,000坪，預期興建為住宅大樓後的總銷售金額為3.8億元，若營建施工費為1億元，管理銷售及規劃設計等費用為1,100萬元，合理利潤率為16%，資本利息綜合利率為2%，請問該筆建地每坪單價約為：（A）210萬元（B）420萬元（C）21萬元（D）42萬元

解析：V=S÷（1+R）（1+i）－（C+M）
（1,000×建地每坪單價）=380,000,000÷（1+16%）÷（1+2%）－（100,000,000＋1,100,000）
建地每坪單價=210,163（元/坪）（千位以下四捨五入--21萬／坪）

（A）3. 不動產面臨道路之寬度，此屬於影響不動產價格之何種因素？（A）個別因素（B）區域因素（C）一般因素（D）特別因素

（C）4. 設三宗土地合併後整體開發利用，其合併後價格為2,500萬元，合併前價格分別為800萬元、500萬元及

700萬元。則對於原來700萬元之土地，其合併後之價格應為何？（A）825萬元（B）850萬元（C）875萬元（D）895萬元

解析：2500×（700）/（800＋500＋700）＝875（萬）

（D）5. 某4層樓公寓，其各層面積均相同，若四樓每坪售價23萬元，三樓每坪售價20萬元，二樓每坪售價24萬元，一樓每坪售價30萬元，若三樓之樓層別效用比為100%，則一樓之樓層別效用比為何？（A）120%（B）130%（C）140%（D）150%

解析：30/20＝1.5＝150%

（C）6. 不動產估價師應兼採二種以上估價方法推算勘估標的價格。以契約約定租金作為不動產證券化受益證券信託利益分配基礎者，何種方法之價格應賦予相對較大之權重？（A）成本法（B）土地開發分析法（C）折現現金流量分析法（D）比較法

（A）7. 經比較調整後求得之勘估標的試算價格，應就價格偏高或偏低者重新檢討，經檢討後試算價格差距如下，何者應排除該試算價格之適用？（A）百分之二十五（B）百分之十五（C）百分之十（D）百分之五

（C）8. 對於估價目的為不動產買賣交易之參考所為之不動產估價，應評估的價格為：（A）買方希望之價格（B）賣方希望之價格（C）市場中最可能之成交價格（D）買賣雙方希望價格之平均數

（C）9. 勘估標的因位於垃圾掩埋場附近，造成其價格下降，

此屬於何種原則？(A) 替代原則 (B) 最有效原則 (C) 外部性原則 (D) 供需原則

(A) 10. 使用與勘估標的相同或極類似之建材標準、設計、配置及施工品質，於價格日期重新複製建築所需之成本，稱為：(A) 重建成本 (B) 重置成本 (C) 直接成本 (D) 間接成本

(#) 11. 下列敘述何者為正確？(A) 建物價格日期當時價值未來每年折舊提存率，得依下列方式計算：等速折舊型：$d = \frac{i}{(1+i)^n - 1}$；償債基金型 $d = \frac{(1-s)/N}{1-(1-s)^n/N}$ (B) 建物折舊提存費，得依下列方式計算：等速折舊型：$C \times (1-s) \times \frac{i}{(1+i)^n - 1}$；償債基金型：$C \times (1-s) \times \frac{1}{N}$ (C) 不動產構成項目中，於耐用年數內需重置部分之重置提撥費，按其利息及按該支出之有效使用年期及耗損比率分年攤提 (D) 勘估標的的總費用之推算，除推算勘估標的之各項費用外，勘估標的包含建物者，應加計建物之折舊折存費，或於計算收益價格時，除考量建物收益資本化率或折現率外，應加計建物價格日期當時價值未來每年折舊提存率

(C) 12. 政府宣布實施空屋稅政策，此屬於何種影響價格之因素？(A) 個別因素 (B) 情況因素 (C) 一般因素 (D) 區域因素

(A) 13. 就勘估標的之構成部分或全體，調查其使用材料之種

別、品級、數量及所需勞力種別、時間等，並以勘估標的所在地區於價格日期之各種單價為基礎，計算其營造或施工費之方法為：(A)直接法 (B)間接法 (C)工程造價比較法 (D)單位面積比較法

(C) 14. 推算總收入及有效總收入時，應與相關資料校核比較，下列何者非屬該相關資料？(A)目前或未來可能之計畫收入 (B)相同產業或具替代性比較標的總收入及有效總收入 (C)期末價值 (D)勘估標的往年之總收入及有效總收入

(B) 15. 有關比較法試算價格之調整運算過程中，遇有下列之情形，須判定該比較標的與勘估標的差異過大，應排除該比較標的之適用。何者為正確？(A)區域因素調整率、個別因素調整率，各大於百分之三十 (B)區域因素及個別因素內之任一單獨項目之價格調整率大於百分之十五 (C)區域因素調整率與個別因素調整率之和，大於百分之三十 (D)比較標的性質特殊或區位特殊缺乏市場交易資料，並於估價報告書中敘明者，不在此限

(A) 16. 不動產估價技術規則第99條之計算公式，勘估標的之基地價格＝勘估標的之房地價格－勘估標的之建物成本價格。請問此為何種學說之主張？(A)土地貢獻說 (B)建物貢獻說 (C)聯合貢獻說 (D)合併貢獻說

(C) 17. 有關直接資本化法，下列敘述何者為正確？(A)指勘估標的過去平均一年期間之客觀淨收益，應用價格

日期當時適當之收益資本化率推算勘估標的價格之方法（B）指勘估標的過去平均三年期間之客觀淨收益，應用價格日期當時適當之收益資本化率推算勘估標的價格之方法（C）指勘估標的未來平均一年期間之客觀淨收益，應用價格日期當時適當之收益資本化率推算勘估標的價格之方法（D）指勘估標的未來平均三年期間之客觀淨收益，應用價格日期當時適當之收益資本化率推算勘估標的價格之方法

(#) 18. 不動產估價師蒐集比較實例時，應依循之原則，下列敘述何者錯誤？（A）實例價格形成日期與勘估標的之價格日期接近者（B）須蒐集與勘估標的使用性質或使用管制相同者之實例（C）須蒐集與勘估標的位於同一供需圈之近鄰地區或類似地區者之實例（D）實例價格屬正常價格、可調整為正常價格或與勘估標的價格種類相同者

(A) 19. 有關區域因素之調整，下列敘述何者為正確？（A）此項調整，係以比較標的之區域價格水準為基礎，就區域因素不同所產生之價格差異，逐項進行之分析與調整（B）此項調整為將勘估標的之價格轉化為與比較標的同一近鄰地區內之價格水準（C）所選用之比較標的係位於同一供需圈但不在同一類似地區內（D）所謂區域因素，指影響類似地區不動產價格水準之因素

(D) 20. 下列敘述何者為正確？（A）百分率法與差額法均為將影響勘估標的及比較標的價格差異的一般因素、

區域因素與個別因素逐項比較進行價格調整之方法（B）採比較法估價時，應先進行「情況調整」，再進行「價格日期調整」、「個別因素修正」，最後是「區域因素修正」（C）對勘估標的價格進行情況調整及價格日期調整（D）對比較標的價格進行情況調整及價格日期調整

（C）21. 依不動產估價技術規則之規定，運用計量模型分析法進行估價，下列敘述何者錯誤？（A）須蒐集應用計量模型分析關係式自變數個數五倍以上之比較標的（B）本法須先求出各主要影響價格因素與比較標的價格二者之關係式，以推算各主要影響價格因素之調整率及調整額之方法（C）採迴歸分析者，其調整後判定係數不得低於零點八（D）截距項以外其他各主要影響價格因素之係數估計值同時為零之顯著機率不得大於百分之五

（D）22. 下列何者非屬不動產估價師受理委託估價之勘估標的？（A）土地及其權利估價（B）建築改良物及其權利估價（C）不動產租金估計（D）不動產稅負之估算

（C）23. 不動產估價師在收集比較標的相關交易等案例及資料時，得向當事人、四鄰、其他不動產估價師、不動產經紀人員、地政士、地政機關、金融機構、公地管理機關、司法機關、媒體或有關單位收集之。請問：到實價登錄系統查詢交易案例相關資訊，屬向何者收集資料？（A）不動產經紀人（B）地政士（C）地政機

關 (D) 媒體

(D) 24. 對具有市場性之不動產，以違反經濟合理性之不動產分割為前提，查估其所形成之價值，並以貨幣金額表示者，屬下列那一種價格？(A) 特殊價格 (B) 特定價格 (C) 正常價格 (D) 限定價格

(A) 25. 下列敘述何者為正確？(A) 具有市場性之不動產，以不動產所有權以外其他權利與所有權合併為目的，查估其所形成之價值，並以貨幣金額表示者，屬「限定價格」(B) 具有市場性之不動產，基於特定條件下形成之價值，並以貨幣金額表示者，為「特殊價格」(C) 對不具市場性之不動產所估計之價值，並以貨幣金額表示者，為「特定價格」(D) 對不具市場性之不動產，以不動產合併為目的，查估其所形成之價值，並以貨幣金額表示者，屬「限定價格」

不動產經紀人歷屆考題解析

民法概要

甲、申論題部分：（50分）

一、甲向乙購買A農地，為掩人耳目，借用丙的名義，登記在丙的名下，交給丙無償使用，雙方協議丙不得處分。丙將A農地出售給不知情的丁，並辦理所有權移轉登記。試問：無權處分的意義及效力如何？丙是否為無權處分？（25分）

答：

（一）無權處分的意義及效力

　　1.意義：所謂無權處分指的是就權利標的物無處分權的意思。依民法規定，動產物權讓與的生效要件包括：雙方有讓與合意、交付及對標的物有處分權；不動產物權讓與的生效要件包括：雙方有讓與合意、書面、登記及對標的物有處分權。

　　2.效力：民法第118條規定，無權利人就權利標的物所為之處分，經有權利人之承認始生效力。也就是無權處分效力未定，須由有處分權人知承認始生效力。如有處分權之人不承認，則確定不生效力。

（二）丙是否無權處分。

　　1.丙是否無權處分，需視丙對於A農地是否有處分權而定。對此，過去司法實務及學說上向有三種見解，有認有權處分者，有認原則上為有權處

分,於第三人惡意時無權處分,亦有認為無權處分者。但最高法院106年第三次民庭會議決議採有權處分說。其內容略以:不動產借名登記契約為借名人與出名人間之債權契約,出名人依其與借名人間借名登記契約之約定,通常固無管理、使用、收益、處分借名財產之權利,然此僅為出名人與借名人間之內部約定,其效力不及於第三人。出名人既登記為該不動產之所有權人,其將該不動產處分移轉登記予第三人,自屬有權處分。

2. 就法律不保護惡意受讓人觀點,如第三人丁為惡意受讓人,實不應使其取得並終局的保有A農地之所有權。因此過去司法實務上採「原則上為有權處分,於第三人惡意時無權處分」之見解不無其原因。但登記名義人丙是否有處分權,實不應隨著第三人善意或惡意而有所不同,因此,上開司法實務之新見解統一認為丙為登記名義人,享有登記外觀,其與甲之間內部約定之效力實不應及於第三人,故認為丙為有權處分,對健全登記效力而言,應屬可採。

二、甲有A屋,因向乙貸款1000萬元(新臺幣,下同),乃設定最高限額1200萬元之最高限額抵押權予以擔保。試問:最高限額抵押權擔保的債權範圍如何?A屋如發生毀損或滅失,乙本於代位性得如何行使權利?(25分)

答：
(一) 最高限額抵押權擔保之範圍。
　　1. 按稱最高限額抵押權者，謂債務人或第三人提供其不動產為擔保，就債權人對債務人一定範圍內之不特定債權，在最高限額內設定之抵押權。又抵押權所擔保者為原債權、利息、遲延利息、違約金及實行抵押權之費用。但契約另有約定者，不在此限。民法第861條第1項定有明文。而此一規定於最高限額抵押權準用之，民法第881條之17參照。
　　2. 乙本於物上代位性之權利主張
　　　⑴按抵押權除法律另有規定外，因抵押物滅失而消滅。但抵押人因滅失得受賠償或其他利益者，不在此限。抵押權人對於前項抵押人所得行使之賠償或其他請求權有權利質權，其次序與原抵押權同。又抵押物滅失之殘餘物，仍為抵押權效力所及。前項情形，抵押權人得請求占有該殘餘物或動產，並依質權之規定，行使其權利。
　　　⑵提示情形，擔保之A屋發生毀損滅失時，原則上抵押權消滅。但如抵押人因滅失得受賠償或其他利益者，不在此限。抵押權人對於抵押人所得行使之賠償或其他請求權有權利質權，其次序與原抵押權同。如抵押物滅失而有殘餘物時，仍為抵押權效力所及。此種情形，抵押權

人得請求占有該殘餘物或動產,並依質權之規定,行使其權利。

乙、測驗題部分:(50分)

(C) 1. 下列何者非屬我國民法上所稱之「土地的定著物」?(A)燈塔(B)房屋(C)柏油馬路(D)蓄水池

(B) 2. 依我國民法之規定,以下關於行為能力之敘述,何者錯誤?(A)無行為能力人之意思表示,無效(B)限制行為能力人未得法定代理人之允許,所為之單獨行為,效力未定(C)限制行為能力人所訂立之契約,未經承認前,相對人得撤回之(D)限制行為能力人用詐術使人信其為有行為能力人或已得法定代理人之允許者,其法律行為為有效

(C) 3. 甲受丙之詐欺,而授權乙向不知情的丁購買A屋,請問依我國民法的規定,下列敘述何者正確?(A)甲因受丙之詐欺而為意思表示,故可撤銷其授權乙之行為(B)甲因受丙之詐欺而為意思表示,故可撤銷A屋之買賣契約(C)甲若欲行使民法第92條之撤銷權,應於發現詐欺後,一年內為之。但自意思表示後,經過十年,不得撤銷(D)甲因受丙之詐欺而為授權行為,其撤銷意思表示時,可以對抗善意第三人

(D) 4. 依我國民法的規定,下列關於最高限額抵押權之敘述,何者錯誤?(A)稱最高限額抵押權者,謂債務人或第三人提供其不動產為擔保,就債權人對債務人一定範圍內之不特定債權,在最高限額內設定之抵押

權（B）最高限額抵押權人就已確定之原債權，僅得於其約定之最高限額範圍內，行使其權利（C）最高限額抵押權所擔保之原債權，未約定確定之期日者，抵押人或抵押權人得隨時請求確定其所擔保之原債權（D）最高限額抵押權得約定其所擔保原債權應確定之期日，並得於確定之期日後，不待變更登記即變更之

（A）5. 依我國民法之規定，下列關於夫妻財產制之敘述，何者錯誤？（A）夫妻未以契約訂立夫妻財產制者，除民法另有規定外，以共同財產制，為其夫妻財產制（B）夫妻財產制契約之訂立、變更或廢止，應以書面為之（C）夫妻財產制契約之訂立、變更或廢止，非經登記，不得以之對抗第三人（D）夫妻於婚姻關係存續中，得以契約廢止其財產契約，或改用他種約定財產制

（B）6. 依我國民法之規定，下列關於監護之敘述，何者正確？（A）已結婚的未成年人而無父母，或父母均不能行使、負擔對於其未成年子女之權利、義務時，應置監護人（B）父母對其未成年之子女，得因特定事項，於一定期限內，以書面委託他人行使監護之職務（C）為保護未成年子女之權益，監護人不得辭任其職務（D）監護人得受讓受監護人之財產

（C）7. 依我國民法的規定，下列關於抵押權之敘述，何者錯誤？（A）稱普通抵押權者，謂債權人對於債務人或第三人不移轉占有而供其債權擔保之不動產，得就該

不動產賣得價金優先受償之權（B）抵押權所擔保者為原債權、利息、遲延利息、違約金及實行抵押權之費用。但契約另有約定者，不在此限（C）抵押權之效力，及於抵押物之從物而不及於從權利（D）不動產所有人設定抵押權後，得將不動產讓與他人。但其抵押權不因此而受影響

(D) 8. 依我國民法，下列關於地上權之敘述，何者錯誤？（A）地上權設定後，因土地價值之昇降，依原定地租給付顯失公平者，當事人得請求法院增減之（B）地上權人，縱因不可抗力，妨礙其土地之使用，不得請求免除或減少租金（C）地上權人得將其權利讓與他人或設定抵押權。但契約另有約定或另有習慣者，不在此限（D）地上權人積欠地租達一年之總額，除另有習慣外，土地所有人得定相當期限催告地上權人支付地租

(B) 9. 依我國民法之規定，下列關於租賃契約之敘述何者正確？（A）甲將自己所有之A屋租予乙後，又將A屋租予丙並交付占有予丙，乙得知後可向丙主張交付A屋（B）甲將自己所有之A屋租予乙，並交付占有予乙後，A屋竟遭丙無權占有。此時，乙可對丙主張占有物返還請求權（C）甲將自己所有之A屋租予乙供居住之用，乙雖於訂約時已知A屋為輻射屋，但因輻射屋會危及乙的健康，故乙仍得主張減少價金（D）甲將自己所有之A屋租予乙，約定由甲負修繕義務。按民法規定，乙得自行修繕再請求出租人償還費用

（D）10.甲未婚生有乙、丙、丁三子,某日甲因細故與乙口角,乙遂憤而毆打甲成傷,當時丙雖在場,然畏懼乙身強體壯,並未勸阻。甲心灰意冷,當場表示自己百年後,乙不得繼承其財產;事後更逢人便訴說丙也不孝,未挺身護甲。丙得知此事甚為憤怒,認為自己僅求自保並沒有錯,遂在某日憤而持刀殺甲,經丁阻止而未得逞,但日後仍經法院判決殺人未遂而受刑之宣告確定。不久甲因年老體衰而去世,請問下列敘述,何者正確?（A）甲僅表示乙不得繼承其財產,未表示丙不得繼承,故丙仍可繼承其財產（B）甲雖表示乙不得繼承其財產,但並未追訴乙之傷害罪,乙既未受刑之宣告,故乙仍得繼承甲的財產（C）甲若宥恕丙之行為,則乙、丙、丁三人可以一起繼承甲的財產（D）僅有丁可以繼承甲的財產

（B）11.依我國民法之規定,下列關於居間契約之敘述何者錯誤?（A）稱居間者,謂當事人約定,一方為他方報告訂約之機會或為訂約之媒介,他方給付報酬之契約（B）約定之報酬,較居間人所任勞務之價值,為數過鉅失其公平者,法院得因報酬給付義務人之請求酌減之。報酬已給付者,得請求返還（C）因婚姻居間而約定報酬者,就其報酬無請求權（D）居間人就其媒介所成立之契約,無為當事人給付或受領給付之權

（A）12.10歲的男童A去同學B家中一起打電動遊戲時,因一言不合吵起來,一氣之下摔壞B父甲新購買的筆電。請問下列敘述何者錯誤?（A）若摔壞筆電時A有識

別能力，則由A單獨負責，甲不可向A之法定代理人乙求償（B）若摔壞筆電時A有識別能力，則A和其法定代理人乙必須連帶負賠償責任（C）若摔壞筆電時A無識別能力，則A無須負責（D）若摔壞筆電時A無識別能力，則由其法定代理人乙單獨負責，但乙可舉證免責

(B) 13. 甲並無將其所有價值十萬元之A手錶出售的意思，卻向乙表示欲以五千元出售之，乙明知甲無出售A手錶之意思，仍當場表示願意以五千元購買時，甲出售A手錶之意思表示的效力如何？（A）有效（B）無效（C）甲得撤銷（D）效力未定

(A) 14. 甲授與甫滿十八歲之乙代理權，由乙處理出售甲所有之A機車的事宜。乙乃以甲之代理人的名義，以一萬元價金與丙訂立買賣A機車的契約。乙與丙所締結之買賣契約的效力如何？（A）對甲發生效力（B）甲未承認前，效力未定（C）乙之法定代理人未承認前，效力未定（D）乙之法定代理人得撤銷之

(A) 15. 甲、乙締結買賣甲所有之A屋的契約，乙並先為部分價金之給付。其後，乙未依約定期限給付剩餘價金。就甲以乙履行遲延而解除A屋買賣契約之情形，下列敘述，何者正確？（A）經甲定期間催告乙履行，甲得於經相當期限後，不須再為催告，即得解除契約（B）甲僅限於法律規定之事由始得解除，不得與乙約定合意解除之事由（C）契約經解除後，甲、乙互負回復原狀的義務，甲不得向乙請求損害賠償（D）

契約經解除後，因乙有可歸責事由，甲返還乙已給付之價金時，不須附加利息

(C) 16. 就下列甲、乙間之法律關係，何者為非經登記不生效力的情形？（A）甲、乙間締結買賣甲之不動產的契約時（B）乙繼承被繼承人甲之不動產時（C）甲以其土地供乙設定不動產役權時（D）甲將其有抵押權擔保之債權讓與予乙時

(B) 17. 就甲、乙、丙三人對丁負有平均分擔之300萬元連帶債務的情形，下列敘述，何者正確？（A）甲對丁為債務之承認而中斷時效時，其效力亦及於乙、丙之債務（B）丁請求甲支付全額獲勝訴判決後，仍未能自甲受償時，得再請求乙支付全額（C）甲清償全額後，如乙不能償還其分擔額，甲亦僅能向丙求償100萬元（D）甲對丁清償100萬元後，丁即不得再次向甲請求支付剩餘之200萬元

(D) 18. 甲、乙分別共有A地，各有二分之一應有部分。在甲乙未有任何協議之情形下，下列敘述，何者正確？（A）甲得以其應有部分供丙設定普通地上權（B）甲不得將其應有部分出賣、並移轉登記予丁（C）甲僅得於其應有部分種植作物（D）甲得以其應有部分供戊設定普通抵押權

(A) 19. 下列何者不得為抵押權之標的物？（A）不動產役權（B）地上權（C）農育權（D）典權

(C) 20. 甲育有子女乙，丙育有子女丁、戊，乙男與丁女結婚後育有子女己。就此情形，下列敘述何者錯誤？

（A）甲、丁為直系姻親（B）乙、戊為旁系姻親（C）甲、丙為旁系姻親（D）己、戊為旁系血親

(A) 21. 甲將其所有之A土地上之B建物讓與乙時，在房屋得使用期限內，乙與甲間有何法律關係？（A）推定有租賃關係（B）視為有租賃關係（C）推定有普通地上權關係（D）視為有普通地上權關係

(D) 22. 甲、乙婚後生育有子女丙、丁、戊。戊與己結婚生育有子女庚、辛後，不幸早於其父母去世。就甲高齡過世後遺下之財產，下列法定繼承人之應繼分比例，何者正確？（A）乙二分之一、丙四分之一、丁四分之一（B）乙三分之一、丙三分之一、丁三分之一（C）乙四分之一、丙四分之一、丁四分之一、己四分之一（D）乙四分之一、丙四分之一、丁四分之一、庚八分之一、辛八分之一

(C) 23. 下列關於遺囑之敘述，何者正確？（A）十八歲之限制行為能力人所為之遺囑，當然無效（B）受輔助宣告之成年人所為之遺囑，當然無效（C）口授遺囑，自遺囑人能依其他方式為遺囑之時起，經過三個月而失其效力（D）公證人的受僱人得為公證遺囑之見證人

(D) 24. 依我國民法之規定，下列關於子女姓氏之敘述，何者錯誤？（A）父母於子女出生登記前，應以書面約定子女從父姓或母姓。未約定或約定不成者，於戶政事務所抽籤決定之（B）子女經出生登記後，於未成年前，得由父母以書面約定變更為父姓或母姓（C）子

女已成年者,得變更為父姓或母姓(D)非婚生子女從母姓。經生父認領者,從父姓

(C) 25. 甲乙為夫妻,育有一子丙,並共同收養丁為養子。某日甲因交通意外去世,未留有遺囑,請問依我國民法的規定,下列敘述,何者錯誤?(A)乙、丙、丁三人得以繼承(B)乙、丙、丁三人之應繼分各為三分之一(C)在分割遺產前,乙、丙、丁三人對於遺產全部按其應繼分為分別共有(D)繼承人對於甲之債務,以因繼承所得遺產為限,負清償責任

國文

甲、作文部分：（100分）

一、傳統社會的流動性不大，個人能夠選擇的工作或職業並不多，加上教育不普及、人們對外在世界的認知有限，當然也因壽命比現代人短了許多，限制了轉換人生軌道的可能性。在這樣的環境下，多數人常依循慣例，安於現狀，社會的創新與進步相對變得緩慢。

反觀現代社會由於科技不斷創新、社會的價值觀趨於多元，人們的工作與職業有了更多的選擇，加上教育普及、壽命延長，對於未來的規劃與實踐機會要比過去高。請以「我的未來」為題，設想一種不同於目前工作與生活方式的人生，詳加描述，並深入說明對自身與社會的意義。（50分）

二、宋末元初的蔣捷有一闋膾炙人口的詞〈虞美人〉：

少年聽雨歌樓上，紅燭昏羅帳。
壯年聽雨客舟中，江闊雲低、斷雁叫西風。
而今聽雨僧廬下，鬢已星星也。
悲歡離合總無情，一任階前、點滴到天明。

蔣捷藉「聽雨」描寫他自己人生三個階段的情懷。事實上，對任何人而言，不同年紀、不同境遇、不同地方的「聽雨」，都會令人有不同的感觸。現在，請以「聽雨」為題，追索回憶，作文一篇，描述你個人聽雨的經驗與感

受，文中須先說明自己對蔣捷此詞的理解和體會。（50分）

把法條融化
把法條穿透
法條就是生活
法條就是商機
法條就是護身
法條就是金條

雷文龍 2021.9.

肆

109年
不動產經紀人普考

不動產經紀相關法規概要

甲、申論題部分：（50分）

一、試根據消費者保護法，說明不動產廣告的主要規範內容為何。（25分）

◎請參考消費者保護法第22、23條；消費者保護法施行細則第23、24條

答：

（一）廣告內容之真實責任及履行：

1. 廣告內容真實：

企業經營者應確保廣告內容之真實，其對消費者所負之義務不得低於廣告之內容。

2. 確實履行：

企業經營者之商品或服務廣告內容，於契約成立後，應確實履行。

（二）廣告方式：

本法第二十二條至第二十三條所稱廣告，指利用電視、廣播、影片、幻燈片、報紙、雜誌、傳單、海報、招牌、牌坊、電腦、電話傳真、電子視訊、電子語音或其他方法，可使多數人知悉其宣傳內容之傳播。

（三）廣告之真實性之查證：

主管機關認為企業經營者之廣告內容誇大不實，足以引人錯誤，有影響消費者權益之虞時，得通知企

業經營者提出資料,證明該廣告之真實性。

(四)損害賠償責任:
刊登或報導廣告之媒體經營者明知或可得而知廣告內容與事實不符者,就消費者因信賴該廣告所受之損害與企業經營者負連帶責任。
前項損害賠償責任,不得預先約定限制或拋棄。

二、經營仲介業務者,欲同時接受雙方之委託應如何辦理?試說明之。(25 分)
◎不動產經紀業管理條例第24-2條
答:
經營仲介業務者經買賣或租賃雙方當事人之書面同意,得同時接受雙方之委託,並依下列規定辦理:
(一)公平提供雙方當事人類似不動產之交易價格。
(二)公平提供雙方當事人有關契約內容規範之說明。
(三)提供買受人或承租人關於不動產必要之資訊。
(四)告知買受人或承租人依仲介專業應查知之不動產之瑕疵。
(五)協助買受人或承租人對不動產進行必要之檢查。
(六)其他經中央主管機關為保護買賣或租賃當事人所為之規定。

乙、測驗題部分:(50 分)

(D) 1. 關於不動產經紀業管理條例立法目的之敘述,下列何者正確?(A)加強公寓大廈之管理維護 (B)發展

租賃住宅服務業（C）保障國民消費生活安全（D）促進不動產交易市場健全發展

（C）2. 不動產經紀業管理條例所稱主管機關：在中央為內政部；在直轄市為直轄市政府何等局處？（A）都市發展、城鄉發展（B）產業發展（C）地政（D）財政

（C）3. 除依法辦理停業登記者外，經紀業開始營業後自行停止營業達多久以上者，直轄市或縣（市）主管機關得廢止其許可？（A）連續三個月以上者（B）合計三個月以上者（C）連續六個月以上者（D）合計六個月以上者

（B）4. 根據公平交易法，二以上事業，實際上不為價格之競爭，而其全體之對外關係，具有此等規定之情形者，視為下列何者？（A）寡占（B）獨占（C）結合（D）聯合

（B）5. 公平交易法第二十條規定，有下列各款行為之一，而有限制競爭之虞者，事業不得為之。其事項「不」包括下列何者？（A）無正當理由，對他事業給予差別待遇之行為（B）為加強貿易效能，而就國外商品或服務之輸入採取共同行為（C）以低價利誘或其他不正當方法，阻礙競爭者參與或從事競爭之行為（D）以損害特定事業為目的，促使他事業對該特定事業斷絕供給、購買或其他交易之行為

（C）6. 關於不實廣告之敘述，下列何者正確？（A）廣告代理業在明知或可得而知情形下，仍製作或設計有引人錯誤之廣告，應自負損害賠償責任，與廣告主無涉

（B）廣告媒體業在明知或可得而知其所傳播或刊載之廣告有引人錯誤之虞，仍予傳播或刊載，應與廣告代理業負連帶損害賠償責任（C）廣告薦證者，指廣告主以外，於廣告中反映其對商品或服務之意見、信賴、發現或親身體驗結果之人或機構（D）廣告薦證者非屬知名公眾人物、專業人士或機構，僅於受有報酬二十倍之範圍內，與廣告代理業負連帶損害賠償責任

（B）7. 事業違反公平交易法，致侵害他人權益者，如為事業之故意行為，法院得酌定損害額以上之賠償。但不得超過已證明損害額之幾倍？（A）一倍（B）三倍（C）五倍（D）十倍

（C）8. 依消費者保護法所提之訴訟，因企業經營者之故意所致之損害，消費者得請求損害額幾倍以下之懲罰性賠償金？（A）一倍（B）三倍（C）五倍（D）十倍

（B）9. 根據消費者保護法，通訊交易或訪問交易之消費者，得於收受商品或接受服務後幾日內，以退回商品或書面通知方式解除契約？（A）五日（B）七日（C）十日（D）十五日

（A）10. 關於企業經營者與消費者分期付款買賣契約之敘述，下列何者正確？（A）企業經營者應於契約書載明各期價款與其他附加費用合計之總價款與現金交易價格之差額（B）企業經營者未於契約書記載總價款者，消費者不負現金交易價格加計週年利率百分之五以外價款之給付義務（C）企業經營者未於契約書記載

利率者，其利率按總價款週年利率百分之六計算之（D）企業經營者未於契約書記載利率者，消費者不負現金交易價格以外價款之給付義務

(C) 11. 企業經營者違反消費者保護法之定型化契約應記載或不得記載事項者，經主管機關令其限期改正而屆期不改正者，第一次處多少罰鍰？（A）新臺幣一萬元以上十萬元以下（B）新臺幣二萬元以上二十萬元以下（C）新臺幣三萬元以上三十萬元以下（D）新臺幣十萬元以上一百萬元以下

(C) 12. 關於公寓大廈之公共基金，下列敘述何者正確？（A）起造人就公寓大廈領得使用執照三年內之管理維護事項，應按工程造價一定比例或金額提列（B）區分所有權人依管理委員會議決議繳納（C）區分所有權人對於公共基金之權利應隨區分所有權之移轉而移轉（D）區分所有權人積欠應繳納之公共基金已逾一期或達相當金額，經催告仍不給付者，管理負責人或管理委員會得訴請法院命其給付

(D) 13. 公寓大廈應成立管理委員會或推選管理負責人。下列何種管理委員，不受連選得連任一次之限制？（A）主任委員（B）監察委員（C）財務委員（D）消防委員

(B) 14. 不動產經紀業應依不動產經紀業管理條例之規定，於營業處所明顯之處，揭示一定之文件。請問下列選項何者並非應於營業處所明顯之處揭示的文件？（A）經紀業許可文件（B）不動產說明書（C）不動產經

紀人證書（D）報酬標準及收取方式

(A) 15. 近來針對不動產經紀業的廣告行為，發生許多爭議。依不動產經紀業管理條例之規定，下列敘述何者正確？（A）經紀業與委託人簽訂委託契約書後，方得刊登廣告及銷售（B）廣告及銷售內容，應與事實相符，並應註明廣告業名稱（C）廣告及銷售內容與事實不符者，經紀業應負行政之損失補償責任（D）主管機關僅能就經紀業違反得刊登廣告及銷售時間之規定，處罰經紀業新臺幣六萬元以上三十萬元以下罰鍰

(D) 16. 關於不動產經紀業管理條例之用辭定義，下列敘述何者正確？（A）預售屋指領有使用執照尚未建造完成而以將來完成之建築物為交易標的之物（B）差價係指買方支付斡旋金之交易價格與賣方委託銷售價格之差額（C）經紀人員包含經紀人或經紀營業員。經紀人指依本條例規定經營仲介或代銷業務之公司或商號；經紀營業員之職務為協助經紀人執行仲介或代銷業務（D）加盟經營者係指經紀業之一方以契約約定使用他方所發展之服務、營運方式、商標或服務標章等，並受其規範或監督

(A) 17. 不動產經紀業者從事不動產買賣之仲介業務時，在向買方收取斡旋金前，未以書面告知買方斡旋金契約與內政部版「要約書」之區別及其替代關係等資訊，將違反下列那一項規定？（A）構成欺罔行為，且足以影響交易秩序者，將違反公平交易法第二十五條規定（B）不當爭取交易之機會，將違反公平交易法第二

十三條規定（C）為虛偽不實或引人錯誤之表示或表徵，將違反公平交易法第二十一條規定（D）致與他人營業或服務之設施或活動混淆者，將違反公平交易法第二十二條規定

(A) 18. 依公平交易法之規定，事業不得為限制競爭之行為，下列敘述何者錯誤？（A）事業不得限制消費者，就供給之商品轉售與第三人或第三人再轉售時之價格（B）以不正當限制交易相對人之事業活動為條件，而與其交易之行為（C）以低價利誘或其他不正當方法，阻礙競爭者參與或從事競爭之行為（D）無正當理由，對他事業給予差別待遇之行為

(A) 19. 消費者保護法針對企業經營者在定型化契約中所用之條款，有非常多的規定。下列敘述何者正確？（A）企業經營者應給與消費者定型化契約書。但依其契約之性質致給與顯有困難者，不在此限（B）企業經營者應向消費者明示定型化契約條款之內容；明示其內容顯有困難者，應以顯著之方式，公告其內容後，該條款立即成為契約之內容（C）定型化契約書經消費者簽名或蓋章者，企業經營者應給與消費者該定型化契約書副本（D）定型化契約條款如有疑義時，應為有利於雙方當事人之解釋

(B) 20. 甲於網路上看到乙不動產開發商委託丙廣告媒體經營者刊登不動產買賣廣告後，向乙購買了一戶房屋。於交屋後發現有廣告不實的爭議。下列敘述何者錯誤？（A）乙應確保廣告內容之真實，其對甲所負之義務

不得低於廣告之內容。乙之商品或服務廣告內容，於契約成立後，應確實履行（B）甲可以向消費者保護團體提出廣告爭議之申訴、調解，或是直接向直轄市或縣（市）消費爭議調解委員會申請調解（C）丙明知或可得而知廣告內容與事實不符者，就甲因信賴該廣告所受之損害與企業經營者負連帶責任（D）甲與乙因商品或服務發生廣告之消費爭議時，甲得向企業經營者、消費者保護團體或消費者服務中心或其分中心申訴

（C）21. 甲為A屋的所有權人，委託乙仲介公司幫忙賣房子。關於甲乙適用消費者保護法的情形，下列敘述何者錯誤？（A）甲和乙所發生之法律關係，屬於消費關係（B）乙提出乙定型化契約條款作為契約內容而訂立之委託銷售契約屬於定型化契約（C）甲和乙訂定買賣契約約定消費者支付頭期款，餘款分期支付，而企業經營者於收受頭期款時，交付標的物與消費者之交易型態，屬於分期付款之契約（D）甲和乙如果適用乙所提出的定型化契約，仍然可以由契約當事人個別磋商而合意擬定個別磋商條款

（C）22. 為維護消費者之權益，保障消費者之健康與安全，消費者保護法於第二章第一節規定「健康與安全保障」專節。下列敘述何者錯誤？（A）從事經銷之企業經營者，就商品或服務所生之損害，與設計、生產、製造商品或提供服務之企業經營者連帶負賠償責任（B）企業經營者對消費者或第三人之損害賠償責

任，不得預先約定限制或免除（C）輸入商品或服務之企業經營者，視為該商品之設計、生產、製造者或服務之提供者，需負第三人責任（D）企業經營者於有事實足認其提供之商品或服務有危害消費者安全與健康之虞時，應即回收該批商品或停止其服務

（A）23. 約定專用部分係指公寓大廈共用部分經約定供特定區分所有權人使用者。請問，就公寓大廈管理條例之規定，下列敘述何者錯誤？（A）於維護、修繕約定專用部分，必須使用共用部分時，應經區分所有權人會議之同意後為之（B）公寓大廈本身所占之地面不得為約定專用部分（C）規約除應載明專有部分及共用部分範圍外，約定專用部分之範圍及使用主體，非經載明於規約者，不生效力（D）成立之約定專用部分變更時，應經使用該約定專用部分之區分所有權人同意。但該約定專用顯已違反公共利益，經管理委員會或管理負責人訴請法院判決確定者，不在此限

（B）24. 某公寓大廈社區將原本為甲所有之專有部分，經約定後供共同使用。請問該約定共用部分，於公寓大廈管理條例之規定中，下列敘述何者錯誤？（A）公寓大廈之起造人於申請建造執照時，應檢附資料包含約定共用部分標示之詳細圖說及規約草約。於設計變更時亦同（B）約定共用部分之修繕、管理、維護，由專有部分區分所有權人甲負擔之（C）約定共用部分，若涉及公共環境清潔衛生之維持、公共消防滅火器材之維護、公共通道溝渠及相關設施之修繕，其費用政

府得視情況予以補助（D）專有部分經依區分所有權人會議約定為約定共用部分者，應經甲之同意，否則不生效力

（D）25. 公寓大廈專有部分以外之其他部分及不屬專有之附屬建築物，而供共同使用者，為共用部分。公寓大廈管理條例對於共用部分權利義務關係之規定，下列敘述何者錯誤？（A）管理負責人或管理委員會因維護、修繕共用部分或設置管線，必須進入或使用其專有部分或約定專用部分時，不得拒絕（B）共用部分之修繕費係因可歸責於區分所有權人或住戶之事由所致者，由該區分所有權人或住戶負擔。其費用若區分所有權人會議或規約另有規定者，從其規定（C）各區分所有權人按其共有之應有部分比例，對建築物之共用部分及其基地有使用收益之權。但另有約定者從其約定（D）共用部分及其相關設施之拆除，應由管理負責人或管理委員會決定為之

不動產經紀人歷屆考題解析

土地法與土地相關稅法概要

甲、申論題部分：（50分）

一、抵價地的意義為何？又關於抵價地可分配之比例及其原則為何？請依土地徵收條例之規定說明之。（25分）
◎請參考土地徵收條例第39條、44條第1項第1款
答：
（一）抵價地的意義：
實施區段徵收時，原土地所有權人不願領取現金補償者，應於徵收公告期間內，檢具有關證明文件，得就其全部或部分被徵收土地應領之補償地價，以書面向該管直轄市或縣（市）主管機關申請發給，以徵收後可供建築之抵價地折算抵付。
（二）抵價地可分配之比例及其原則：
1. 抵價地之發給原則：
抵價地發交被徵收土地所有權人領回。其應領回抵價地之面積，由該管直轄市或縣（市）主管機關按其應領地價補償費與區段徵收補償地價總額之比率計算其應領之權利價值，並以實際領回抵價地之單位地價折算之。
2. 抵價地總面積之比例：
(1)抵價地總面積，以徵收總面積百分之五十為原則。
(2)因情況特殊，經上級主管機關核准者，不在此

限。但不得少於百分之四十。

(3)曾經農地重劃者,該重劃地區部分不得少於百分之四十五。

二、請依土地稅法之規定,詳細說明地價稅之納稅義務人,又那些代繳義務人代繳之地價稅,得向納稅義務人求償。(25分)

◎請參考土地稅法3、3-1、4條

答:

(一) 地價稅之納稅義務人:

1. 一般納稅義務人如下:
   (1)土地所有權人。
   (2)設有典權者,為典權人。
   (3)承領土地者,為承領人。
   (4)承墾土地者,為耕作權人。
   (5)受託人。
   (6)其他。

2. 土地為信託財產者,為受託人:
   土地為信託財產者,於信託關係存續中,以受託人為地價稅或田賦之納稅義務人。

3. 代繳義務人如下:
   (1)指定使用人代繳:土地有下列情形之一者,主管機關得指定土地使用人負責代繳其使用部分之地價稅:
      A.納稅義務人行蹤不明者。

B.權屬不明者。
C.無人管理者。
D.土地所有權人申請由占有人代繳。

(2)土地所有權人在同一直轄市或縣（市）內有兩筆以上土地，為不同之使用人所使用者，如土地所有權人之地價稅，係按累進稅率計算，各土地使用人應就所使用土地之地價比例，負代繳地價稅之義務。

(二)代繳義務人代繳之地價稅或田賦得向納稅義務人求償：

1. 納稅義務人行蹤不明者。
2. 權屬不明者。
3. 無人管理者。

以上代繳義務人代繳之地價稅或田賦，得抵付使用期間應付之地租或向納稅義務人求償。

乙、測驗題部分：（50分）

（A）1. 依房屋稅條例規定，下列敘述何者錯誤？（A）合法登記之工廠供直接生產使用之自有房屋，免徵房屋稅（B）受重大災害，毀損面積佔整棟面積五成以上，必須修復始能使用之私有房屋，免徵房屋稅（C）房屋標準價格，每三年重行評定一次，並應依其耐用年數予以折舊，按年遞減其價格（D）各級政府機關及地方自治機關之公有辦公房屋及其員工宿舍，免徵房屋稅

(D) 2. 關於契稅稅率依契稅條例之規定，下列敘述何者錯誤？（A）買賣契稅為其契價百分之六（B）贈與契稅為其契價百分之六（C）占有契稅為其契價百分之六（D）權契稅為其契價百分之六

(C) 3. 土地所有權人於出售土地後，依土地稅法規定，下列何種情形得申請就其已納土地增值稅額內，退還其不足支付新購土地地價之數額？（A）土地所有權人於先購買土地後，自完成移轉登記之日起二年後，始行出售土地者（B）其新購土地地價超過原出售土地地價，扣除繳納房地交易所得稅後之餘額者（C）自耕之農業用地出售後，於二年內另行購買仍供自耕之農業用地者（D）土地出售前一年內，曾供營業使用或出租者

(B) 4. 依土地稅法規定，有關地價稅優惠稅率與減免，下列敘述何者錯誤？（A）依都市計畫法劃設並經目的事業主管機關核准供公眾停車使用之停車場用地，按千分之十計徵地價稅（B）經目的事業主管機關核准設立之私立公園、體育場所使用範圍內之土地，免徵地價稅（C）公有土地按基本稅率徵收地價稅。但公有土地供公共使用者，免徵地價稅（D）都市計畫公共設施保留地，在保留期間仍為建築使用者，除自用住宅用地依第17條之規定外，統按千分之六計徵地價稅

(A) 5. 依平均地權條例規定，為促進土地利用，擴大辦理市地重劃，得獎勵土地所有權人自行組織重劃會辦理市地重劃，下列對獎勵土地所有權人辦理市地重劃之敘

述，何者錯誤？（A）減半收取土地權利變更登記及換發權利書狀費用（B）土地所有權人參加自辦市地重劃所需費用，得向政府指定之銀行或實施平均地權基金申請低利貸款（C）自辦市地重劃區抵費地出售時，不計徵土地增值稅（D）免徵或減徵地價稅與田賦

（D）6. 依都市計畫法之規定，關於都市計畫之變更，下列敘述何者正確？（A）都市計畫之變更，如直接限制一定區域人民之權利者，則其性質即屬公法上之觀念通知（B）都市計畫之變更屬法規性質，並非行政處分，都市計畫個別變更範圍外之人民，如因都市計畫個別變更致其權利或法律上利益受侵害時，無法提起行政訴訟以資救濟（C）為適應國防或經濟發展之需要而變更都市計畫時，應以通盤檢討變更之方式辦理（D）為避免重大災害之發生而變更都市計畫時，應以個案迅行變更之方式辦理

（C）7. 依非都市土地使用管制規則規定，關於區域計畫擬定機關核發開發許可後，直轄市或縣（市）政府應報經區域計畫擬定機關廢止原開發許可之情形，下列敘述何者錯誤？（A）興辦事業計畫經目的事業主管機關廢止或依法失其效力、整地排水計畫之核准經直轄市或縣（市）政府廢止或水土保持計畫之核准經水土保持主管機關廢止或依法失其效力（B）申請人自行申請廢止（C）與水源供應、鄰近之交通設施、排水系統、電力、電信及垃圾處理等公共設施及公用設備服

務未能相互配合者（D）違反核定之土地使用計畫、目的事業或環境影響評估等相關法規，經該管主管機關提出要求處分並經限期改善而未改善

(B) 8. 關於規定地價，依平均地權條例之規定，下列敘述何者正確？（A）規定地價後，每三年重新規定地價一次。但必要時得延長之（B）直轄市或縣（市）主管機關辦理規定地價或重新規定地價時，須分區調查最近一年之土地買賣價格或收益價格（C）土地所有權人申報之地價未滿公告地價百分之八十時，得徵收之（D）土地所有權人未於公告期間申報地價者，以公告地價為其申報地價

(D) 9. 都市計畫法有關公共設施保留地之規定，下列敘述何者正確？（A）公共設施保留地劃設逾二十五年未經政府取得者，得優先辦理徵收（B）公共設施保留地，其地價補償以徵收當期毗鄰公共設施保留地之平均公告土地現值為準，必要時得加成補償之（C）都市計畫公共設施保留地臨時建築使用辦法，由直轄市、縣（市）政府定之（D）依法指定之公共設施保留地，得繼續為原來之使用或改為妨礙目的較輕之使用

(C) 10. 依平均地權條例之規定，土地所有權移轉或設定典權時，權利人及義務人應於訂定契約之日起幾日內，檢同契約及有關文件，共同申請土地所有權移轉或設定典權登記，並共同申報其土地移轉現值？（A）10日（B）20日（C）30日（D）40日

(B) 11. 關於原土地所有權人申請已徵收土地之收回權,依土地徵收條例規定,下列敘述何者錯誤?(A)被徵收之土地,依原徵收計畫開始使用後未滿五年,不繼續依原徵收計畫使用者(B)原土地所有權人應於該管直轄市或縣(市)主管機關通知後三個月內繳還原受領之補償地價及地價加成補償,逾期視為放棄收回權(C)申請收回土地案件,應由該管直轄市或縣(市)主管機關受理(D)被徵收之土地,徵收補償費發給完竣屆滿三年,未依徵收計畫開始使用者

(A) 12. 有關徵收補償,依土地徵收條例相關規定,下列敘述何者正確?(A)農作改良物之補償費,於農作改良物被徵收時與其孳息成熟時期相距在1年以內者,按成熟時之孳息估定之(B)徵收當期市價指徵收公告期滿次日起算第十日經地價評議委員會評定之當期市價(C)建築改良物之補償費,按起造當時該建築改良物之重建價格估定之(D)被徵收土地在都市計畫區內之公共設施保留地,應按毗鄰公共設施保留地之平均市價補償其地價

(D) 13. 關於耕地終止租約與補償,依平均地權條例規定,下列敘述何者正確?(A)耕地出租人依規定終止租約收回耕地時,應補償承租人為改良土地所支付之費用及已收穫之農作改良物(B)耕地出租人依規定終止租約,實際收回耕地屆滿二年後,不依照使用計畫建築使用者,直轄市或縣(市)政府得照價收買之(C)耕地出租人依規定終止租約收回耕地時,承租

人得向出租人請求按公告當期該土地之公告土地現值三分之一之補償（D）出租耕地經依法編為建築用地者，出租人為收回自行建築或出售作為建築使用時，得終止租約

(C) 14. 甲有A屋一棟，出租給乙居住使用。依土地法第100條之規定，出租人因下列何項情形，得收回房屋？（A）承租人乙因疾病、意外產生有長期住院療養之需要時（B）承租人乙積欠租金額，以擔保金抵償之後，尚有1個月租金未繳時（C）承租人乙違反民法第443條第1項規定，將該屋轉租給他高中同學時（D）承租人乙因為工作調動，無法繼續居住時

(B) 15. 土地或建築改良物，自繼承開始之日起逾1年未辦理繼承登記者，依土地法之規定，其處理程序何者正確？（A）經縣市地政機關查明後，應即公告繼承人於6個月內聲請登記；逾期仍未聲請者，得由地政機關予以列冊管理（B）繼承人占有或第三人占有無合法使用權者，於標售後喪失其占有之權利；土地或建築改良物租賃期間超過5年者，於標售後以5年為限（C）標售所得之價款應於國庫設立專戶儲存，繼承人得依其法定應繼分領取。逾15年無繼承人申請提領該價款者，歸屬國庫（D）標售土地或建築改良物前應公告10日，繼承人、合法使用人或其他共有人就其使用範圍依序有優先購買權

(A) 16. 甲有A屋，與乙簽訂買賣契約但尚未為移轉登記，乙對甲的A屋移轉請求權申請預告登記。下列敘述何者

最正確？（A）該預告登記為保全登記、暫時登記，其登記免納登記費（B）該預告登記，對於因繼承、強制執行、徵收、法院判決而為之新登記，無排除之效力（C）預告登記完畢後，如甲將A屋移轉於丙，該處分絕對無效（D）嗣後甲欲就A屋申辦抵押權次序變更登記時，應檢附乙之同意書，始得為之

（C）17. 依土地法規定，下列何種土地不得移轉、設定負擔或租賃於外國人？（A）農地（B）墳場用地（C）礦地（D）學校用地（土地法第17條）

（C）18. 依契稅條例規定，買賣契稅，應由下列何者申報納稅？（A）銀行（B）出賣人（C）買受人（D）不動產仲介公司

（B）19. 依房屋稅條例規定，房屋為信託財產者，於信託關係存續中，下列何者為房屋稅之納稅義務人？（A）委託人（B）受託人（C）受益人（D）監察人

（D）20. 依土地徵收條例第25條規定，被徵收之土地，所有權人死亡未辦竣繼承登記，其徵收補償費如何處理？（A）歸屬國庫（B）納入平均地權基金（C）歸目的事業主管機關所有（D）得由部分繼承人按其應繼分領取之

（A）21. 依都市計畫法規定，下列何種公共設施應按閭鄰單位或居民分布情形適當配置之？（A）社會福利設施（B）垃圾處理場（C）污水處理廠（D）屠宰場

（D）22. 依土地法規定，土地登記損害賠償之請求，如經該地政機關拒絕，受損害人得向下列何者起訴？（A）監

察院（B）行政院（C）立法院（D）司法機關

(C) 23. 依土地法第53條規定，因地籍整理而發現之公有土地，下列敘述何者正確？（A）視為無主土地（B）應辦理囑託登記（C）地政機關逕為登記（D）登記時所有權人欄註明為縣（市）有

(D) 24. 關於不動產共有關係，依土地法第34條之1規定，下列敘述何者正確？（A）甲、乙、丙共有一筆土地，其應有部分各三分之一，該地之應有部分出賣時，地上權人、典權人或房屋承租人有依同樣條件優先購買之權（B）土地共有人欲出租共有土地於他人時，得以共有人過半數及其應有部分合計過半數之同意行之（C）區分所有建物之專有部分連同其基地應有部分之所有權一併移轉與同一人所有者，應適用土地法第34條之1第4項規定（D）依法得分割之共有土地或建築改良物，共有人不能自行協議分割者，任何共有人得申請該管直轄市、縣（市）地政機關調處。不服調處者，應於接到調處通知後十五日內，向司法機關訴請處理，屆期不起訴者，依原調處結果辦理之

(D) 25. 依國土計畫法規定，縣（市）主管機關應於縣（市）國土計畫公告實施後幾年內，依中央主管機關指定之日期，公告國土功能分區圖？（A）一（B）二（C）三（D）四

不動產經紀人歷屆考題解析

不動產估價概要

甲、申論題部分：（50分）

一、試說明不動產估價工作進行時，應留意那些工作法則？為確認勘估標的狀態，應到現場勘查之事項有那些？如委託人未領勘，確認標的狀態出現困難，應如何處理？（25分）

答：

（一）不動產估價工作進行時，應留意的工作法則：
參考「不動產估價師法」、「不動產估價技術規則」等，不動產估價工作進行時，應留意的工作法則有以下幾項：

1. 應遵守誠實信用之原則，不得有不正當行為及違反或廢弛其業務上應盡之義務。
2. 不動產估價者對於因業務知悉之秘密，除依第二十一條之規定或經委託人之同意外，不得洩漏。
3. 不動產估價師不得允諾他人以其名義執行業務
4. 不動產估價之作業程序、方法及估價時應遵行事項應遵循不動產估價技術規則等相關規定
5. 不動產估價師應力求客觀公正，運用邏輯方法及經驗法則，進行調查、勘察、整理、比較、分析及調整等估價工作。
6. 其他一般性工作法則。

（二）為確認勘估標的狀態，應到現場勘查之事項：

依據「不動產估價技術規則」第13條確認勘估標的狀態時,應至現場勘察下列事項:
1. 確認勘估標的之基本資料及權利狀態。
2. 調查勘估標的及比較標的之使用現況。
3. 確認影響價格之各項資料。
4. 作成紀錄及攝製必要之照片或影像檔。

(三) 如委託人未領勘,確認標的狀態出現困難,應如何處理:
依據「不動產估價技術規則」第13條…..委託人未領勘,無法確認勘估標的範圍或無法進入室內勘察時,應於估價報告書敘明。

二、依土地開發分析法對不動產進行估價時,需要蒐集那些資料,方能利於計算土地開發分析價格?(25分)

答:
土地開發分析法對不動產進行估價時,需要蒐集下列(一)、(二)項資料,方能利於運用下列(三)、(四)土地開發分析法來計算土地開發分析價格

(一) 依據「不動產估價技術規則」第11條不動產估價應蒐集之資料如下:
1. 勘估標的之標示、權利、法定用途及使用管制等基本資料。
2. 影響勘估標的價格之一般因素、區域因素及個別因素。
3. 勘估標的相關交易、收益及成本資料。

(二) 依據「不動產估價技術規則」第72條依土地開發分析法進行估價除依第十一條規定蒐集資料外，另得視需要蒐集下列土地及建物所需資料：
1. 開發構想計畫書。
2. 建築設計圖說或土地規劃配置圖說。
3. 建照申請書或建造執照。
4. 營造或施工費資料。
5. 規劃、設計、廣告、銷售、管理及稅捐等費用資料。
6. 資本利率。
7. 開發或建築利潤率。

(三) 依據「不動產估價技術規則」第70條
土地開發分析法，指根據土地法定用途、使用強度進行開發與改良所導致土地效益之變化，估算開發或建築後總銷售金額，扣除開發期間之直接成本、間接成本、資本利息及利潤後，求得開發前或建築前土地開發分析價格。

(四) 依據「不動產估價技術規則」第81條土地開發分析法價格法
計算公式如下：
$V = S \div (1+R) \div (1+i) - (C+M)$
其中：
V：土地開發分析價格。
S：開發或建築後預期總銷售金額。
R：適當之利潤率。

C：開發或建築所需之直接成本。

M：開發或建築所需之間接成本。

i：開發或建築所需總成本之資本利息綜合利率。

乙、測驗題部分：（50分）

(D) 1. 下列有關成本法之建物殘餘價格之敘述，何者正確？（A）建物之殘餘價格率以不超過百分之二十為原則（B）建物耐用年數終止後無殘餘價格者，於計算折舊時以最低殘餘價格率提列（C）殘餘價格率，指建物於經濟耐用年數屆滿後，於市場上出售之價格占房地總價格之比率（D）計算建物殘餘價格時，應考量建物耐用年數終止後所需清理或清除成本

(C) 2. 某一建築物重建成本為800萬元，經濟耐用年數為40年，物理耐用年數為50年，該建築物殘餘價格為80萬元，現已完工使用經過10年，請問該建築物以等速折舊計算時，每年折舊額為多少？（A）14.4萬元（B）16萬元（C）18萬元（D）20萬元

解析：

每年折舊額＝800×（1－80/800）/40＝18（萬）

(D) 3. 進行宗地估價時，下列敘述何者錯誤？（A）以分割為前提之宗地估價，應考慮分割前與分割後之價格變動情形，而予酌量增減（B）數筆土地合併為一宗進行土地利用之估價，應以合併後土地估價，並以合併前各筆土地價值比例分算其土地價格（C）一宗土地內有數種不同法定用途時，應考量其最有效使用及各

種用途之相關性及分割之難易度後，決定分別估價或依主要用途估價（D）土地之上下有其他設施通過，致使用受限制之宗地，應先估算其特定價格，再考量該設施通過造成土地利用之影響，並計算其地價減損額後，從特定價格中扣除之，以其餘額為該宗地之價格

（C）4. 經分析考量市場上類似不動產之正常租金為每年每坪12,000元，合理空置率為5%，淨收益率為75%，貸款資金占不動產價格比率80%，有效總收入乘數為15，請以有效總收入乘數法計算出收益資本化率為多少？（A）4.27%（B）4.67%（C）5.0%（D）5.33%

解析：
淨收益率＝75%
有效總收入乘數＝15
收益資本化率＝淨收益率/有效總收入乘數＝75%/15
　　　　　　＝5%

（C）5. 對於區分所有建物估價運用樓層別效用比時，下列敘述何者正確？（A）樓層別效用比是各層樓區分所有建物之立體地價差異所形成的樓層別效用比率（B）樓層別效用比可從各層樓出售價格案例，扣除開發利潤與土地成本費用後，推算區分所有建物各樓層效用比（C）樓層別效用比包含區分所有建物的土地效用與建築物效用（D）樓層別效用比通常地面層是最高，4樓為最低；當樓層數越高，樓層別效用比就越高

(D) 6. 比較法以比較標的價格為基礎,下列那一項比較標的在正常情況下應排除適用?(A)比較標的A的比較因素調整中,情況調整率＋5%,價格日期調整率－9%,區域因素調整率－12%,個別因素調整率＋10%(B)比較標的B的比較因素調整中,情況調整率＋5%,價格日期調整率－9%,區域因素調整率＋12%,個別因素調整率＋10%(C)比較標的C的比較因素調整中,情況調整率＋5%,價格日期調整率＋9%,區域因素調整率－12%,個別因素調整率－10%(D)比較標的D的比較因素調整中,情況調整率－5%,價格日期調整率－9%,區域因素調整率－12%,個別因素調整率－10%

解析：

A：$(105/100)\times(91/100)\times(88/100)\times(110/100)=93\%$

B：$(105/100)\times(91/100)\times(112/100)\times(110/100)=118\%$

C：$(105/100)\times(109/100)\times(88/100)\times(90/100)=91\%$

D：$(95/100)\times(91/100)\times(88/100)\times(90/100)=69\%$

因為D情況、價格日期、區域因素、個別因素總調整率大於百分之三十時,判定該比較標的與勘估標的差異過大,應排除比較標的之適用。

(B) 7. 某大樓座落於原為住宅區變更為商業區之土地,依據

目前土地使用管制相關法令規定，該大樓以商業與一般事務所為其法定用途，今勘估標的某層建物未變更為商業區前之原核定用途為住宅使用，請問勘估標的之估價處理方式，下列何者較為適當？（A）以現行商業區允許之商業與一般事務所估價，並於估價報告書中敘明（B）以現行商業區允許之商業與一般事務所估價，並就住宅用途與建物法定用途估價之差額於估價報告書中敘明（C）以原核定住宅用途估價，並於估價報告書中敘明（D）以現行商業區允許之商業與一般事務所估價，同時以原核定住宅用途估價，再以兩者平均數為估價結論，並於估價報告書中敘明

(A) 8. 有關都市更新權利變換估價，下列敘述何者錯誤？（A）權利變換前為區分所有建物者，應以全棟建物價值比率，分算各區分所有建物房地總價之基地權利價值（B）權利變換前區分所有建物之基地總價值低於區分所有建物坐落基地之素地總價值者，應以各區分所有建物房地總價乘上基地價值比率，計算出各區分所有建物之基地權利價值（C）權利變換前之基地未建築使用者，以素地價值推估其土地權利價值（D）權利變換前為非屬區分所有之建物者，應以該建物之房地總價乘以基地價值比率計算基地權利價值

(C) 9. 勘估標的為辦公大樓之第10層，建物登記面積50坪，每月每坪正常租金收入為2,000元，該建物大樓經合理市場分析推算空置率為5%，勘估標的每年地價稅、房屋稅及保險費等相關總費用推算為200,000元。請

問該建物以直接資本化法估價時,推算其有效總收入為多少?(A)940,000元(B)1,000,000元(C)1,140,000元(D)1,200,000元

解析:

有效總收入＝(總收入－閒置等其他原因損失)＝50×2000×12×(1－5%)＝1,140,000元

(B)10. 某一筆建築用地將以土地開發分析法推估價格,其資本利息綜合利率4.8%,該土地開發之土地價值比率占60%,建物價值比率占40%,預計開發年數為2年,請問資本利息年利率應為多少?(A)2.4%(B)3.0%(C)7.68%(D)9.6%

解析:

資本利息綜合利率＝資本利息年利率×(土地價值比率＋建物價值比率×1/2)

4.8%＝資本利息年利率×(60%＋40%×1/2)×2

資本利息年利率＝3%

(B)11. 以下直接資本化法之定義敘述,何者為正確?(A)係指勘估標的未來平均1年期間之客觀淨收益,應用調查日期當時適當之收益資本化率推算勘估標的價格之方法(B)係指勘估標的未來平均1年期間之客觀淨收益,應用價格日期當時適當之收益資本化率推算勘估標的價格之方法(C)係指比較標的未來平均1年期間之客觀淨收益,應用價格日期當時適當之收益資本化率推算勘估標的價格之方法(D)係指比較標的未來平均3年期間之客觀淨收益,應用價格日期當時適

當之收益資本化率推算勘估標的價格之方法

(D) 12. 正常價格的定義中，不包含下列那一要件？（A）形成正常價格的不動產具備市場性（B）係為有意願的買賣雙方，依專業知識分析與謹慎行動的交易（C）有意願之買賣雙方不受債權債務關係或親友關係人等等壓力或脅迫（D）經適當市場行銷及交易雙方條件形成之價值

(A) 13. 不動產市場是一動態的市場，對於估價的變動原則，下列敘述何者錯誤？（A）不動產估價應掌握影響價格的一般因素、區域因素與個別因素變動，以切合勘察日期當時之價值（B）影響不動產價格因素不斷變動，因此估價報告書應載明價格日期與勘察日期（C）運用成本法估價時，應分析使用建築材料隨時間變動的成本差異對不動產造成的價格影響（D）分析不動產價格景氣週期性變動，以利不動產價格變動趨勢之掌握

(B) 14. 某商用不動產之自有資金要求報酬率8%、向銀行融資之利率4%，當自有資金的比重為50%，以加權平均資金成本法估算之收益法折現率為何？（A）4%（B）6%（C）8%（D）10%

解析：
收益法折現率＝（8%×50%＋4%×50%）＝6%

(C) 15. 估價人員應用收益法估價時，若某建物經濟耐用年數45年、經歷年數10年、殘價率10%，當採取等速折舊型時，建物價格日期當時價值未來每年折舊提存率為

何？（A）2%（B）2.25%（C）2.5%（D）3%
解析：
d＝[（1－s）/N]/[（1－s）n/N]
＝[（1－10%）/45]/[1－（1－10%）10/45]＝2.5%

（A）16. 某建築開發公司擬開發建地，開發或建築後預期總銷售金額估計8.8億元，開發直接成本3億元、間接成本8千萬元，開發商要求利潤率20%、資本利息綜合利率4%，試問土地開發分析價格多少？（A）32513萬元（B）31083萬元（C）30886萬元（D）30562萬元
解析：
V＝S÷（1＋R）÷（1＋i）－（C＋M）
＝88,000÷（1＋20%）÷（1＋4%）－（30,000＋8,000）＝32513（萬元）

（D）17. 依據不動產估價技術規則，有關成本法資本利息的敘述，下列敘述何者錯誤？（A）資金中自有資金之計息利率應不高於1年期定存利率（B）資金中自有資金之計息利率應不低於活存利率（C）借款則以銀行短期放款利率計息（D）預售收入之資金以定存利率計息

（B）18. 成本法營造施工費求取方式，有分為直接法及間接法兩大類，其中以建築細部工程之各項目單價乘以該工程施工數量合計之方法係指下列何者？（A）淨計法（B）單位工程法（C）工程造價比較法（D）單位面積（或體積）比較法

（D）19. 依據不動產估價技術規則規定，試算價格之調整運算

過程中，情況、價格日期、區域因素及個別因素等調整的總調整率大於多少幅度時，判定該比較標的與勘估標的差異過大，應排除該比較標的之適用？（A）15%（B）20%（C）25%（D）30%

（A）20. 內政部近年積極試辦電腦輔助大量估價（CAMA），於應用計量模型分析法應符合之條件，下列敘述何者錯誤？（A）計量模型分析採迴歸分析者，相關係數不得低於零點八（B）須蒐集應用計量模型分析關係式自變數個數五倍以上之比較標的（C）計量模型分析採迴歸分析者，其調整後判定係數不得低於零點七（D）截距項以外其他各主要影響價格因素之係數估計值同時為零之顯著機率不得大於百分之五

（C）21. 估價人員就某建物使用與勘估標的相同之建材標準、設計、配置及施工品質，於價格日期重新複製建築所需之成本，是指下列何者？（A）重置成本（B）重製成本（C）重建成本（D）複舊成本

（D）22. 國內已有不動產證券化的個案，依據不動產估價技術規則規定，以契約約定租金作為不動產證券化受益證券信託利益分配基礎者，何種價格應視不同價格所蒐集資料可信度及估價種類目的之條件差異，考量價格形成因素之相近度情形賦予相對較大之權重？（A）比較法之實例價格（B）土地開發分析價格（C）直接資本化法之收益價格（D）折現現金流量分析法之收益價格

（D）23. 依據不動產估價技術規則，有關成本法建築工期係指

自申請建造執照開始至那個時間點為止無間斷所需之時間？（A）變更建照執照（B）擬定權利變換計畫（C）銷售完竣（D）建築完成達到可交屋使用

（B）24. 依據不動產估價技術規則規定，不動產估價應敘明價格種類，請問辦理東沙島估價，此屬於何種價格？（A）正常價格（B）特殊價格（C）限定價格（D）特定價格

（C）25. 某三層樓獨棟透天新成屋，建物登記面積為40坪，坐落基地登記面積為20坪，房地之正常價格為1200萬元，經參酌當地市場調查資料，運用估價方法計算出建物價值比率為占房地價格的30%，請問該基地單價應為多少？（A）18萬元/坪（B）30萬元/坪（C）42萬元/坪（D）60萬元/坪

房地總價＝土地價值＋建物成本價值
1200＝（20×基地單價）＋30%×1200
　　　＝42（萬元）

民法概要

甲、申論題部分：（50分）

一、甲男、乙女結婚十餘年，未約定夫妻財產制度。婚後甲出資購買A屋一棟，登記在乙女名下。嗣後因故，甲、乙雙方乃協議離婚，協議離婚期間甲男未經乙女同意，擅自拿走A屋所有權狀與乙的印章，與丙簽訂A屋買賣契約，但尚未完成產權移轉登記。試問：A屋之所有權為何人所有？甲、丙間A屋買賣契約之效力為何？（25分）

答：

（一）A屋之所有權人為乙：

依民法第759條之1規定，不動產物權經登記者，推定登記權利人適法有此權利。雖A屋實際出資之人為甲，惟該A屋既登記於乙名下，故乙為A屋之所有權人。

（二）甲丙間A屋之買賣契約效力視該契約以何人名義：

1. 若甲以自己名義與丙簽訂買賣契約：買賣契約有效。

按債權行為之成立與效力不以對於標的物具有處分權為必要，縱然出賣他人之物買賣契約仍為有效。甲與丙簽訂A屋之買賣契約，買賣契約為債權行為，縱甲非所有權人，其與丙簽定之買賣契約仍為有效。

2. 若甲以乙之代理人名義與丙簽訂買賣契約：則需

視乙是否承認而定期效力

夫妻於日常家務互為代理人（民法第1003條第1項），惟買賣不動產已逾通常家務之範圍，故甲未得乙同意而以乙之代理人名義與丙簽訂買賣契約，屬無權代理。依民法第170條規定，無代理權人以代理人之名義所為之法律行為，非經本人承認，對於本人不生效力。故提示情形，未經本人乙承認前，該買賣契約（債權行為）尚不生效。如乙拒絕承認則確定對乙不生效力。

二、甲向乙建設公司購買與丙地主合建之預售房屋A屋一棟，乙建設公司以買受人甲為起造人進行蓋造。房屋完工後，甲取得房屋所有權並登記完畢，但土地部分因地主丙債務問題，導致合建土地遭債權人查封，而無法移轉登記於買受人甲。事隔逾20年，該筆土地經法院強制執行由某丁拍定。試依民法相關規定說明：甲得否主張時效取得地上權？（25分）

答：

甲得依民法第772條準用民法第769、770條規定，時效取得A屋坐落土地之地上權：

（一）法條規定：

1. 民法第769條：以所有之意思，二十年間和平、公然、繼續占有他人未登記之不動產者，得請求登記為所有人。

2. 民法第770條：以所有之意思，十年間和平、公

然、繼續占有他人未登記之不動產，而其占有之始為善意並無過失者，得請求登記為所有人。

3. 民法第772條：前五條之規定，於所有權以外財產權之取得，準用之。於已登記之不動產，亦同。

(二) 地上權時效取得之要件

1. 主觀上需有行使地上權之意思而占有：甲所有之屋座落於該土地上，應依個案認甲有無以其建築物坐落他人土地上為行使地上權之意思。

2. 以和平、公然且繼續占有：依題意甲非以強暴脅迫或隱藏秘密之方式占有該地。

3. 並不以他人未登記之土地為限。縱為他人已登記之土地仍有機會主張時效取得地上權。

4. 須經法定占有期間：因甲已占有該地逾20年，無論其占有有無過失，均已超過民法第769、770條之法定期間。

(三) 符合以上要件時，甲得向土地所有人丁請求登記為地上權人。

乙、測驗題部分：(50分)

(A) 1. 下列關於法律上之物的敘述，何者正確？(A) 從物在客觀上需常助主物之效用，且與主物為各自獨立之兩個物，動產或不動產均可為從物 (B) 物之成分或其天然孳息，分離後原則上屬於該成分或天然孳息之占有人 (C) 無權占有他人土地建築房屋，建築完成

時，該房屋原則上屬於土地所有人所有（D）已足避風雨，可達經濟上使用目的，但屋頂尚未完全完工之房屋，屬土地之成分

（A）2. 下列何者非消滅時效適用之客體？（A）人格權受侵害時之除去妨害請求權（B）夫妻因離婚所約定之贍養費請求權（C）繼承權受侵害時之回復請求權（D）未登記不動產所有權人之返還請求權

（C）3. 甲與乙訂立買賣契約，將其二手汽車出賣予乙，若當事人間無特別約定者，關於該汽車之利益及危險，下列何者正確？（A）於甲與乙簽訂汽車買賣契約時起，由乙承受（B）自該車辦理過戶登記於乙時，由乙承受（C）自該車交付於乙時起，由乙承受（D）於乙支付價金完畢時，由乙承受

（C）4. 下列有關契約成立之敘述，何者錯誤？（A）契約得以要約與承諾之意思表示合致而成立（B）契約得以要約交錯之方式而成立（C）契約得以承諾交錯之方式而成立（D）契約得以要約與意思實現方式而成立

（B）5. 下列關於利息之敘述，何者正確？（A）應付利息之債務，其利率未經約定亦無法律可據者，原則上以週年利率為百分之六計算（B）約定利率逾週年百分之十二者，經一年後，債務人得隨時清償原本。但須於一個月前預告債權人（C）約定利率，超過週年百分之二十者，其約定當然無效，此時應以法定利率計算應給付之利息（D）債權人受領超過最高利率之利息，對於超過部分之利息係不當得利，應返還債務人

(C) 6. 下列有關定金之敘述，何者正確？（A）訂約當事人之一方，由他方受有定金時，其契約視為成立（B）定金為諾成契約，於當事人約定時即成立（C）契約因可歸責於付定金當事人之事由，致不能履行時，定金不得請求返還（D）契約因不可歸責於雙方當事人之事由，致不能履行時，定金視為債務不履行損害賠償之總額

(D) 7. 甲借給乙100萬元，借期屆至，甲請求乙返還100萬元借款，乙因此開立100萬元之本票交由甲受領。下列敘述，何者正確？（A）甲所受領乙開立的100萬元本票，是債之內容更改（B）甲所受領乙開立的100萬元本票，是抵銷（C）甲所受領乙開立的100萬元本票，是代物清償（D）甲所受領乙開立的100萬元本票，是新債清償

(C) 8. 下列關於房屋租賃之敘述，何者正確？（A）出租人將租賃之房屋交付承租人後，非經承租人同意，不得將其所有權讓與第三人（B）出租人出賣租賃之房屋時，承租人有依同樣條件優先承買之權利（C）除有反對之約定外，承租人依法得將其一部分轉租於他人（D）房屋租賃之租金，當事人得因其價值之昇降，聲請法院增減之，但以定期租賃為限

(D) 9. 甲將其名下之房屋出售並交付乙占有，惟尚未辦理所有權登記之前，甲又出售該屋於善意之丙且辦理所有權登記完畢。則乙對丙之主張，下列何者正確？（A）乙得依據其與甲所訂立之買賣契約而請求丙塗

銷房屋所有權登記（B）乙得向丙主張不當得利而請求丙塗銷房屋所有權登記（C）乙得向丙主張撤銷權而請求丙塗銷房屋所有權登記（D）乙無法請求丙塗銷房屋所有權登記，只得向甲請求債務不履行之損害賠償

(C) 10. 甲將其土地出售乙，但因價金給付方式仍有爭議，故甲拒絕交付予乙，亦不辦理登記，乙起訴請求甲履行買賣契約之給付義務，經判決勝訴確定。下列敘述，何者正確？（A）因甲已將其土地出售乙，故所有權屬於乙（B）因乙已取得土地買賣契約給付請求權勝訴確定，故所有權屬於乙（C）因甲尚未辦理土地所有權移轉登記於乙，故所有權仍屬於甲（D）因該地尚未交付予乙占有，故所有權仍屬於甲

(A) 11. 關於委任契約受任人之報酬，下列敘述，何者錯誤？（A）委任關係因可歸責於受任人之事由，而於委任事務處理完畢前經終止者，受任人仍得就已經處理之部分比例請求報酬（B）受任人受有報酬之注意義務，高於受任人未受報酬之注意義務（C）當事人縱未約定報酬，但依交易習慣或委任事務之性質應給與報酬者，受任人得請求報酬（D）除契約另有規定外，原則上於委任關係終止時，受任人須明確報告始末後才能請求報酬

(B) 12. 甲將自己所有的違章建築A屋賣給乙，有關於買賣違章建築之法律關係。下列敘述，依實務見解，何者錯誤？（A）土地與土地上之違章建築同屬於一人所

有，嗣將違章建築與土地分別讓與相異之人，仍有民法第425條之1推定租賃關係規定之適用（B）違章建築之買受人對於無權占用房屋之人，得行使民法第767條之物上請求權（C）違章建築遭拍賣，拍定人自取得法院權利移轉證書之日起，取得該違章建築之權利（D）甲、乙買賣違章建築，所讓與的是事實上之處分權

（C）13. 甲乙丙共同出資購買一筆A土地，應有部分各三分之一。下列何種行為應經甲乙丙三個共有人全體同意，始為有效？（A）共有人之一將其應有部分移轉予第三人（B）共有人之一將其應有部分設定抵押權予第三人（C）共有人之一將A土地設定抵押權予第三人（D）共有人之一將A土地設定有償之地上權予第三人

（C）14. 下列何者非屬公同共有之性質？（A）繼承人有數人時，其繼承取得之遺產（B）合夥人之合夥財產（C）屬於社團法人名下之財產（D）屬於夫妻共同財產制下之財產

（D）15. 甲現年十七歲，在山中拾獲名貴木材一塊，嗣後該木材遭乙竊取，乙請人雕刻成名貴的佛像，以高價出售於惡意的丙，並交付之。下列敘述，何者正確？（A）甲因未滿二十歲，不得占有該木材（B）乙不能取得名貴的佛像所有權（C）乙將名貴的佛像讓與並交付予丙，係屬無權處分（D）甲得向乙請求償還該木材的價額

(C) 16. 甲、乙共有一筆A土地，面積400坪，應有部分各為二分之一。下列敘述，何者正確？（A）甲、乙對於共有之A土地，各有一個所有權，但其權利之行使應受應有部分之限制（B）甲、乙對於共有之A土地，各有200坪所有權（C）應有部分各為二分之一是甲、乙對於共有土地所有權之比例（D）對於共有之A土地，甲、乙分別享有處分權及管理權

(B) 17. 甲、乙、丙、丁四人共有一筆A土地，應有部分各登記為四分之一，甲未經乙、丙、丁之同意，擅自占有A土地四分之三面積的土地，在其上興建一B屋。下列敘述，何者正確？（A）乙、丙、丁僅得分別請求甲返還占用A土地四分之一之土地（B）乙、丙、丁得分別請求甲返還所占用A土地四分之三之土地（C）乙、丙、丁應共同請求甲返還所占用A土地四分之一之土地（D）乙、丙、丁應共同請求甲返還所占用A土地四分之三之土地

(B) 18. 下列關於地上權之敘述，何者正確？（A）地上權人若因不可抗力，妨礙其土地之使用，依法即得請求免除或減少租金（B）土地所有權讓與時，地上權人已預付之地租，非經登記，不得對抗第三人（C）地上權人須連續積欠地租達二年，土地所有人始得終止地上權（D）地上權無支付地租之約定者，地上權人應於一年前通知土地所有人，始得拋棄其權利

(B) 19. 以建築物設定抵押權者，下列何者非抵押權效力所及之標的物範圍？（A）抵押物扣押後，抵押人就抵押

物所得收取之租金（B）抵押之建築物存在所必要且性質上得讓與之權利（C）設定抵押權後所增建附加於該建築物，而不具獨立性之部分（D）抵押之建築物滅失後殘餘之鋼筋

(A) 20. 下列關於夫妻財產制契約之訂立，何者正確？（A）夫妻於結婚前或結婚後，均得以書面約定夫妻財產制契約（B）夫妻財產制契約之訂立應經登記，否則不生效力（C）夫妻財產制契約之訂立，當事人如為未成年人時，應得其法定代理人之同意始為有效（D）夫妻於婚姻關係存續中，得以契約廢止其財產制契約，或改用他種約定財產制，但以一次為限

(B) 21. 甲、乙結婚並約定共同財產制為夫妻財產制，共同財產制關係存續中二人之共同財產為2000萬元，若甲、乙離婚而無特別約定時，則乙可分得若干共同財產？（A）2000萬元（B）1000萬元（C）1500萬元（D）500萬元

(B) 22. 下列關於夫妻法定財產制之敘述，何者正確？（A）於法定財產制下，夫或妻之財產分為婚前財產與婚後財產，婚前財產由夫妻各自所有，婚後財產則由夫妻共有（B）於法定財產制下，夫或妻之婚前及婚後財產，於婚姻關係存續中所生之孳息，均屬於婚後財產之範圍（C）無論採何種約定財產，當夫或妻其財產不足清償其債務時，法院得因他方之請求，宣告改用法定財產制（D）夫或妻各自管理、使用、收益其婚前財產與婚後財產，但對於婚後財產為處分時，應得

他方之同意

(B) 23. 甲乙夫妻育有丙、丁二子及戊女。丙與己女結婚，婚後育有一子庚，戊女未婚生下一子辛。多年後甲死亡，而戊早於甲死亡，丙則拋棄繼承。設甲留有遺產900萬元，則甲之遺產應如何繼承？（A）乙、丁、庚各繼承300萬元（B）乙、丁、辛各繼承300萬元（C）乙、丁各繼承450萬元（D）乙、丁、庚、辛各繼承225萬元

(A) 24. 甲、乙為夫妻，並無子女。丙、丁為甲之父母。甲死亡時留有350萬元之現金及對丙有50萬元之債權。試問，於遺產分割時，丙可以分得多少遺產？（A）50萬元（B）100萬元（C）200萬元（D）350萬元

(B) 25. 甲乙夫妻婚後育有一子丙，三人與甲寡居之母親丁同住。甲乙兩人因感情不睦，故協議離婚，惟某日前往辦理離婚登記途中，甲不幸發生事故身亡。甲生前曾預立有效遺囑一份，記載將來所有遺產均由獨子丙繼承。甲身後遺有現金600萬元。若繼承人主張特留分扣減權時，甲之遺產應如何分配？（A）乙繼承300萬元，丙繼承300萬元（B）乙繼承150萬元，丙繼承450萬元（C）乙繼承200萬元，丁繼承200萬元，丙繼承200萬元（D）乙繼承100萬元，丁繼承100萬元，丙繼承400萬元

國文

甲、作文部分：（100分）

一、俗話說：「謠言止於智者」，原典出自《荀子‧大略》：「流丸止於甌臾，流言止於智者。」意思是說：「滾動的球體遇到凹陷的地方就會停止，四處流竄的不實話語到了明智的人那裡就會平息。」歷史上「三人成虎」與「曾參殺人」的典故很有名，都在提醒人們不要輕信耳聞的訊息，要了解事情真相再下判斷。你是否有被謠言所惑的經驗？最後又如何看清事實真相？請以「謠言止於智者」為題，舉具體事例，分析事件的來龍去脈、自我反應的過程，以及因之而得的體悟。（50分）

二、坊間有各式各樣的旅遊指南，作家舒國治曾對旅遊指南提出以下看法：

（一）指南是前人先探的成果。若非難於趨抵，不必做成指南；若非有趣之地，亦不值得做指南。

（二）極偏僻又極佳美的小地方，往往沒有指南，尤其處於不甚有名的國家。倘你要去極其個人、極其荒幽、極其不與他人共享的隱祕角落，完全別考慮指南。

（三）指南的最壞情況是，毀滅了你的驚喜。正因為如此，很多旅遊作家雖然都有自己的「祕密角落」，但為了避免幽地受觀光客濫遊以致不堪，於是在遊

記中故意隱藏其名。
你一定曾有旅遊的經驗，也應當借重過旅遊指南的引導。請以「旅遊指南與我」為題，作文一篇，敘述自己運用旅遊指南的得失經驗與體悟，並對上揭舒氏的觀點加以評述。（50分）

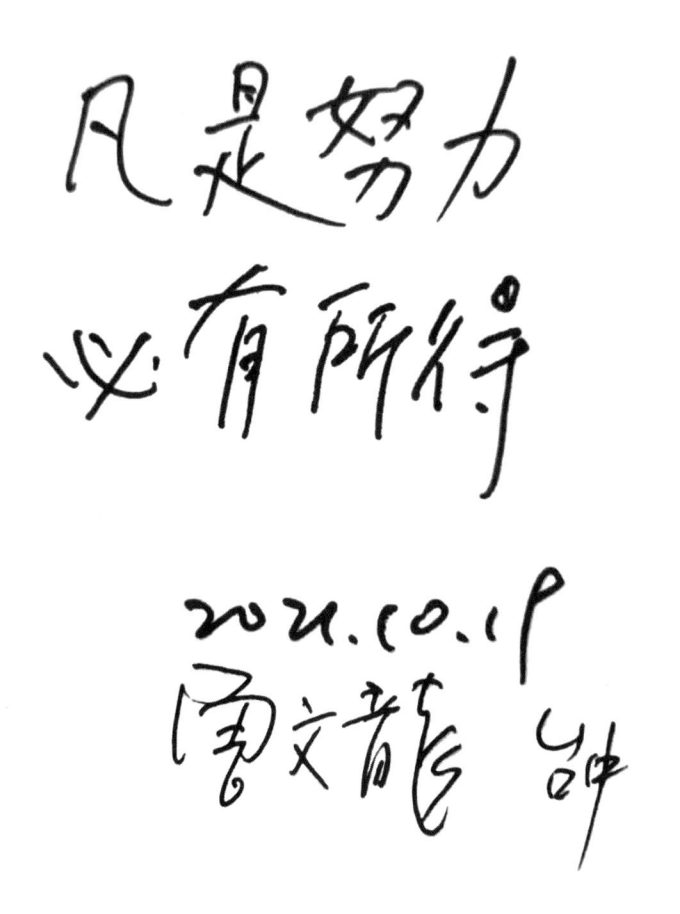

雲淡風輕

努力前進

伍

110年
不動產經紀人普考

不動產經紀人歷屆考題解析

不動產經紀相關法規概要

甲、申論題部分：（50分）

一、請依不動產經紀業管理條例，110年7月1日施行新制，詳述：（25分）

（一）起造人或建築業委託代銷預售屋者，實價登錄由誰申報？申報時機為何？預售屋買賣案件未依限申報或申報不實，有何罰責？

（二）經營仲介業務者應實價登錄之案件及申報時機為何？未依限申報或申報不實，有何罰責？

答：

（一）經營代銷業務：

1. 代銷預售屋由代銷業實價登錄申報：

   經營代銷業務，受起造人或建築業委託代銷預售屋者，應於簽訂、變更或終止委託代銷契約之日起三十日內，將委託代銷契約相關書件報請所在地直轄市、縣（市）主管機關備查。

2. 申報時機：

   應於簽訂買賣契約書之日起三十日內，向直轄市、縣（市）主管機關申報登錄資訊。

3. 未申報及申報不實罰則：

   ⑴預售屋之代銷，未依限申登錄資訊或申報價格、交易面積資訊不實，由直轄市、縣（市）主管機關按戶（棟）處新台三萬元以十五萬元

　　　　下罰鍰，並令其限期改正；屆期未改正者，按
　　　　次處罰。經處罰二次仍未改正者，按次處新臺
　　　　幣三十萬元以上一百萬元以下罰鍰。
　　⑵預售屋之代銷，申報登錄價格及面積以外資訊
　　　　不實，由直轄市、縣（市）主管機關應令其限
　　　　期改正；屆期未改正，處新臺幣六千元以上三
　　　　萬元以下罰鍰。
（二）經營仲介業務：
　　1.仲介業務者應實價登錄之案件申報時機：
　　　　經營仲介業務者，對於居間或代理成交之租賃案
　　　　件，應於簽訂租賃契約書之日起三十日內，向直
　　　　轄市、縣（市）主管機關申報登錄成交案件實際
　　　　資訊。
　　2.未申報及申報不實罰則：
　　　⑴成屋租賃之仲介，未依限申報登錄資訊、申報
　　　　登錄租金或面積資訊不實由直轄市、縣（市）
　　　　主管機關處新台幣一萬元以上五萬元以下罰
　　　　鍰。
　　　⑵成屋租賃之仲介，申報登錄租金及面積以外資
　　　　訊不實，直轄市、縣（市）主管機關應令其限
　　　　期改正；屆期未改正，處新台幣六千元以上三
　　　　萬元以下罰鍰。

二、請依據公平交易法規定，論述下列問題：（25分）
　（一）第2條所稱事業有那些？

(二) 有建設公司委託地產公司代銷預售屋，在各樓層平面圖、各戶室內外面積、預售屋買賣契約書、房屋售價等相關商品資訊都尚未規劃完成前，就先辦理預售屋限量抽籤選戶禮賓活動，產生人潮擁擠爭相搶購的排隊現象，且當天禮賓活動營造出消費者中籤機不可失、不買可惜的氣氛，抽籤辦法規定只有1分鐘的選戶時間，超過時間就讓給下一組客人。請就公平交易法論述建設公司及地產公司有無違法？並說明依據的規定及理由。

答：

(一) 公平交易法第2條「事業」內涵：
1. 公司。
2. 獨資或合夥之工商行號。
3. 其他提供商品或服務從事交易之人或團體。
   事業所組成之同業公會或其他依法設立、促進成員利益之團體，視為本法所稱事業。

(二) 建設公司及地產公司有違反公平交易法之嫌：
1. 依公平交易法第21條規定，事業不得在商品或廣告上，或以其他使公眾得知之方法，對於與商品相關而足以影響交易決定之事項，為虛偽不實或引人錯誤之表示或表徵。
2. 因為沒有讓消費者充分瞭解，依公平交易法第25條規定，除本法另有規定者外，事業亦不得為其他足以影響交易秩序之欺罔或顯失公平之行為。
3. 預售屋銷售，預售屋各樓層平面圖、各戶室內外

面積、買賣契約書、房屋售價為預售屋買賣最重要的交易資訊,在相關預售屋資訊尚未規劃完成前,就辦理預售屋之銷售,即屬足以影響交易程序之欺罔顯失公平行為。

4. 相關罰則如下:

主管機關對於違反第二十一條、第二十五條規定之事業,得限期令停止、改正其行為或採取必要更正措施,並得處新臺幣五萬元以上二千五百萬元以下罰鍰;屆期仍不停止、改正其行為或未採取必要更正措施者,得繼續限期令停止、改正其行為或採取必要更正措施,並按次處新臺幣十萬元以上五千萬元以下罰鍰,至停止、改正其行為或採取必要更正措施為止。

乙、測驗題部分:(50分)

(D) 1. 依據公寓大廈管理條例有關起造人之規定,下列敘述何者錯誤?(A)公寓大廈建築物之起造人有召集第1次區分所有權人會議之義務(B)公寓大廈建築物起造人要領得建造執照,始可辦理公寓大廈銷售(C)公寓大廈建築物起造人負有移交共用部分等之義務及移交期限(D)公寓大廈建築物之起造人於申請使用執照時,應檢附規約草約

(D) 2. 住戶違反公寓大廈管理條例第9條第2項關於公寓大廈變更使用限制規定,以下敘述何者錯誤?(A)直轄市、縣(市)主管機關得令住戶限期改善;屆期不改

善者,得連續處罰之(B)住戶經制止而不遵從者,由直轄市、縣(市)主管機關處4萬元以上20萬元以下罰鍰(C)管理委員會應予制止,並得按其性質請求各該主管機關為必要之處置。如有損害並得請求損害賠償(D)由管理委員會促請住戶改善,住戶於3個月內仍未改善者,由管理委員會決議訴請法院強制其遷離

(B) 3. 依據公寓大廈管理條例規定,下列敘述何者正確?(A)在住戶互相協議同意之下,住戶在樓梯間即得放置雜物(B)未經申請主管建築機關之核准,住戶為修繕時不得破壞建築物之主要構造(C)住戶對於退縮空地,不得依規約或區分所有權人會議決議供營業使用(D)依規約或區分所有權人會議決議,住戶即可在公共走道加設鐵門

(C) 4. 有關公寓大廈區分所有權人會議決議之特別生效要件,下列何者正確?(A)無線電台基地台等類似強波發射設備,設置於屋頂者,應經頂層住戶同意;設置其他樓層者,應經該樓層住戶同意(B)約定專用部分變更時,應經使用該約定專用部分之區分所有權人同意。但該約定專用顯已違反公共利益,經區分所有權人會議決議者,不在此限(C)專有部分經依區分所有權人會議約定為約定共用部分者,應經該專有部分區分所有權人同意(D)共用部分經依區分所有權人會議約定為約定專用部分者,應經該專有部分區分所有權人同意

(B) 5. 下列何者不是公寓大廈管理委員會之職務？（A）管理服務人之委任、僱傭及監督（B）共用部分、約定專用部分及其附屬設施設備之點收及保管（C）公寓大廈發生重大事故有及時處理之必要，請求召開區分所有權人臨時會議（D）住戶違規情事之制止及相關資料之提供

(B) 6. 公寓大廈之區分所有權人因違反規約情節重大者，管理委員會如何要求區分所有權人出讓其區分所有權及其基地所有權應有部分？（A）依管理委員會議之決議訴請法院命其強制出讓（B）依區分所有權人會議之決議訴請法院命其強制出讓（C）依管理委員會議之決議報請直轄市、縣（市）政府強制執行（D）依區分所有權人會議之決議報請直轄市、縣（市）政府強制執行

(D) 7. 公寓大廈公共基金之來源及運用、管理方式，下列何者正確？（A）起造人就公寓大廈領得建造執照一年內之管理維護事項，應按工程造價一定比例或金額提列為公共基金（B）區分所有權人依管理委員會決議繳納公共基金（C）公共基金經區分所有權人會議決議交付信託者，由管理委員會主任委員交付信託（D）公共基金應設專戶儲存，並由管理負責人或管理委員會負責管理

(A) 8. 依不動產經紀業管理條例規定，對經營仲介業務者申報登錄資訊之敘述，下列何者錯誤？（A）經營仲介業務者對於仲介成交買賣案件之申報登錄案件，應於

簽訂買賣契約書並辦竣所有權移轉登記後三十日內，向直轄市、縣（市）主管機關申報登錄成交案件實際資訊（B）經營仲介業務者對於經手所成交之租賃案件，應於簽訂租賃契約書之日起三十日內，向直轄市、縣（市）主管機關申報登錄成交案件實際資訊（C）直轄市、縣（市）主管機關為查核經營仲介業務者申報登錄資訊，得向經營仲介業者要求查詢、取閱有關文件或提出說明（D）直轄市、縣（市）主管機關為查核經營仲介業務者申報登錄資訊，得委任所屬機關辦理

(D) 9. 依不動產經紀業管理條例規定，有關不動產經紀營業員之敘述，下列何者正確？（A）經中央主管機關或其認可之機構、團體舉辦不動產經紀營業員訓練合格者，即得充任不動產經紀營業員（B）領有不動產經紀人考試及格證書者，即得充任不動產經紀營業員（C）取得不動產經紀營業員資格訓練不得少於二十個小時，其證明有效期限為四年（D）不動產經紀營業員證明因受破產之宣告尚未復權而被撤銷者，於原因消滅後，得重新請領證明

(C) 10. 依不動產經紀業管理條例規定，經營代銷業務的公司甲，若有申報登錄價格、交易面積資訊不實之情形，直轄市、縣（市）主管機關得為何種處分？（A）令公司甲限期改正並處新臺幣一萬元以上五萬元以下罰鍰（B）令公司甲限期改正；屆期未改正，處新臺幣六千元以上三萬元以下罰鍰（C）按公司甲申報之戶

（棟）處新臺幣三萬元以上十五萬元以下罰鍰，並令其限期改正；屆期未改正者，按次處罰（D）按違規情形，停止公司甲之營業處分或併科新臺幣三萬元以上十五萬元以下罰鍰

(B) 11. 有關不動產經紀人請領或換發、補發證書之相關規定，下列敘述何者正確？（A）不動產經紀人考試及格後，並領取其考試及格證書，即得請領不動產經紀人證書（B）不動產經紀人辦理換發證書時，應於證書有效期限屆滿前六個月內申辦之（C）不動產經紀人換發之證書，其有效期限自原證書有效期限屆滿之日起算四年（D）不動產經紀人證書滅失、申請補發者，應敘明其滅失之原因，向中央機關申請之

(B) 12. 甲要委託A房仲介公司不動產經紀營業員乙銷售自己的一戶房子。依不動產經紀業管理條例，下列敘述何者正確？（A）甲與乙一定要先口頭定約定委託銷售之事宜（B）甲與A房仲介公司必須簽訂委託銷售契約書（C）乙刊登廣告及銷售內容，應與事實大致相符（D）乙刊登銷售房子廣告要註明營業員乙的名稱

(D) 13. 不動產經紀業者與委託人簽訂委託契約後，刊登之廣告及銷售內容與事實不符者，應由何機關依法處理？（A）由直轄市、縣（市）政府依公平交易法處理（B）由行政院依消費者保護法處理（C）由行政院公平交易委員會依公平交易法處理（D）由內政部依不動產經紀業管理條例處理

(A) 14. 消費爭議調解委員會於不違反消費爭議兩造當事人之

主要意思範圍內,依職權所提出解決事件之方案,當事人得於該方案送達後幾日內,提出異議,就視為調解不成立?(A)10日(B)15日(C)20日(D)30日

(A) 15. 依消費者保護法規定,下列有關消費者保護團體提起團體訴訟之敘述,何者錯誤?(A)消費者保護團體許可設立二年以上,置有消費者保護專門人員,且申請內政部評定優良者,得以自己之名義提起訴訟(B)消費者保護團體依規定提起訴訟者,應委任律師代理訴訟(C)消費者保護團體對於同一之原因事件,致使眾多消費者受害時,得受讓二十人以上消費者損害賠償請求權後,以自己名義,提起訴訟(D)消費者保護團體得以自己之名義,提起第50條消費者損害賠償訴訟或第53條不作為訴訟

(C) 16. 依消費者保護法規定,下列有關通訊交易或訪問交易之消費者解除契約之敘述,何者正確?(A)消費者得於收受商品或接受服務後十日內,以退回商品或書面通知方式解除契約,無須說明理由及負擔任何費用(B)訪問交易有合理例外情事者,不適用消費者保護法之猶豫期間及解約權規定(C)消費者依規定以書面通知解除契約者,除當事人另有個別磋商外,企業經營者應於收到通知之次日起十五日內,至原交付處所或約定處所取回商品(D)企業經營者應於取回商品、收到消費者退回商品或解除服務契約通知之日起十五日內,返還消費者已支付之對價

(C) 17. 定型化契約中之定型化契約條款於下列何種情形下，其條款不構成契約之內容，但消費者得主張該條款仍構成契約之內容？（A）定型化契約條款違反誠信原則，對消費者顯失公平（B）定型化契約條款牴觸個別磋商條款之約定（C）企業經營者與消費者訂立定型化契約前，未依法提供合理期間，供消費者審閱全部條款內容（D）企業經營者以定型化契約條款使消費者拋棄契約審閱權利

(A) 18. 依消費者保護法規定，各類企業經營者對消費者應負之損害賠償責任，下列敘述何者錯誤？（A）輸入商品或服務之企業經營者，視為該商品之設計、生產、製造者或服務之提供者，負製造者責任。但其對於損害之防免已盡相當之注意，或縱加以相當之注意而仍不免發生損害者，不在此限（B）從事經銷之企業經營者，就商品或服務所生之損害，與設計、生產、製造商品或提供服務之企業經營者連帶負賠償責任。但其對於損害之防免已盡相當之注意，或縱加以相當之注意而仍不免發生損害者，不在此限（C）從事設計、生產、製造商品或提供服務之企業經營者，違反消費者保護法規定致生損害於消費者或第三人時，應負連帶賠償責任。但企業經營者能證明其無過失者，法院得減輕其賠償責任（D）從事經銷之企業經營者，改裝、分裝商品或變更服務內容者，違反消費者保護法規定致生損害於消費者或第三人時，應負連帶賠償責任。但企業經營者能證明其無過失者，法院得

減輕其賠償責任

(D) 19. 依消費者保護法規定，關於小額消費爭議之調解，當事人之一方無正當理由，不於調解期日到場之處理方式為何？（A）調解委員得斟酌一切情形，求兩造利益之平衡，於不違反兩造當事人之主要意思範圍內，依職權提出解決事件之方案，並送達於當事人。前項方案，應經參與調解委員過半數之同意（B）調解委員得斟酌一切情形，求兩造利益之平衡，於不違反兩造當事人之主要意思範圍內，依職權提出解決事件之方案，並送達於當事人。前項方案，應經全體調解委員過半數之同意（C）調解委員得審酌情形，依到場當事人一造之請求或依職權提出解決方案，並送達於當事人。前項方案，應經參與調解委員過半數之同意（D）調解委員得審酌情形，依到場當事人一造之請求或依職權提出解決方案，並送達於當事人。前項方案，應經全體調解委員過半數之同意

(C) 20. 下列何者屬於公平交易法之適用範圍？（A）依照著作權法、商標法、專利法或其他智慧財產權法規行使權利之正當行為（B）不動產仲介業與不動產買方有關斡旋金返還之糾紛處理（C）不動產開發業者銷售預售屋時要求購屋人須給付定金始提供預售屋買賣契約書攜回審閱之情形（D）不動產經紀業加盟店未於廣告中標明加盟店或加盟經營字樣之處理

(A) 21. 下列有關公平交易法對於事業聯合行為規定之敘述，何者錯誤？（A）主管機關對事業聯合行為原則上是

採限制原則（B）主管機關對事業聯合行為有益於整體經濟與公共利益時得例外許可（C）主管機關對事業聯合行為之許可事項得附加條件（D）主管機關對事業聯合行為許可事項及其有關之條件、負擔、期限，應主動公開

（B）22. 不動產經紀業者倘與具競爭關係之事業，以契約、協議共同決定服務之價格、交易對象、交易地區等相互約束事業活動之行為，而足以影響服務供需之市場功能者，將構成公平交易法之何種行為？（A）不公平競爭（B）聯合行為（C）欺罔或顯失公平（D）違法結合

（B）23. 經營代銷業務者，依不動產經紀業管理條例之規定，應指派不動產經紀人簽章之文件，下列何者錯誤？（A）不動產廣告稿（B）不動產出租、出售委託契約書（C）不動產租賃、買賣契約書（D）不動產說明書

（C）24. 有關公平交易法第22條對於事業仿冒行為要件之規定，下列敘述何者錯誤？（A）所使用之名稱或表徵必須達到著名之程度（B）相同或近似之名稱或表徵必須使用於同一或類似的服務（C）公司名稱或營業服務表徵限於依法取得註冊商標權者（D）必須產生與他人提供之服務設施或活動混淆的結果

（B）25. 依公平交易法規定，廣告相關業者與廣告主之間對於不實廣告應負之損害賠償責任，下列何者錯誤？（A）專業人士或機構之廣告薦證者明知或可得而知

其所從事之薦證有引人錯誤之虞，而仍為薦證者，與廣告主負連帶損害賠償責任（B）非屬知名公眾人物之廣告薦證者不知情其所從事之薦證有引人錯誤之虞，仍為薦證者，僅於受廣告主報酬十倍之範圍內，與廣告主負連帶損害賠償責任（C）廣告媒體業在明知或可得而知其所傳播或刊載之廣告有引人錯誤之虞，仍予傳播或刊載，與廣告主負連帶損害賠償責任（D）廣告代理業在明知或可得而知情形下，仍製作或設計有引人錯誤之廣告，與廣告主負連帶損害賠償責任

110年不動產經紀人普考

土地法與土地相關稅法概要

甲、申論題部分：（50分）

一、何謂「原地價」？「原地價」在課徵土地增值稅的作用為何？配偶相互贈與之土地，不課徵土地增值稅。但於再移轉依法應課徵土地增值稅時，其「原地價」為何？請依規定說明之。（25分）

答：

（一）「原地價」之意義

依據平均地權條例第38條第2項之規定，所稱原規定地價，係指中華民國五十三年規定之地價；其在中華民國五十三年以前已依土地法規定辦理規定地價及在中華民國五十三年以後舉辦規定地價之土地，均以其第一次規定之地價為原規定地價。

（二）「原地價」在課徵土地增值稅之作用

1. 依據平均地權條例第38條第1項之規定，土地所有權移轉，其移轉現值超過原規定地價或前次移轉時申報之現值，應就其超過總數額依第三十六條第二項之規定扣減後，徵收土地增值稅。亦即，作為起算土地漲價總數額之基礎，以計算課徵土地增值稅之用。

2. 復依土地稅法第31條第1項之規定，土地漲價總數額之計算，應自該土地所有權移轉或設定典權時，經核定之申報移轉現值中減除下列各款後之

餘額，為漲價總數額：
  (1)規定地價後，未經過移轉之土地，其原規定地價。規定地價後，曾經移轉之土地，其前次移轉現值。
  (2)土地所有權人為改良土地已支付之全部費用，包括已繳納之工程受益費、土地重劃費用及因土地使用變更而無償捐贈一定比率土地作為公共設施用地者，其捐贈時捐贈土地之公告現值總額。
(三) 配偶間相互贈與申請不課徵土地增值稅後再移轉時計徵土地增值稅之「原地價」
依據土地稅法第28條之2第1項規定，配偶相互贈與之土地，得申請不課徵土地增值稅。但於再移轉依法應課徵土地增值稅時，以該土地第一次不課徵土地增值稅前之原規定地價或最近一次課徵土地增值稅時核定之申報移轉現值為原地價，計算漲價總數額，課徵土地增值稅。

二、外國人在我國取得地權之基本條件與限制為何？請依規定說明之。（25分）
答：
關於外國人在我國取得地權之基本條件與限制，爰分別說明如下：
(一) 外國人在我國取得地權之基本條件
依據土地法第18條之規定，外國人在中華民國取得

或設定土地權利,以依條約或其本國法律,中華民國人民得在該國享受同樣權利者為限。

(二) 外國人在我國取得地權之限制

1. 種類之限制

依據土地法第17條之規定,左列土地不得移轉、設定負擔或租賃於外國人:一、林地。二、漁地。三、狩獵地。四、鹽地。五、礦地。六、水源地。七、要塞軍備區域及領域邊境之土地(第1項)。前項移轉,不包括因繼承而取得土地。但應於辦理繼承登記完畢之日起三年內出售與本國人,逾期未出售者,由直轄市、縣(市)地政機關移請國有財產局辦理公開標售,其標售程序準用第七十三條之一相關規定(第2項)。前項規定,於本法修正施行前已因繼承取得第一項所列各款土地尚未辦理繼承登記者,亦適用之(第3項)。

2. 面積及地點之限制

依據土地法第19條之規定,外國人為供自用、投資或公益之目的使用,得取得左列各款用途之土地,其面積及所在地點,應受該管直轄市或縣(市)政府依法所定之限制:一、住宅。二、營業處所、辦公場所、商店及工廠。三、教堂。四、醫院。五、外僑子弟學校。六、使領館及公益團體之會所。七、墳場。八、有助於國內重大建設、整體經濟或農牧經營之投資,並經中央

目的事業主管機關核准者（第1項）。前項第八款所需土地之申請程序、應備文件、審核方式及其他應遵行事項之辦法，由行政院定之（第3項）。

3. 用途之限制

依據土地法第20條之規定，外國人依前條需要取得土地，應檢附相關文件，申請該管直轄市或縣（市）政府核准；土地有變更用途或為繼承以外之移轉時，亦同。其依前條第一項第八款取得者，並應先經中央目的事業主管機關同意（第1項）。直轄市或縣（市）政府為前項之准駁，應於受理後十四日內為之，並於核准後報請中央地政機關備查（第2項）。外國人依前條第一項第八款規定取得土地，應依核定期限及用途使用，因故未能依核定期限使用者，應敘明原因向中央目的事業主管機關申請展期；其未依核定期限及用途使用者，由直轄市或縣（市）政府通知土地所有權人於通知送達後三年內出售。逾期未出售者，得逕為標售，所得價款發還土地所有權人；其土地上有改良物者，得併同標售（第3項）。前項標售之處理程序、價款計算、異議處理及其他應遵行事項之辦法，由中央地政機關定之（第4項）。

乙、測驗題部分：（50分）

(B) 1. 依土地法規定，外國人投資有助於國內重大建設、整體經濟或農牧經營而需要取得土地時，應先經下列何者程序？（A）中央地政機關備查（B）中央目的事業主管機關同意（C）該直轄市或縣（市）民意機關同意（D）該直轄市或縣（市）政府層請行政院同意

(A) 2. 有關重新實施地籍測量時，依土地法規定，下列敘述何者正確？（A）土地所有權人發生界址爭議時，應由該管直轄市或縣（市）地政機關予以調處（B）土地所有權人不服界址爭議調處者，應於接到調處通知後三十日內，向司法機關訴請處理（C）土地所有權人認為測量結果有錯誤時，得於重測結果公告期滿三十日內聲請複丈（D）重測結果未經聲請複丈者，地政機關應即據以辦理土地更正登記

(B) 3. 依土地法之規定，無保管或使用機關之公有土地及因地籍整理而發現之公有土地，應如何處理？（A）由該管直轄市或縣（市）地政機關囑託登記，其所有權人欄註明為國有（B）由該管直轄市或縣（市）地政機關逕為登記，其所有權人欄註明為國有（C）由該管直轄市或縣（市）地政機關囑託登記，其所有權人欄註明為直轄市或縣（市）有（D）由該管直轄市或縣（市）地政機關逕為登記，其所有權人欄註明為直轄市或縣（市）有

(C) 4. 依土地法規定，聲請為土地權利變更登記，應繳納登

記費,下列敘述何者正確?(A)由權利人與義務人雙方共同按公告地價或權利價值千分之一繳納登記費(B)由權利人按公告現值或權利價值千分之二繳納登記費(C)由權利人按申報地價或權利價值千分之一繳納登記費(D)由義務人按公告現值或權利價值千分之二繳納登記費

(D) 5. 依土地法規定,房屋租用相關規定,下列何者錯誤?(A)城市地方房屋之租金,以不超過土地及其建築物申報總價年息百分之十為限(B)約定房屋租金,超過土地法規定者,該管直轄市或縣(市)政府得依土地法所定標準強制減定之(C)房屋租金擔保之金額,不得超過二個月房屋租金之總額(D)以現金為租賃之擔保者,其現金視為租金之一部

(C) 6. 依土地法之規定,遇有荒歉,直轄市或縣(市)政府得按照當地當年收穫實況為減租或免租之決定。但應經何機關同意?(A)行政院(B)財政部(C)民意機關(D)農業發展委員會

(B) 7. 依平均地權條例規定,應納地價稅額因公告地價調整致納稅義務人繳納困難者,得於規定繳納期間內,向稅捐稽徵機關申請延期繳納,延期繳納期間最長不得逾多久?(A)3個月(B)6個月(C)1年(D)3年

(A) 8. 平均地權條例第35條之1規定,私人捐贈予財團法人供興辦社會福利事業使用之土地,免徵土地增值稅;但有三種情形之一者,除追補應納之土地增值稅外,並處應納土地增值稅額二倍之罰鍰。下列何者不是

規範中的情形？（A）未辦理用地變更者（B）未按捐贈目的使用土地者（C）違反各該事業設立宗旨者（D）土地收益未全部用於各該事業者

(B) 9. 有關平均地權條例對違反申報登錄之規定中，直轄市、縣（市）主管機關應先令其限期改正，屆期未改正者，處新臺幣六千元以上三萬元以下罰鍰，並令其限期改正；屆期未改正者，按次處罰的情形係指下列何種狀況？（A）申報登錄價格資訊不實（B）申報登錄價格以外資訊不實（C）未依限申報登錄資訊、申報登錄價格或交易面積資訊不實（D）金融機構、權利人、義務人、地政士或不動產經紀業規避、妨礙或拒絕查核

(C) 10. 依平均地權條例規定，預售屋買受人將已付定金，確立買賣標的物及價金等事項之書面契據，轉售予第三人時，由直轄市、縣（市）主管機關按戶（棟）處罰新臺幣多少元？（A）三萬元以上十五萬元以下罰鍰（B）六萬元以上三十萬元以下罰鍰（C）十五萬元以上一百萬元以下罰鍰（D）三十萬元以上一百萬元以下罰鍰

(B) 11. 下列有關平均地權條例對以經營土地買賣，違背土地法律，從事土地壟斷、投機者處罰規定之敘述，何者正確？（A）處一年以下有期徒刑，並得併科五千元以下罰金（B）處三年以下有期徒刑，並得併科七千元以下罰金（C）處一年以下有期徒刑，並得併科八千元以下罰金（D）處三年以下有期徒刑，並得併科

一萬元以下罰金

(C) 12. 拒絕受領之徵收補償費，依土地徵收條例規定存入專戶保管，並通知應受補償人。自通知送達發生效力之日起，最長逾幾年未領取之補償費，歸屬國庫？(A) 5年 (B) 10年 (C) 15年 (D) 20年

(C) 13. 依土地徵收條例規定，建築改良物之補償費，按徵收當時該建築改良物之下列何種價格估定之？(A) 市價 (B) 重置價格 (C) 重建價格 (D) 房屋評定現值

(A) 14. 依土地法規定，未辦理繼承登記之土地經列冊管理達多久後，逾期仍未聲請登記者，該土地應如何處理？(A) 列冊管理期間為15年，由財務部國有財產署公開標售 (B) 列冊管理期間為15年，由地政機關公開標售 (C) 列冊管理期間為20年，由法院公開拍賣 (D) 列冊管理期間為20年，逕登記為國有土地

(D) 15. 土地權利關係人依都市計畫法第24條規定自行擬定或變更細部計畫時，主管機關得要求土地權利關係人提供或捐贈都市計畫變更範圍內之那些回饋項目予當地直轄市、縣(市)政府或鄉、鎮、縣轄市公所？①公共設施用地②可建築土地③樓地板面積④一定金額 (A) 僅①④ (B) 僅①②③ (C) 僅②③④ (D) ①②③④

(C) 16. 私有公共設施保留地得申請與公有非公用土地辦理交換，依都市計畫法之規定，不受下列那些法規相關規定之限制？①土地法②所得稅法③國有財產法④各級政府財產管理法令 (A) ②④ (B) ②③④ (C)

①③④ (D) ①②③④

(B) 17. 非都市土地經劃定使用分區並編定使用地類別，應依其容許使用之項目及許可使用細目使用。但中央目的事業主管機關認定為重大建設計畫所需之臨時性設施，經徵得使用地之中央主管機關及有關機關同意後，得核准為臨時使用。中央目的事業主管機關於核准時，應函請直轄市或縣（市）政府將臨時使用用途及期限等資料，依相關規定程序登錄於何處？（A）土地登記謄本（B）土地參考資訊檔（C）土地使用分區證明（D）非都市土地許可使用書

(B) 18. 依非都市土地使用管制規則規定，土地使用編定後，其原有使用或原有建築物不合土地使用分區規定者，其使用限制，下列敘述何者錯誤？（A）在政府令其變更使用或拆除建築物前，得為從來之使用（B）原有建築物除准修繕和增建外，不得改建（C）若該土地或建築物，對公眾安全、衛生及福利有重大妨礙者，該管直轄市或縣（市）政府應限期令其變更或停止使用、遷移、拆除或改建（D）政府令其變更或停止使用，所受損害應予適當補償

(A) 19. 依土地稅法規定，土地所有權人第一次出售其自用住宅用地，其適用自用住宅用地特別稅率之要件，下列敘述何者正確？

①都市土地面積未超過三公畝部分和非都市土地面積未超過七公畝部分

②其土地增值稅統就該部分之土地漲價總數額按百分

之十徵收之
③需土地於出售前5年內,不曾供營業使用或出租者
④土地所有權人與其配偶及未成年直系親屬需於該地辦竣戶籍登記(A)②(B)①②(C)①②④(D)③④

(A) 20. 依土地稅法免徵土地增值稅之土地,主管稽徵機關依相關規定核定其移轉現值並發給免稅證明,以憑辦理土地所有權移轉登記,下列有關移轉現值核定之敘述何者正確?(A)各級政府出售之公有土地,以實際出售價額為準(B)各級政府贈與或受贈之土地,以土地點交日之公告土地現值為準(C)區段徵收抵價地,以區段徵收時實際測量及登記完竣之地價為準(D)私人捐贈供興辦社會福利事業之土地,以社會福利事業核准日之公告土地現值為準

(A) 21. 平均地權條例第74條規定,依第26條規定限期建築之土地,有下列三種情形之一者,土地所有權人應於接到限期使用通知後,與承租人、借用人或地上權人協議建築、增建或改建;協議不成時,得終止租約、借貸或撤銷地上權。下列何者是規範中的情形?(A)土地所有權人將其土地出租、貸與或設有地上權者(B)土地所有權人將其土地設定典權或設定不動產役權者(C)土地所有權人將其所有之農作改良物出租或貸與他人使用者(D)土地承典人或地役權人將其所有建築改良物出租或貸與他人使用者

(C) 22. 依契稅條例規定,以不動產為信託財產,受託人乙依

信託本旨移轉信託財產與委託人甲以外之歸屬權利人丙時，應由何人估價立契，在規定之期限申報契稅？又其契稅稅率為何？（A）由乙申報契稅，稅率為6%（B）由乙申報契稅，稅率為2%（C）由丙申報契稅，稅率為6%（D）由甲申報契稅，稅率為2%

（D）23. 有關中華民國境內居住之個人，依所得稅法規定計算之房屋、土地交易所得，減除當次交易依土地稅法第30條第1項規定公告土地現值計算之土地漲價總數額後之餘額，不併計綜合所得總額，其稅率計算下列何者正確？（A）持有房屋、土地之期間在三年以內者，稅率為百分之四十五（B）持有房屋、土地之期間超過三年，未逾五年者，稅率為百分之三十五（C）持有房屋、土地之期間超過五年，未逾十年者，稅率為百分之三十（D）持有房屋、土地之期間超過十年者，稅率為百分之十五

（B）24. 依所得稅法規定，個人出售自住房屋、土地，依規定繳納之稅額，申請房地合一所得稅重購退稅之敘述，下列何者錯誤？（A）需自完成移轉登記之日起算二年內，重購自住房屋、土地者（B）得於重購自住房屋、土地完成移轉登記次日起算二年內，申請退稅（C）申請按重購價額占出售價額之比率，自所繳納稅額計算退還（D）重購之自住房屋、土地，於重購後五年內改作其他用途或再行移轉時，應追繳原退還稅額

（B）25. 依所得稅法規定，陳先生在110年10月以900萬元出售

其於107年以700萬元購入之房地產，110年當期土地之公告現值為800萬元，陳先生個人未提示因取得、改良及移轉而支付之費用時，稽徵機關得以多少元計算其費用？（A）24萬元（B）27萬元（C）30萬元（D）45萬元

不動產估價概要

甲、申論題部分：（50分）

一、不動產市場因為世界各國疫情趨緩開始活絡，不動產買賣不論是新屋、中古屋都出現很特殊的交易案例現象，根據不動產估價技術規則規定，不動產估價時對於比較標的如果無法有效掌握，應不予採用的情況有那些？試說明之。（25分）

答：

(一) 依據「不動產估價技術規則」第23條比較標的有下列情況，應先作適當之調整；該影響交易價格之情況無法有效掌握及量化調整時，應不予採用：

1. 急買急賣或急出租急承租。
2. 期待因素影響之交易。
3. 受債權債務關係影響之交易。
4. 親友關係人間之交易。
5. 畸零地或有合併使用之交易。
6. 地上物處理有糾紛之交易。
7. 拍賣。
8. 公有土地標售、讓售。
9. 受迷信影響之交易。
10. 包含公共設施用地之交易。
11. 人為哄抬之交易。
12. 與法定用途不符之交易。

13. 其他特殊交易。

(二) 本條所列幾種情形均有可能使價格發生偏差，所以不能直接以其交易價格來比較求取勘估標的之價格。例如本題所述「不動產市場因為世界各國疫情趨緩開始活絡，不動產買賣不論是新屋、中古屋都出現很特殊的交易案例現象」，買賣可能因為上述「2、期待因素影響之交易；11、人為哄抬之交易等因素」使交易價格發生偏差，估價時，應先作適當之調整；該影響交易價格之情況無法有效掌握及量化調整時，應不予採用。

二、社會住宅包租代管的政策讓不動產經紀人投入租賃仲介，根據不動產估價技術規則規定，不動產經紀人要如何提供租戶租金估計建議？試敘述分析之。（25分）

答：

(一) 依據「不動產估價技術規則」第132條新訂租約之租金估計，得採下列方式為之：

1. 以新訂租約之租賃實例為比較標的，運用比較法估計之。
2. 以勘估標的價格乘以租金收益率，以估計淨收益，再加計必要費用。
3. 分析企業經營之總收入，據以估計勘估標的在一定期間內之淨收益，再加計必要費用。

(二) 依據「不動產估價技術規則」第133條續訂租約之租金估計，得採下列方式為之：

1. 以續訂租約之租賃實例為比較標的，運用比較法估計之。
2. 以勘估標的於價格日期當時之正常價格為基礎，乘以續租之租金收益率，以估計淨收益，再加計必要費用。
3. 以勘估標的原契約租金之淨收益，就其租金變動趨勢調整後，再加計必要費用。
4. 分析勘估標的原契約租金與市場經濟租金之差額中，應歸屬於出租人之適當部分，加計契約租金。

(三) 社會住宅依住宅法第3條第2款規，係指由政府興辦或獎勵民間興辦，專供出租之住宅及其必要附屬設施，目前政府推動之社會住宅主要分為以下兩種：

新建：政府或獎勵民間直接興建社會住宅，以低於市場租金出租給所得較低的家庭、弱勢對象及就業、就學有居住需求者的住宅。

包租代管：以活化及利用現有空屋，辦理民間租屋媒合，以低於市場租金包租或代管方式提供給所得較低家庭、弱勢對象及就業、就學有居住需求者之租屋協助。

本題所述社會住宅包租代管的政策讓不動產經紀人投入租賃仲介，根據不動產估價技術規則規定，不動產經紀人可依情況不同，就上述「不動產估價技術規則」第132、133條估計租金，再依相關的規定折減，提供租戶租金建議。

乙、測驗題部分：（50分）

（B）1. 政府宣布實價登錄2.0新制自110年7月1日施行，此為影響不動產價格之何種因素？（A）情況因素（B）一般因素（C）區域因素（D）個別因素

（C）2. 不動產所在地區對外連絡道路為中山路，路寬30公尺，並有兩線捷運經過。請問此為影響不動產價格之何種因素？（A）情況因素（B）一般因素（C）區域因素（D）個別因素

（D）3. 不動產因鄰近殯儀館，造成價格之減損，此屬於何種原則？（A）競爭原則（B）供需原則（C）替代原則（D）外部性原則

（B）4. 公寓因加裝電梯而價格提昇，此屬於何種不動產估價原則？（A）外部性原則（B）貢獻原則（C）替代原則（D）遞增原則

（B）5. 建物總成本1,000萬元，經濟耐用年數50年，建物殘餘價格率10%。若每年折舊額皆相同，請問每年折舊率為何？（A）1.5%（B）1.8%（C）2%（D）2.2%

（B）6. 有一500坪建地可興建大樓出售，預期新大樓之總銷售金額為10億元，若營建施工費為3億元、管理銷售費用等間接成本為9千萬元、要求的利潤率為18%、資本綜合利率為5%。請問該建地每坪價格約為多少？（A）100.5萬元（B）83.4萬元（C）65.8萬元（D）41.7萬元

（D）7. 對不具市場性之不動產所估計之價值，並以貨幣金額

表示者，為何種價格？（A）正常價格（B）限定價格（C）特定價格（D）特殊價格

(D) 8. 勘估標的之營造或施工費，依不動產估價技術規則之規定，不包含下列那一項目？（A）間接材料費（B）稅捐（C）資本利息（D）廣告費

(B) 9. 就同一供需圈內近鄰地區或類似地區中，選擇與勘估標的類似之比較標的或標準建物，經比較與勘估標的營造或施工費之條件差異並作價格調整，以求取勘估標的營造或施工費的方法為何？（A）直接法（B）間接法（C）淨計法（D）單位工程法

(B) 10. 100坪之辦公室出租，每月每坪正常租金為1,000元，推估該辦公室合理空置率為8%，每年之地價稅、房屋稅、保險費、管理費及維修費為120,000元，貸款支出為200,000元。該辦公室每年之淨收益為多少？（A）1,080,000元（B）984,000元（C）880,000元（D）784,000元

(B) 11. 依不動產估價技術規則規定，以不動產證券化為估價目的者，其折現現金流量分析法之總費用應依何種資料加以推算？（A）市場相關資料（B）信託計畫資料（C）類似產品資料（D）歷史費用資料

(C) 12. 比較標的於110年1月以2,000萬元成交，當時之價格指數為95；勘估標的之價格日期為110年9月，價格指數為101。假設其他條件皆相同，請問勘估標的經價格日期調整後之價格約為多少？（A）2,020萬元（B）2,105萬元（C）2,126萬元（D）2,188萬元

(C) 13. 依不動產估價技術規則規定,下列有關租金之兩種敘述,何者正確?(A)不動產租金估計,以估計勘估標的之實質租金為原則;以不動產證券化為估價目的,採折現現金流量分析法估價時,各期淨收益應以勘估標的之經濟租金計算為原則(B)不動產租金估計,以估計勘估標的之契約租金為原則;以不動產證券化為估價目的,採折現現金流量分析法估價時,各期淨收益應以勘估標的之經濟租金計算為原則(C)不動產租金估計,以估計勘估標的之實質租金為原則;以不動產證券化為估價目的,採折現現金流量分析法估價時,各期淨收益應以勘估標的之契約租金計算為原則(D)不動產租金估計,以估計勘估標的之契約租金為原則;以不動產證券化為估價目的,採折現現金流量分析法估價時,各期淨收益亦以勘估標的之契約租金計算為原則

(C) 14. 都市更新權利變換前之透天厝(僅有一所有權人)房地總價為1,500萬元,房地價值比為1:9。若該基地素地價格經評估為1,300萬元整,請問該基地之權利價值依不動產估價技術規則規定應為多少?(A)1,500萬元(B)1,400萬元(C)1,350萬元(D)1,300萬元

(B) 15. 依不動產估價技術規則規定,下列有關特殊宗地之估價,何者敘述錯誤?(A)公共設施保留地之估價,以比較法估價為原則(B)林地之估價,以比較法估價為原則(C)農場之估價,以比較法估價為原則(D)墓地之估價,以比較法估價為原則

(B) 16. 土地承租人欲購買所承租土地供未來繼續使用，委託不動產估價師進行估價，其價格種類為何？(A) 正常價格 (B) 限定價格 (C) 特定價格 (D) 特殊價格

(A) 17. 近年受疫情影響，各地商圈人潮減少、店面空置率提高，此屬於何種價格影響因素？(A) 一般因素 (B) 區域因素 (C) 個別因素 (D) 總體因素

(D) 18. 勘估標的乙之價格日期、勘察日期分別為110年8月15日、110年9月15日，若比較標的交易日期為110年7月10日（經查110年7至9月不動產指數分別為：106%、108%、107%），其價格日期調整百分率為何？(A) 98% (B) 99% (C) 101% (D) 102%

(B) 19. 勘估標的若為未完工之建物，應依何種方式估價？(A) 未完工之建物應依比準建物進行估價 (B) 未完工之建物應依實際完成部分估價 (C) 未完工之建物應待完工後再進行估價 (D) 未完工之建物無法產生正常報酬，不予估計

(B) 20. 某房地之淨收益100萬元/年，其中建物淨收益60萬元/年。假設土地、建物之收益資本化率分別為2%、4%，請問土地收益價格為？(A) 1,000萬元 (B) 2,000萬元 (C) 2,500萬元 (D) 5,000萬元

(C) 21. 依據不動產估價技術規則第43條規定，收益資本化率應考慮之因素不包括下列何者？(A) 貨幣變動之狀況 (B) 銀行定期存款利率 (C) 不動產投資之損益 (D) 不動產價格變動趨勢

(C) 22. 勘估標的丙之市場價格1,000萬元，經分析當地同類型

不動產之租金收益率5%，必要費用20萬元/年，租賃所得稅約2萬元。若丙為新訂租約，根據上開資料估計之年租金為？（A）50萬元（B）52萬元（C）70萬元（D）72萬元

(A) 23. 續訂租約之租金估計方法中，差額分配法係指下列何種差額？（A）市場經濟租金與原契約租金之差額（B）原實質租金與市場經濟租金之差額（C）市場正常租金與原實質租金之差額（D）原契約租金與市場正常租金之差額

(D) 24. 實際建築使用之容積率超過法定容積率之房地，應以何種方式估價？（A）以原規定之法定容積進行估價（B）以原規定法定容積的上限進行估價（C）以實際建築使用部分之現況進行估價（D）以實際建築使用合法部分之現況估價

(C) 25. 某區分所有建物位於住宅大樓十樓，其樓層別效用比為110%，平均樓層別效用比為105%。假設全棟建物成本價格占全棟房地總價格比率為40%，該區分所有建物之地價分配率為何？（A）65%（B）66%（C）68%（D）70%

民法概要

甲、申論題部分：（50分）

一、甲與乙共有一筆土地，甲持分2/3，乙持分為1/3。乙分別於99年1月28日、99年8月10日、99年9月8日設定最高限額抵押權與丙、丁、戊等人。嗣後甲與乙於110年3月18日訴請法院分割，兩人並因此取得因分割而形成單獨所有的土地，而上述三筆抵押權按應有部分比例移轉到甲與乙之土地上。甲不服該抵押權移轉到自己分得單獨所有的土地上，遂向法院起訴請求塗銷抵押權登記。請問甲之請求是否有理由？（25分）

答：

甲訴請塗銷抵押權登記為無理由：

（一）按「共有人自共有物分割之效力發生時起，取得分得部分之所有權」、「應有部分有抵押權或質權者，其權利不因共有物之分割而受影響。但有下列情形之一者，其權利移存於抵押人或出質人所分得之部分：一、權利人同意分割。二、權利人已參加共有物分割訴訟。三、權利人經共有人告知訴訟而未參加」，民法第824-1條定有明文。

（二）本件甲、乙係透過判決分割共有之土地，依照民法第824-1條第2項規定，抵押權人之權利原則上不會因共有物分割而受影響，亦即，抵押權人之抵押權仍存在於共有物之全部。但如有：1.抵押權人同

意分割、或2.抵押權人已參加共有物分割訴訟、或3.抵押權人經共有人告知訴訟而未參加訴訟時,則其抵押權將移轉存續於抵押人(即某乙)所分得之部分。

(三) 因此,甲乙分割共有土地之訴訟中,如有上述三種情形之一時,抵押權人之抵押權應移轉於某乙所分得之部分,則甲訴請就自己分得部分塗銷抵押權之登記應有理由,反之,則無理由。

二、甲為了避免債主追討以及法院強制執行拍賣其不動產,而與乙通謀虛偽意思表示進行土地買賣。乙因此取得甲所有之A地,並且完成移轉登記。乙於99年1月28日死亡、其子女丙與丁於99年2月2日辦妥繼承登記。請問(一)丙丁何時取得A地所有權?又嗣後甲向丙與丁請求塗銷登記,返還其所有之土地,請問(二)甲之請求是否有理由?(25分)

答:

(一) 丙丁何時取得所有權?論述如下:

1. 按民法第759條規定:「因繼承、強制執行、徵收、法院之判決或其他非因法律行為,於登記前已取得不動產物權者,應經登記,始得處分其物權」。亦即,因繼承等非法律行為而取得不動產物權者,登記只是處分要件而非生效要件。又「繼承,因被繼承人死亡而開始」,民法第1147條定有明文。

2. 題示情形,乙於民國99年1月28日死亡,則乙之繼承人丙、丁於同一日因繼承而取得A地所有權。

(二) 甲向丙、丁請求塗銷登記並返還其所有之土地,為有理由:

1. 按「表意人與相對人通謀而為虛偽意思表示者,其意思表示無效。但不得以其無效對抗善意第三人」,民法第87條第1項定有明文。而法律上所稱無效者,乃自始確定不生效力。又民法第759-1條規定:「因信賴不動產登記之善意第三人,已依法律行為為物權變動之登記者,其變動之效力,不因原登記物權之不實而受影響」。本條係為保障「交易安全」,故規定依「法律行為」為物權變動者如為信賴不動產登記之善意第三人,則賦予一定之保障,以維護交易安全。

2. 題示情形,A地固然登記於某乙名下,乙死亡後,其繼承人丙、丁因繼承而取得A地之登記名義。然而丙、丁究非因法律行為而取得A地之所有權,因此不得主張善意保護。因此,甲乙間就A地所為通謀虛偽意思表示既為自始無效,丙丁亦不得主張善意保護、善意受讓,則甲請求丙丁塗銷登記並返還A地為有理由。

乙、測驗題部分:(50分)

(B) 1. 甲與乙訂立買賣契約,契約條款記載「…價金新臺幣

陸拾捌萬元整（NT$860,000）。前揭捌拾陸萬元價金應於訂約後10日內支付。」若嗣後雙方就價金金額爭訟時，法院應如何決定價金？（A）應認為價金為最後書寫之文字：捌拾陸萬元（B）應先探求當事人原意（C）應認為價金為兩項金額之平均值：柒拾柒萬元（D）如法院不能決定當事人原意，應以數字為準：NT$860,000

（B）2. 關於胎兒的敘述，下列何者正確？（A）人之權利能力，始於出生，終於死亡。胎兒無權利能力（B）胎兒以將來非死產者為限，關於其個人利益之保護，視為既已出生（C）胎兒為繼承人時，於胎兒出生前，他繼承人不得分割遺產（D）胎兒為繼承人時，以其母為繼承人

（A）3. 關於失蹤人的敘述，下列何者正確？（A）失蹤人失蹤滿七年後，法院得因利害關係人或檢察官之聲請，為死亡之宣告（B）失蹤人為八十歲以上者，得於失蹤滿五年後，為死亡之宣告（C）失蹤人為遭遇特別災難者，得於特別災難終了滿三個月後，為死亡之宣告（D）失蹤人失蹤後，未受死亡宣告前，其財產之管理，除其他法律另有規定者外，依破產法之規定

（D）4. 關於行為能力之敘述，下列何者錯誤？（A）受監護宣告之人之意思表示，無效，應由其法定代理人代為意思表示，並代受意思表示（B）限制行為能力人未得法定代理人之允許，所為之單獨行為，無效（C）未滿法定結婚年齡之男女，其結婚之法律效果並非無

效，而是得撤銷（D）為保障胎兒之行為能力，胎兒以將來非死產者為限，關於其個人利益之保護，視為既已出生

（C）5. 關於代理的敘述，下列何者正確？（A）代理權係以法律行為授與者，其授與應向代理人或向代理人對之為代理行為之第三人，以書面授權方式代理為之（B）代理人有數人者，其代理行為應單獨為之。但法律另有規定或本人另有意思表示者，不在此限（C）由自己之行為表示以代理權授與他人，或知他人表示為其代理人而不為反對之表示者，對於第三人應負授權人之責任。但第三人明知其無代理權或可得而知者，不在此限（D）代理人於代理權限內，以本人名義所為之意思表示，直接對本人發生效力。而無代理權人以代理人之名義所為之法律行為則為無效

（B）6. 下列何種法律行為屬法定書面要式行為？（A）動產所有權之拋棄（B）子女之收養（C）贈與契約（D）演藝經紀契約

（D）7. 關於意思表示不一致的敘述，下列何者正確？（A）表意人無欲為其意思表示所拘束之意，而為意思表示者，其意思表示無效（B）表意人無欲為其意思表示所拘束之意，而為意思表示，其情形為相對人所明知者，其意思表示有效（C）表意人與相對人通謀而為虛偽意思表示者，其意思表示不因之無效（D）虛偽意思表示，隱藏他項法律行為者，適用關於該項法律行為之規定

(B) 8. 關於抵押權所擔保而得優先受償之利息，以於抵押權人實行抵押權聲請強制執行前幾年內發生及於強制執行程序中發生者為限？（A）二年（B）五年（C）十年（D）十五年

(C) 9. 依現行民法規定，下列何者須經登記始生法律效力？（A）遺產之繼承（B）土地買賣契約（C）設定抵押權之物權行為（D）夫妻就共同財產制之約定

(B) 10. 下列何者屬於授與代理權？（A）甲創作民法總則一書，授權乙出版社於五年間印製出版該書（B）甲有一A車，授權乙以甲本人名義買賣A車（C）甲為知名影星，授權乙週刊使用甲肖像照片（D）甲有一昆蟲標本，授權乙予以拍攝

(D) 11. 民法於保證契約一節中規定，保證人於債權人未就主債務人之財產強制執行而無效果前，對於債權人得拒絕清償，概念上一般稱為？（A）同時履行抗辯（B）撤銷訴權（C）追索權抗辯（D）先訴抗辯

(C) 12. 關於連帶債務的敘述，下列何者正確？（A）連帶債務人相互間，縱因債務人中之一人應單獨負責之事由所致之損害及支付之費用，仍應平均分擔義務（B）連帶債務人中之一人，因清償、代物清償、提存、抵銷或混同，致他債務人同免責任者，得向他債務人請求償還各自分擔之部分，但不得請求利息（C）連帶債務人中之一人，不能償還其分擔額者，其不能償還之部分，由求償權人與他債務人按照比例分擔之（D）連帶債務人中之一人，不能償還其分擔額，而

他債務人中之一人應分擔之部分已免責者，無須負其責任

(B) 13. 下列何種情形，當事人一方須以向法院聲請撤銷方式為之？（A）因受詐欺所為之意思表示（B）債務人所為之無償行為，有害及債權者（C）締結違反公共秩序之契約（D）違反民法第983條特定親屬間禁止結婚規定之結婚行為

(B) 14. 關於合夥的敘述，下列何者正確？（A）各合夥人之出資及其他合夥財產，為合夥人全體之分別共有（B）合夥人除有特別訂定外，無於約定出資之外增加出資之義務。因損失而致資本減少者，合夥人無補充之義務（C）合夥財產不足清償合夥之債務時，各合夥人對於不足之額，無須負其責任（D）合夥人退夥後，對於其退夥前合夥所負之債務，無須負其責任

(C) 15. 關於買賣瑕疵擔保的敘述，下列何者正確？（A）買受人對於由他地送到之物，主張有瑕疵，不願受領者，買受人無暫為保管之責（B）從物有瑕疵者，買受人得就主物併同從物，解除全部契約（C）為買賣標的之數物中，一物有瑕疵者，買受人僅得就有瑕疵之物為解除，但當事人之任何一方，如因有瑕疵之物，與他物分離而顯受損害者，得解除全部契約（D）買賣之物，僅指定種類者，如其物有瑕疵，買受人得不解除契約或請求減少價金，而即時請求另行交付無瑕疵之物。出賣人就另行交付之物，不負擔保責任

（C）16. 關於果實自落於鄰地，而鄰地非為公用地者，下列何者正確？（A）視為遺失物（B）視為無主物（C）視為屬於鄰地所有人（D）視為屬於原土地所有人

（A）17. 地上權未定有期限者，存續期間逾多少年或地上權成立之目的已不存在時，法院得因當事人之請求，斟酌地上權成立之目的、建築物或工作物之種類、性質及利用狀況等情形，定其存續期間或終止其地上權。下列何者正確？（A）二十年（B）十五年（C）十年（D）五年

（D）18. 依民法第880條規定，實行抵押權期間以抵押權擔保之債權，其請求權已因時效而消滅，如抵押權人，於消滅時效完成後，幾年間不實行其抵押權者，其抵押權消滅？（A）一（B）二（C）三（D）五

（D）19. 關於夫妻財產制契約的敘述，下列何者正確？（A）夫妻得於結婚前以契約就民法所定之約定財產制中，選擇其一，為其夫妻財產制。結婚後則不行（B）夫妻未以契約訂立夫妻財產制者，除民法另有規定外，以聯合財產制，為其夫妻財產制（C）夫妻財產制契約之訂立、變更或廢止，非經登記，不生效力（D）夫妻財產制契約之登記，不影響依其他法律所為財產權登記之效力

（D）20. 分別財產制有關夫妻債務的敘述，下列何者正確？（A）夫妻於行為時明知有損於婚姻關係消滅後他方之剩餘財產分配請求權者，以受益人受益時亦知其情事者為限，他方得聲請法院撤銷之（B）夫妻之一方

以自己財產清償他方之債務時，於婚姻關係存續中，不得請求償還。但於婚姻關係消滅時，夫或妻現存之婚後財產，扣除婚姻關係存續所負債務後，如有剩餘，其雙方剩餘財產之差額，應平均分配（C）夫妻之一方以自己財產清償他方之債務時，於婚姻關係存續中，不得請求償還。但於婚姻關係消滅時，應分別納入現存之婚後財產或婚姻關係存續中所負債務計算（D）夫妻各自對其債務負清償之責

(A) 21. 關於共同財產所負之債務，而以共同財產清償者，下列何者正確？（A）不生補償請求權（B）不生補償請求權，但於共同財產制關係消滅時，應分別納入現存之婚後財產或婚姻關係存續中所負債務計算（C）有補償請求權，但於婚姻關係存續中，不得請求（D）有補償請求權，雖於婚姻關係存續中，亦得請求

(A) 22. 民法關於非婚生子女之規定，下列何者錯誤？（A）如有受推定為婚生子女情形，夫妻之一方或子女能證明子女非為婚生子女者，得提起認領之訴（B）非婚生子女，其生父與生母結婚者，視為婚生子女（C）非婚生子女經生父認領者，視為婚生子女（D）非婚生子女或其生母，對於生父之認領，得否認之

(C) 23. 甲早年父母雙亡，僅有一兄長乙，甲與配偶離異後獨自養育一子丙。某日甲死亡，於丙拋棄繼承前，乙亦不幸意外死亡，留下乙之配偶丁。下列何者錯誤？（A）甲之遺產繼承人順序，丙優先於乙（B）配偶

丁與乙有相互繼承遺產之權（C）就甲之遺產，既然丙已拋棄繼承，應由次順序之乙繼承，雖然乙早於丙拋棄繼承前死亡，仍應由丁繼承乙所繼承自甲之遺產（D）拋棄繼承權，應於知悉其得繼承之時起三個月內，以書面向法院為之

(A) 24. 關於喪失繼承權情事的敘述，下列何者正確？（A）故意致被繼承人或應繼承人於死，或雖未致死因而受刑之宣告者（B）以詐欺或脅迫使被繼承人為關於繼承之遺囑，或使其撤回或變更之，因而受刑之宣告者（C）以詐欺或脅迫妨害被繼承人為關於繼承之遺囑，或妨害其撤回或變更之，因而受刑之宣告者（D）偽造、變造、隱匿或湮滅被繼承人關於繼承之遺囑，因而受刑之宣告，但經被繼承人宥恕者

(D) 25. 關於遺產分割的敘述，下列何者正確？（A）繼承人於服喪三年後得隨時請求分割遺產（B）遺囑禁止遺產之分割者，其禁止之效力以二十年為限（C）遺產分割後，各繼承人按其所得部分，對於他繼承人因分割而得之債權，就應清償時債務人之支付能力，負擔保之責（D）繼承人之連帶責任，自遺產分割時起，如債權清償期在遺產分割後者，自清償期屆滿時起，經過五年而免除

國文

甲、作文部分：（100分）

一、有位美國資深的媒體記者受訪時說道：「過去有一些不登大雅之事，不會被報導出來。但現在世界變了，我們的社會行為模式變了，再也沒有什麼君子協定。像羅斯福總統因小兒麻痺症不良於行，腿部裝有支柱支撐，拍照時攝影記者從來不照他的腿，今天就辦不到。」

世界改變了，社會價值觀隨之變動，人的心性與行為不免都受到影響。身為現代記者，在這樣的變遷下，只好選擇放棄原本體貼、善意的、既有的君子協定；而各行各業也都會面臨類似的困境，不得不做出一些價值的取捨。然而，有些觀念固須與時俱進，不過有些原則、價值畢竟仍須堅持。

請省思自我的生命經歷、工作經驗，對於時代變遷下的價值取捨曾有過何種掙扎或思量？你認為自身專業工作應確立何種價值？請以「在變動的世界中應確立的價值」為題，作文一篇，文中須舉實例具體論述自己的觀點與體會。（50分）

二、我們生命中的記憶有些會隨時間淡化，有些則永銘在心。西班牙作家塞凡提斯（西元1547～1616）曾說：「沒有時間磨不掉的記憶。」你認同他的話嗎？請舉例敘寫你的記憶經驗，同時表達自己對塞凡提斯此言的感悟。（50分）

天道酬勤

人道酬信

陸

111年 不動產經紀人普考

不動產經紀相關法規概要

甲、申論題部分：（50分）

一、試依不動產經紀業管理條例及其施行細則說明，何謂加盟經營者？經紀業係加盟經營者，應於何處標明加盟經營字樣？經紀業違反規定者，直轄市、縣市主管機關如何處罰之？（25分）

答：

（一）加盟經營者定義

依不動產經紀業管理條例規定，所謂「加盟經營者」係指經紀業之一方以契約約定使用他方所發展之服務、營運方式、商標或服務標章等，並受其規範或監督。

（二）標明加盟字樣之處所

依不動產經紀業管理條例規定，經紀業應將其仲介或代銷相關證照及許可文件連同經紀人證書揭示於營業處所明顯之處；其為加盟經營者，應併標明之。

（三）違反規定之處罰

依不動產經紀業管理條例規定，違反相關規定，直轄市、縣（市）主管機關應令其限期改正；屆期未改正，處新臺幣三萬元以上十五萬元以下罰鍰。

提示：不動產經紀業管理條例第4條第1項第8款、不動產經紀業管理條例第18條規定、不動產經紀業管理條

例第29條第1項第4款規定

二、區分所有權人會議於何種情形時，應召開臨時會議？召集人為何？請依公寓大廈管理條例規定說明之。（25分）
答：
(一) 召開臨時會議之情形
依公寓大廈管理條例規定，有下列情形之一者，應召開臨時會議：
1. 發生重大事故有及時處理之必要，經管理負責人或管理委員會請求者。
2. 經區分所有權人五分之一以上及其區分所有權比例合計五分之一以上，以書面載明召集之目的及理由請求召集者。
(二) 召集人
1. 依公寓大廈管理條例規定，區分所有權人會議除規定外，由具區分所有權人身分之管理負責人、管理委員會主任委員或管理委員為召集人；管理負責人、管理委員會主任委員或管理委員喪失區分所有權人資格日起，視同解任。無管理負責人或管理委員會，或無區分所有權人擔任管理負責人、主任委員或管理委員時，由區分所有權人互推一人為召集人。
2. 依公寓大廈管理條例規定，召集人無法依前項規定互推產生時，各區分所有權人得申請直轄市、縣（市）主管機關指定臨時召集人，區分所有權

人不申請指定時，直轄市、縣（市）主管機關得視實際需要指定區分所有權人一人為臨時召集人，或依規約輪流擔任，其任期至互推召集人為止。

提示：公寓大廈管理條例第25條第2項、公寓大廈管理條例第25條第3項、依公寓大廈管理條例第25條第4項

乙、測驗題部分：（50分）

（D）1. 依不動產經紀業管理條例規定，不動產經紀業得請求退還原繳存之營業保證金之情形，不包含那一項？（A）公司組織申請解散者（B）商號組織申請歇業者（C）營業項目經變更登記後，該公司或商號已無不動產仲介經紀業及不動產代銷經紀業而組織仍存續者（D）退出所在地或鄰近直轄市或縣（市）仲介經紀業同業公會

（C）2. 不動產經紀業管理條例對不動產經紀人員之規定，下列敘述何者正確？（A）經不動產經紀人考試及格者，應具備半年以上經紀營業員經驗，始得向直轄市或縣（市）政府請領經紀人證書（B）經紀人證書有效期限為三年（C）經紀營業員訓練不得少於三十個小時（D）未具備經紀人員資格者，於簽訂專任約後，經紀業得僱用其從事仲介或代銷業務

（A）3. 依不動產經紀業管理條例之規定，經營仲介業務者應揭示於營業處所明顯之處的文件，不包含那一項？（A）不動產經紀人員之經歷與獲獎資料（B）不動

產經紀人證書（C）報酬標準及收取方式（D）仲介相關證照及許可文件

(B) 4. 依不動產經紀業管理條例之規定，雙方當事人簽訂租賃或買賣契約書時，經紀人應將不動產說明書交付與委託人交易之相對人，並由何人在不動產說明書上簽章？（A）不動產經紀人（B）相對人（C）地政士（D）公司代表人

(C) 5. 依不動產經紀業管理條例關於獎懲之規定，下列敘述何者錯誤？（A）非經紀業而經營仲介或代銷業務者，主管機關應禁止其營業，並處公司負責人、商號負責人或行為人罰鍰（B）經紀業開始營業後自行停止營業連續六個月以上者，直轄市或縣（市）主管機關得廢止其許可（C）中央主管機關對於經紀人員獎懲事項，應設置獎懲委員會處理之（D）依本條例所處罰鍰，經通知繳納而逾期不繳納者，移送法院強制執行

(A) 6. 依公平交易法之規定，下列定義何者錯誤？（A）競爭指一以上事業在市場上以較有利之價格、數量、品質、服務或其他條件，爭取交易機會之行為（B）相關市場指事業就一定之商品或服務，從事競爭之區域或範圍（C）交易相對人指與事業進行或成立交易之供給者或需求者（D）事業所組成之同業公會視為本法所稱事業

(B) 7. 公平交易法關於結合之規定，下列敘述何者錯誤？（A）直接或間接控制他事業之業務經營或人事任免

屬於結合之一種（B）事業因結合而使其市場占有率達四分之一應先向主管機關提出申報（C）對於事業結合之申報，如其結合，對整體經濟利益大於限制競爭之不利益者，主管機關不得禁止其結合（D）主管機關就事業結合之申報，得徵詢外界意見，必要時得委請學術研究機構提供產業經濟分析意見

（C）8. 甲建商為廣告主，委託乙廣告代理業製作廣告，請來丙明星擔任廣告薦證者，在丁廣告媒體業之電子媒體刊登引人錯誤之廣告，下列敘述何者錯誤？（A）乙廣告代理業在明知或可得而知情形下，仍製作或設計有引人錯誤之廣告，與甲建商負連帶損害賠償責任（B）甲建商不得在商品或廣告上，或以其他使公眾得知之方法，對於與商品相關而足以影響交易決定之事項，為虛偽不實或引人錯誤之表示或表徵（C）丙明星明知或可得而知其所從事之薦證有引人錯誤之虞，而仍為薦證者，與乙廣告代理業負連帶損害賠償責任（D）丁廣告媒體業在明知或可得而知其所傳播或刊載之廣告有引人錯誤之虞，仍予傳播或刊載，與甲建商負連帶損害賠償責任

（D）9. 主管機關收到對於涉有違反公平交易法規定之檢舉，而發動調查得進行之程序敘述，何者錯誤？（A）通知當事人及關係人到場陳述意見（B）通知當事人及關係人提出帳冊、文件及其他必要之資料或證物（C）派員前往當事人及關係人之事務所、營業所或其他場所為必要之調查（D）因被害人之請求，如為

事業之故意行為，得依侵害情節，酌定損害額以上之賠償

(A) 10. 當事人對主管機關依公平交易法所為之處分或決定不服者，應如何處理？(A)直接適用行政訴訟程序 (B)依訴願法提起訴願 (C)對主管機關提出民事訴訟 (D)直接適用國家賠償程序

(C) 11. 企業經營者未經邀約而與消費者在其住居所、工作場所、公共場所或其他場所所訂立之契約，依消費者保護法之規定，屬於下列何者之定義？(A)通訊交易 (B)定型化契約 (C)訪問交易 (D)個別磋商契約

(D) 12. 甲建商與乙消費者訂立預售屋定型化契約前，並沒有給合理期間供乙審閱全部條款內容，依消費者保護法之規定，乙可以如何主張權利？(A)要求甲建商回收該批商品或停止其服務 (B)主張甲建商應負損害賠償責任 (C)主張除去其危害 (D)主張其條款不構成契約之內容。但乙得主張該條款仍構成契約之內容

(D) 13. 中央主管機關得擬訂特定行業定型化契約應記載或不得記載事項。下列應記載或不得記載事項之敘述何者錯誤？(A)中央主管機關公告應記載之事項，雖未記載於定型化契約，仍構成契約之內容 (B)違反中央主管機關公告之定型化契約應記載或不得記載事項之定型化契約，其定型化契約條款無效 (C)企業經營者使用定型化契約者，主管機關得隨時派員查核 (D)不得記載事項得包括預付型交易之履約擔保

(B) 14. 企業經營者與消費者簽訂定型化之分期付款買賣契約，依消費者保護法規定，該契約書應載明之事項不包含下列那一項？（A）頭期款（B）企業經營者保留契約內容或期限之變更權或解釋權（C）各期價款與其他附加費用合計之總價款與現金交易價格之差額（D）利率

(C) 15. 企業經營者對於消費者之申訴，依消費者保護法規定，應於申訴之日起，至多幾日內妥適處理之？（A）七日（B）十日（C）十五日（D）三十日

(A) 16. 企業經營者在提供契約條款供他人參考時，下列那一種表示內容不會屬於定型化契約條款之一部分？（A）以書面傳真提供給單一個別客戶之優惠條款內容（B）以電視字幕放映提供之廣告字幕（C）以書面產品型錄提供之內容（D）以網際網路提供之廣告資訊

(D) 17. 依公寓大廈管理條例之規定，下列之定義何者正確？（A）約定專用部分：指公寓大廈專有部分經約定供共同使用者（B）管理負責人：指由區分所有權人會議決議執行建築物管理維護事務之公寓大廈管理服務人員或管理維護公司（C）專有部分：指數人區分一建築物而各有其專有部分，並就其共用部分按其應有部分有所有權（D）公寓大廈：指構造上或使用上或在建築執照設計圖樣標有明確界線，得區分為數部分之建築物及其基地

(C) 18. 公寓大廈共用部分不得獨立使用供做專有部分。依

公寓大廈管理條例之規定，其為特定情形者，並不得為約定專用部分。下列情形非屬前述之特定情形？（A）公寓大廈本身所占之地面（B）公寓大廈基礎、主要樑柱、承重牆壁、樓地板及屋頂之構造（C）其他有固定使用方法，並屬區分所有權人生活利用上不可或缺之專用部分（D）連通數個專有部分之走廊或樓梯，及其通往室外之通路或門廳；社區內各巷道、防火巷弄

(B) 19. 依公寓大廈管理條例之規定，區分所有權人或住戶積欠應繳納之公共基金或應分擔或其他應負擔之費用，至少逾多少期或達相當金額，經定相當期間催告仍不給付者，管理負責人或管理委員會得訴請法院命其給付應繳之金額及遲延利息？（A）一期（B）二期（C）三期（D）六期

(D) 20. 規約除應載明專有部分及共用部分範圍外，有特定之情形，非經載明於規約者，不生效力。下列敘述何者非屬之？（A）違反義務之處理方式（B）禁止住戶飼養動物之特別約定（C）財務運作之監督規定（D）他住戶因維護、修繕專有部分，必須進入或使用其專有部分或約定專用部分時，不得拒絕

(C) 21. 下列有關定型化契約條款敘述中那幾項是正確的？①企業經營者在定型化契約中所用之定型化契約條款如有疑義時，條款內容應本公平之解釋，不應偏向企業經營者或消費者②企業經營者在與消費者訂立定型化契約前，須至少提供三十日以內之合理審閱期間，供

消費者審閱全部條款內容③企業經營者以定型化契約條款訂定之使消費者拋棄合理審閱期間之條款為有效條款④定型化契約中之主要權利或義務條款，因受條款之限制，致契約之目的難以達成者顯失公平，故為無效。（A）②③（B）①③（C）②④（D）①②④

(B) 22. 依消費者保護法第17條之規定，定型化契約應記載事項，依契約之性質及目的，其內容不包括下列那一項？（A）預付型交易之履約擔保（B）企業經營者之義務或責任之免除（C）契約之終止權（D）違反契約之法律效果

(C) 23. 如果有一交易違反公平交易法，下列有關於行使損害賠償之敘述何者正確？（A）自此一交易日起二年不行使請求權，請求權時效消滅（B）被害人不論何時得知損害，自得知之日起逾二年不行使請求權，請求權時效消滅（C）自此一交易日起逾十年，請求權時效消滅（D）被害人自此一交易日起，其請求權之行使沒有時效限制

(B) 24. 對經紀人違反不動產經紀業管理條例規定之懲戒，下列何者正確？（A）經紀人員違反規定收取差價或其他報酬，應予申誡（B）經紀人員在執行業務過程中，未以不動產說明書向與委託人交易之相對人解說，應予申誡（C）經紀人員無故洩漏對於因業務知悉或持有之他人秘密，應予六個月以上三年以下之停止執行業務處分（D）經紀人員受申誡處分三次者，應廢止其經紀人員證書或證明

（D）25. 經紀業尚未與委託人簽訂委託契約書便刊登廣告及銷售時，依規定由直轄市、縣（市）主管機關處多少罰鍰？（A）新臺幣六千元以上三萬元以下罰鍰（B）新臺幣一萬元以上五萬元以下罰鍰（C）新臺幣三萬元以上十五萬元以下罰鍰（D）新臺幣六萬元以上三十萬元以下罰鍰

不動產經紀人歷屆考題解析

土地法與土地相關稅法概要

甲、申論題部分：（50分）

一、關於不動產優先購買權，於土地法中設有明文。請舉出其中三項規定，申述其所定優先購買權之行使要件，並說明其法律性質。

答：

(一) 土地法第34條之1

1. 法律規定

該法條第1項規定，共有土地或建築改良物，其處分、變更及設定地上權、農育權、不動產役權或典權，應以共有人過半數及其應有部分合計過半數之同意行之。但其應有部分合計逾三分之二者，其人數不予計算。並共有人出賣其應有部分時，他共有人得以同一價格共同或單獨優先承購。

2. 行使要件

(1)須共有土地或建築改良物等不動產買賣契約有效成立。

(2)主張優先購買權者須為出賣土地或建築改良物應有部分共有人以外之其他共有人。

(3)須以買賣契約同一條件（即同一價格）主張優先購買權。

(4)須於接到出賣通知後15日內主張優先購買，逾

期不表示者,視為放棄優先購買權。
3. 法律性質

本條之優先購買權係屬債權性質,出賣人違反此項通知義務,並已為土地權利變更登記時,他共有人認為受有損害,僅得依法請求損害賠償。本條之優先購買權與土地法第104條、第107條之優先購買權競合時,應優先適用土地法第104條及第107條物權性質之優先購買權

(二) 土地法第104條
1. 法律規定

基地出賣時,地上權人、典權人或承租人有依同樣條件優先購買之權。房屋出賣時,基地所有權人有依同樣條件優先購買之權。其順序以登記之先後定之。前項優先購買權人於接到出賣通知後十日內不表示者,其優先權視為放棄。出賣人未通知優先購買權人而與第三人訂立買賣契約者,其契約不得對抗優先購買權人。

2. 行使要件

(1) 權利人主張優先購買權,須以基地買賣或房屋買賣為前提。

(2) 基地出賣時,基地上須有地上權、典權或租賃權關係存在,且這些權利人在基地上建有房屋。反之,若前述權利人欲出售基地上之房屋,基地所有權人亦可主張優先購買。

(3) 須以買賣契約同一條件(同一價格)主張優先

購買權。

(4)須於接到出賣通知後10日內主張優先購買,逾期不表示者,視為放棄優先購買權。

3. 法律性質

本條之優先購買權係屬物權性質,出賣人違反此項通知義務,並已為土地權利變更登記時,他共有人認為受有損害,不僅得依法請求損害賠償,更可訴請法院判決塗銷移轉登記。本條之優先購買權與土地法第34條之1之優先購買權競合時,應優先適用土地法第104條物權性質之優先購買權。

(三) 土地法第107條

1. 法律規定

出租人出賣或出典耕地時,承租人有依同樣條件優先承買或承典之權。第104條第2項之規定,於前項承買承典準用之。

2. 行使要件

(1)承租人主張優先購買權,須以耕地買賣為前提。

(2)耕地出賣時,耕地須有租賃關係存在,耕地承租人才可主張優先購買。

(3)須以買賣契約同一條件(即同一價格)主張優先購買權。

(4)須於接到出賣通知後10日內主張優先購買,逾期不表示者,視為放棄優先購買權。

3. 法律性質

本條之優先購買權係屬物權性質,出賣人違反此項通知義務,並已為土地權利變更登記時,他共有人認為受有損害,不僅得依法請求損害賠償,更可訴請法院判決塗銷移轉登記。本條之優先購買權與土地法第34條之1之優先購買權競合時,應優先適用土地法第107條物權性質之優先購買權。

二、試說明不動產交易所得稅、土地增值稅、契稅及房屋稅之課稅標的。

答:

(一) 不動產交易所得稅

1. 意義

不動產交易所得稅係指針對出售或交換不動產及權利所產生的所得,課徵之賦稅。而依105年1月1日作為不動產取得時間之分水嶺,之前取得不動產者適用「舊制」課徵交易所得稅,之後取得不動產者適用「新制」課徵交易所得稅。

2. 課稅標的

屬「舊制」課徵交易所得稅者,因土地已繳土地增值稅而不再課徵交易所得稅,僅針對房屋之交易所得課稅,依所得稅法的規定,有核實認定及標準核定以計算房屋交易所得,並於出售不動產隔年列入個人綜所稅申報。至於屬「新制」課徵

交易所得稅者,係以房地作為課稅標的,按房地出售時的成交價額減去原來取得時的成本,和一切改良費用後的餘額,在完成所有權移轉登記日之次日起算30日內申報納稅。

(二) 土地增值稅

　1. 意義

　　係針對土地價值,非因個人投施勞力資本而增值的部分,所課徵的賦稅。

　2. 課稅標的

　　土地稅法第28條規定,已規定地價之土地,於土地所有權移轉時,應按其土地漲價總數額徵收土地增值稅。因此,土地增值稅係按土地取得及出售時之土地公告現值所計算而得之漲價總數額,再依土地稅法規定之稅率課稅。由此可知,土地增值稅之課徵標的為土地。

(三) 契稅

　1. 意義

　　政府就不動產之買賣、承典、交換、贈與、分割或因佔有而取得所有權者(或典權人),按契價所課徵之賦稅。

　2. 課稅標的

　　依契稅條例第2條規定,不動產之買賣、承典、交換、贈與、分割或因占有而取得所有權者,均應申報繳納契稅。但在開徵土地增值稅區域之土地,免徵契稅。綜上所述,土地因已課徵土地增

值稅，故實務上契稅之課徵標的僅針對房屋，依房屋的評定現值，按契稅條例所規定之稅率課稅。

(四) 房屋稅

1. 意義

係以房屋之評定現值作為稅基，向房屋持有人逐年課徵之賦稅。

2. 課稅標的

依房屋稅條例規定，房屋稅係以附著於土地之各種房屋，及有關增加該房屋使用價值之建築物，作為課徵對象。

乙、測驗題部分：（50分）

(D) 1. 下列有關未辦繼承登記不動產處理方式之敘述，何者正確？(A) 未辦繼承登記不動產，於繼承開始之日起逾六個月未辦理繼承登記者，該管直轄市或縣市地政機關於查明後，應即公告繼承人於一個月內聲請登記 (B) 未辦繼承登記不動產，由該管直轄市或縣市地政機關列冊管理期間為十年 (C) 未辦繼承登記不動產，逾期仍未辦繼承而由該管直轄市或縣市地政機關公開標售時，土地或建築改良物租賃期間未超過五年者，於標售後以五年為限 (D) 逾期未辦繼承登記不動產於經公開標售之價款儲存設立在國庫專戶時，繼承人得依其法定應繼分申請領取

(B) 2. 下列有關共有不動產處分等之敘述，何者錯誤？

（A）共有土地或建築改良物的處分、變更及設定地上權、農育權、不動產役權或典權，應有共有人過半數及其應有部分合計過半數之同意（B）共有土地或建築改良物的處分、變更或設定負擔，共有人應事先以書面通知他共有人；如不能以書面通知時，應依法公示催告之（C）共有人對共有土地或建築改良物的處分、變更及設定地上權、農育權、不動產役權或典權，對於他共有人應得之對價或補償，負連帶清償責任（D）甲乙丙公同共有一筆土地，甲依法得出賣該共有土地時，乙丙得以同一價格單獨優先承購

（D）3. 依土地稅法規定，土地所有權人辦理土地移轉繳納土地增值稅時，在其持有土地期間內，因重新規定地價增繳之地價稅，准予抵繳其應納之土地增值稅之總額，以不超過土地移轉時應繳增值稅總額多少為限？（A）百分之一（B）百分之二（C）百分之三（D）百分之五

（D）4. 依房屋稅條例之規定，下列有關房屋稅納稅義務人之敘述，何者錯誤？（A）原則上向房屋所有人徵收之（B）未辦建物所有權第一次登記且所有人不明之房屋，向使用執照所載起造人徵收之（C）未辦建物所有權第一次登記且所有人不明之房屋，無使用執照者，向建造執照所載起造人徵收之（D）未辦建物所有權第一次登記且所有人不明之房屋，無使用執照、亦無建造執照者，暫不徵收之

（A）5. 依契稅條例之規定，下列敘述何者錯誤？（A）買賣

契稅，應由出賣人申報納稅（B）典權契稅，應由典權人申報納稅（C）買賣契稅之稅率為其契價百分之六（D）分割契稅之稅率為其契價百分之二

(B) 6. 依契稅條例之規定，以不動產為信託財產時，在信託關係人間移轉所有權時，何種情形須課徵契稅？（A）因信託行為成立，委託人與受託人間（B）信託契約明定信託財產之歸屬人為第三人者，信託關係消滅時，委託人與歸屬人間（C）因信託行為不成立，委託人與受託人間（D）信託關係存續中受託人變更時，原受託人與新受託人間

(C) 7. 依契稅條例之規定，下列何種契約的契稅稅率最低？（A）買賣契約（B）典權契約（C）分割契約（D）贈與契約

(A) 8. 依規定，非都市土地甲種建築用地之建蔽率為百分之六十，容積率為百分之二百四十。倘甲有1筆100坪的甲種建築用地想規劃蓋1棟豪宅自住，請問甲的房屋每層樓最大建坪有幾坪？可蓋幾層樓高？（A）最大建坪60坪，4層樓高（B）最大建坪60坪，5層樓高（C）最大建坪100坪，2層樓高（D）最大建坪100坪，3層樓高

(A) 9. 依都市計畫法指定供公用事業設施使用之公共設施保留地，應由各該事業機構依法徵收或購買；其餘由公用事業設施所屬政府或鄉、鎮、縣轄市公所依何種方式取得？（A）徵收、區段徵收、市地重劃（B）協議價購、公私土地交換、都市更新（C）都市更新、

市地重劃、區段徵收（D）徵收、協議價購、公私土地交換

(D) 10. 下列何類徵收事業之需用土地人在補償費未發給完竣前，或未核定發給抵價地前，因公共安全急需，得先進入被徵收土地內工作？（A）國防事業、平價住宅事業、水利事業（B）交通事業、水利事業、社會福利事業（C）高齡化事業、少子化事業、防疫事業（D）國防事業、交通事業、水利事業

(C) 11. 依土地徵收條例之規定，下列敘述何者正確？（A）撤銷或廢止徵收者，徵收前原設定之他項權利及耕地租約得予回復（B）撤銷或廢止徵收者，如原土地所有權人及他項權利人申請於發給之抵價地上設定抵押權或典權時，其原抵押權或典權不予回復（C）撤銷或廢止徵收，由需用土地人向中央主管機關申請之（D）撤銷或廢止徵收，由該管直轄市或縣（市）主管機關單獨向中央主管機關申請之

(D) 12. 都市計畫地區於訂定分區發展優先次序後，第一期發展地區應於主要計畫發布實施後，多久期限完成細部計畫？並於細部計畫發布後，多久期限完成公共設施建設？（A）五年內完成細部計畫，細部計畫發布後二年內完成公共設施建設（B）四年內完成細部計畫，細部計畫發布後三年內完成公共設施建設（C）三年內完成細部計畫，細部計畫發布後四年內完成公共設施建設（D）二年內完成細部計畫，細部計畫發布後五年內完成公共設施建設

(D) 13. 依土地法第34條之1規定，共有土地之處分、變更，下列何比例之同意，方得行之？(A) 共有人三分之一及其應有部分合計過二分之一之同意 (B) 共有人二分之一及其應有部分合計過三分之一之同意 (C) 共有人合計逾三分之二之同意 (D) 應有部分合計逾三分之二之同意

(B) 14. 依土地法第17條規定，下列何項土地得租賃於外國人？(A) 林地 (B) 牧地 (C) 漁地 (D) 鹽地

(C) 15. 依土地法規定，私有土地所有權之移轉或租賃，妨害基本國策者，下列何者得報請行政院制止之？(A) 監察院 (B) 國有財產署 (C) 中央地政機關 (D) 不動產經紀人員獎懲委員會

(C) 16. 依土地法規定，租用建築房屋之基地，發生下列何種情形時，出租人不得收回？(A) 承租人以基地供違反法令之使用時 (B) 承租人轉租基地於他人時 (C) 承租人積欠租金額，除以擔保現金抵償外，達二個月以上時 (D) 承租人違反租賃契約時

(D) 17. 依土地徵收條例規定，區段徵收範圍內土地，經規劃整理後，有關其處理方式，下列敘述何者錯誤？(A) 抵價地發交被徵收土地所有權人領回 (B) 國民住宅用地得以讓售 (C) 安置原住戶所需土地得以讓售 (D) 可供建築土地依規定標租時，其期限不得逾二十五年

(#) 18. 甲為中華民國境內居住之個人，他在A市持有已長達10年的1筆面積為300坪土地，於民國（下同）107年

間參加自辦市地重劃。該自辦市地重劃區於110年6月1日完成分配公告程序後，在110年10月1日完成重劃土地登記，在110年10月20日完成土地交接，甲取回150坪土地，重劃後評定價格每坪為30萬元。甲在111年5月1日趁土地高價時將150坪土地全數出售，每坪售價40萬元。請問甲依法要繳多少稅率的房地交易所得稅？（A）稅率為百分之四十五（B）稅率為百分之三十五（C）稅率為百分之二十（D）稅率為百分之十五

（B）19. 依土地徵收條例規定，已公告徵收之土地，因作業錯誤，致原徵收之土地不在工程用地範圍內者，應如何處理？（A）應辦理廢止徵收（B）應辦理撤銷徵收（C）應辦理徵收收回（D）應辦理徵收失效

（C）20. 聲請為土地權利變更登記之案件，在登記尚未完畢前，登記機關接獲法院為何種囑託登記時，應即改辦之？（A）查封登記、預告登記（B）假處分登記、滅失登記（C）假扣押登記、破產登記（D）輔助宣告登記、監護宣告登記

（B）21. 徵收土地或土地改良物應發給之補償費，需用土地人應於公告期滿後十五日內將補償費繳交該管直轄市或縣（市）主管機關發給完竣，逾期者該部分土地或土地改良物之法律效力為何？（A）仍具徵收效力（B）徵收從此失其效力（C）被徵收之所有權人得申請撤銷徵收（D）需用土地人得申請保留徵收

（D）22. 依平均地權條例規定，土地所有權移轉或設定典權

時，有關申報移轉現值之審核標準，下列敘述何者正確？（A）遺贈之土地，以遺贈人簽立遺囑當期之公告土地現值為準（B）申報人逾訂定契約之日起三十日始申報者，以訂約日當期之公告土地現值為準（C）依法院判決移轉登記者，以法院終局判決日當期之公告土地現值為準（D）經法院拍賣之土地，以拍定日當期之公告土地現值為準

（B）23. 依平均地權條例規定，實施市地重劃時，重劃區內供公共使用之道路等十項用地，應優先以下列何種土地抵充？（A）原廣場、綠地、停車場、零售市場地（B）原公有道路、溝渠、河川及未登記地（C）原兒童遊樂場、鄰里公園、國民小學、國民中學地（D）原國有地、學產地、直轄市縣（市）有地、鄉鎮（市）有地

（D）24. 下列何者不屬於平均地權條例獎勵土地所有權人自行辦理市地重劃事業之獎勵事項？（A）優先興建重劃區之公共設施（B）免收或減收換發權利書狀費用（C）免徵或減徵地價稅與田賦（D）給予免息之重劃貸款

（D）25. 依平均地權條例規定，下列銷售預售屋者相關規定之敘述，何者錯誤？（A）應於銷售前將預售屋買賣定型化契約，報請預售屋坐落基地所在之直轄市、縣（市）主管機關備查（B）原則上應於簽訂買賣契約書之日起三十日內，向直轄市、縣（市）主管機關申報登錄資訊（C）向買受人收受定金，應以書面契據

確立買賣價金等事項,並不得約定不利於買受人之事項(D)向買受人收受定金所訂立之書面契據,得轉售予第三人

不動產估價概要

甲、申論題部分：（50分）

一、建物折舊額如何計算？建物累積折舊額又如何計算？請依不動產估價技術規則述說之。（25分）

答：

(一) 建物折舊額如何計算：

1. 不動產估價技術規則第65條建物折舊額計算應以經濟耐用年數為主，必要時得以物理耐用年數計算。經濟耐用年數指建物因功能或效益衰退至不值得使用所經歷之年數。物理耐用年數指建物因自然耗損或外力破壞至結構脆弱而不堪使用所經歷之年數。建物之經歷年數大於其經濟耐用年數時，應重新調整經濟耐用年數。

2. 不動產估價技術規則第66條建物經濟耐用年數表由全聯會依建物之經濟功能及使用效益，按不同主體構造種類及地區公告之。

3. 不動產估價技術規則第67條建物之殘餘價格率應由全聯會公告之，並以不超過百分之十為原則。建物耐用年數終止後確實無殘餘價格者，於計算折舊時不予提列。第一項所稱殘餘價格率，指建物於經濟耐用年數屆滿後，其所賸餘之結構材料及內部設備仍能於市場上出售之價格占建物總成本之比率。依第一項殘餘價格率計算建物殘餘價

格時，應考量建物耐用年數終止後所需清理或清除成本。

(二) 建物累積折舊額如何計算：
不動產估價技術規則第68條建物累積折舊額之計算，應視建物特性及市場動態，選擇屬於等速折舊、初期加速折舊或初期減速折舊路徑之折舊方法。
建物累積折舊額之計算，除考量物理與功能因素外，並得按個別建物之實際構成部分與使用狀態，考量經濟因素，觀察維修及整建情形，推估建物之賸餘經濟耐用年數，加計已經歷年數，求算耐用年數，並於估價報告書中敘明。

二、何謂重建成本？何謂重置成本？以成本法進行不動產估價時，請說明決定不動產勘估標的價格之程序與所需資料。(25分)

答：

(一) 重建成本：
重建成本，指使用與勘估標的相同或極類似之建材標準、設計、配置及施工品質，於價格日期重新複製建築所需之成本。

(二) 重置成本：
重置成本，指與勘估標的相同效用之建物，以現代建材標準、設計及配置，於價格日期建築所需之成本。

(三) 成本法估價程序：
　　1. 蒐集資料。
　　2. 現況勘察。
　　3. 調查、整理、比較及分析各項成本及相關費用等資料。
　　4. 選擇適當方法推算營造或施工費。
　　5. 推算其他各項費用及利潤。
　　6. 計算總成本。
　　7. 計算建物累積折舊額。
　　8. 計算成本價格。
(四) 以成本法估價所需資料：
　　1. 不動產估價技術規則第11條不動產估價應蒐集之資料如下：
　　　⑴勘估標的之標示、權利、法定用途及使用管制等基本資料。
　　　⑵影響勘估標的價格之一般因素、區域因素及個別因素。
　　　⑶勘估標的相關交易、收益及成本資料。
　　2. 不動產估價技術規則第50條另得視需要申請及蒐集下列土地及建物所需資料：
　　　⑴土地開發及建築構想計畫書。
　　　⑵設計圖說。
　　　⑶相關許可或執照。
　　　⑷施工計畫書。
　　　⑸竣工圖。

(6)使用執照。

(7)登記（簿）謄本或建物平面位置圖。

3. 不動產估價技術規則第51條成本法估價應蒐集與勘估標的同一供需圈內之下列資料：

(1)各項施工材料、人工之價格水準。

(2)營造、施工、規劃、設計、廣告、銷售、管理及稅捐等費用資料。

(3)資本利率。

(4)開發或建築利潤率。

乙、測驗題部分：（50分）

（B）1. 平均地權條例近日研議抑制炒房之修法動向，其對不動產市場之影響，是屬於不動產估價影響因素中之下列何種因素？（A）市場因素（B）一般因素（C）區域因素（D）個別因素

（D）2. 不動產估價應敘明價格種類，當不動產估價師受託辦理龜山島估價，您認為應屬於何種價格種類？（A）正常價格（B）限定價格（C）特定價格（D）特殊價格

（D）3. 收益資本化率或折現率應綜合評估最適宜之方法決定，如採用債務保障比率方式決定，其計算式債務保障比率除了乘以貸款資金占不動產價格比率外，應再乘以下列何者？（A）債務保障常數（B）市場常數（C）存款常數（D）貸款常數

（D）4. 依據不動產估價技術規則之規定，在一宗土地內有

不同法定用途時，應如何估價？（A）應考量不同用途之合併或分割前後之價格變動情形，予酌量增減（B）應以合併用途後估價，並以合併用途前各筆土地價值比例分算其土地價格（C）應考慮不同用途之建築物對宗地價格造成之影響，予以酌量增減（D）應考量其最有效使用及各種用途之相關性及分割之難易度後，決定分別估價或依主要用途估價

（D）5. 不動產估價原則是估價之根基，不動產估價技術規則對「最有效使用」原則有所定義，請問下列敘述何者錯誤？（A）得以獲致最高利益之使用（B）基於合法、實質可能前提（C）正當合理、財務可行前提下者（D）具有超凡意識及使用能力者

（A）6. 利用計量模型分析法進行估價，應蒐集相當數量具代表性之比較標的，在計量模型的影響不動產價格之因素中，現有6項區域因素，5項個別因素，因此至少要蒐集多少數量以上之比較標的才符合不動產估價技術規則之規定？（A）55筆以上（B）40筆以上（C）30筆以上（D）25筆以上

（C）7. 不動產估價成本法對勘估標的之營造或施工費，其中「指以類似勘估標的之比較標的或標準建物之單位面積（或體積）營造或施工費單價為基礎，經比較並調整價格後，乘以勘估標的之面積（或體積）總數，以求取勘估標的營造或施工費。」方法，係指何方法？（A）單位工程法（B）淨計法（C）單位面積（或體積）比較法（D）工程造價比較法

(D) 8. 不動產估價作業程序依不動產估價技術規則規定,總共有八項作業程序,其中第七個步驟為何?(A)製作估價報告書(B)整理、比較、分析資料(C)運用估價方法推算勘估標的價格(D)決定勘估標的價格

(A) 9. 目前內政部積極推動試辦電腦估價,所應用計量模型分析法係指「蒐集相當數量具代表性之比較標的,透過計量模型分析,求出各主要影響價格因素與比較標的價格二者之關係式,以推算各主要影響價格因素之調整率及調整額之方法。」請問應用時應符合條件中,截距項以外其他各主要影響價格因素之係數估計值同時為零之顯著機率不得大於多少?(A)百分之五(B)百分之六(C)百分之七(D)百分之八

(C) 10. 不動產估價應就不同估價方法估價所獲得之價格進行綜合比較,視不同價格所蒐集資料可信度及估價種類目的條件差異,考量價格形成因素之相近程度,決定勘估標的價格。若以契約約定租金作為不動產證券化受益證券信託利益分配基礎者,何種方法應視前項情形賦予相對較大之權重?(A)比較法(B)直接資本化法之收益價格(C)折現現金流量分析法之收益價格(D)成本法

(D) 11. 不動產估價比較法經比較調整後求得之勘估標的試算價格,應就價格偏高或偏低者重新檢討,經檢討確認適當合理者,始得作為決定比較價格之基礎。檢討後試算價格之間差距仍達多少以上者,應排除該試算價

格之適用？（A）百分之五（B）百分之十（C）百分之十五（D）百分之二十

(D) 12. 不動產估價之限定價格指具有市場性之不動產，在下列限定條件之一所形成之價值，並以貨幣金額表示者。請問下列何者非屬限定條件？（A）以不動產所有權以外其他權利與所有權合併為目的（B）以不動產合併為目的（C）以違反經濟合理性之不動產分割為前提（D）經適當市場行銷及正常交易條件形成

(C) 13. 不動產估價，應註明其價格種類；以何種價格估價時應敘明其估價條件，並同時估計其正常價格？（A）限定價格（B）特殊價格（C）特定價格（D）特別價格

(D) 14. 不動產估價比較法於市場成交資訊充足時廣為運用，有關比較法之敘述，下列何者錯誤？（A）通常採用三件以上比較標的（B）試算價格之調整運算過程中，任一單獨項目之價格調整率大於百分之十五，應排除該比較標的之適用（C）試算價格之調整運算過程中，總調整率大於百分之三十時，應排除該比較標的之適用（D）其調整以差額法為原則

(D) 15. 某建物於五年前取得使用執照，目前重建成本1,000萬元，殘餘價格率5%，經濟耐用年數50年，請問以定額法估算之建物成本價格為何？（A）850萬元（B）865萬元（C）895萬元（D）905萬元

(A) 16. 某開發商擬於新開發區開發建築，預計興建樓板面積2,000坪。若推定銷售單價平均60萬元/坪，利潤率

20%、資本利息綜合利率5%、直接成本2億元、間接成本4千萬元，請問土地開發分析價格多少萬元？（A）71,238（B）69,526（C）64,878（D）62,106

（B）17. 某公寓為談危老改建，經委託不動產估價師就1至4樓之單價分別查估為80、60、55、50萬元/坪，若全棟建物成本價格占全棟房地總價格比率為30%，請問1至4樓之樓層別效用比分別為？（A）170%、130%、120%、100%（B）160%、120%、110%、100%（C）150%、110%、105%、100%（D）140%、120%、110%、100%

（B）18. 不動產估價人員應針對不動產勘估標的之價格日期當時的價值進行估價，而所謂價格日期是指：（A）估價人員撰寫估價報告書之日期（B）勘估標的價格之基準日期（C）至勘估標的現場從事調查的日期（D）勘估標的交易之日期

（D）19. 以收益法估價時，對於客觀淨收益的計算應以何種情形為計算基準？（A）以比較標的作最有效使用為計算基準（B）以勘估標的作最大效益使用為計算基準（C）以比較標的作最大效益使用為計算基準（D）以勘估標的作最有效使用為計算基準

（A）20. 某高鐵站周圍地區的新建住宅大樓平均成交價格，由三年前每坪35萬元上漲到現今每坪接近50萬元，此現象可以不動產估價中那一原則加以解釋？（A）變動原則（B）預期原則（C）貢獻原則（D）日期原則

（B）21. 依據不動產估價技術規則，在進行不動產估價作業程

序時，下列何者屬於估價要確定的基本事項？（A）作業所需時間（B）估價目的（C）勘估標的之狀態（D）勘估標的相關交易、收益及成本資料

（B）22. 科學園區附近的農業用地，未來可能變更為建地，土地所有權人要求估價人員針對其農地未來可能變更為建地情況進行估價，請問該筆土地的價格屬於何種類？（A）正常價格（B）特定價格（C）限定價格（D）特殊價格

（C）23. 某甲有一棟5層透天住宅，其中第一層到第四層為合法建築物，頂樓層為違章建築物，某甲委託估價人員進行房地估價，並要求估價人員對所有樓層進行估價，估價人員應如何估價較為恰當？（A）僅針對合法建築物進行估價（B）拒絕對建築物估價（C）就合法建築物與違章建築物分別標示各該部分之價格（D）合法建築物以成本法估價，違章建築物則以加速折舊方式估價

（D）24. 有一比較標的於110年10月以800萬元成交，當時的價格指數為103.6%，不動產勘估標的之價格日期為111年3月，當時的價格指數為100.3%。假設其他條件相同，請問該勘估標的經價格日期調整後的價格為多少？（A）834.7萬元（B）826.3萬元（C）789.6萬元（D）774.5萬元

（C）25. 在土地開發分析法之估價程序中，應進行現況勘查與環境發展程度調查與分析，下列何者不屬於要勘查與調查分析的事項：（A）影響總銷售金額、成本

及費用等因素 (B) 勘估標的之工程進度、施工及環境狀況 (C) 比較標的之工程進度、施工及環境狀況 (D) 週遭環境土地建物及公共設施開發程度

民法概要

甲、申論題部分：（50分）

一、甲出國進修期間將其名下A屋委託好友乙打掃照看，但乙卻未經甲同意，私自以自己名義將A屋出租給不知情的丙並按月收取租金一萬元，租期五年。三年後甲學成歸國，發現此事非常生氣，主張丙無權占有A屋，向丙請求返還A屋，並要求丙支付占有使用A屋三年之租金36萬元作為補償。丙認為自己是合法承租A屋且已按時向乙支付租金，斷然拒絕甲之請求。請問丙之主張是否有理由？（25分）

答：

（一）基於債之相對性，丙不得以其與乙間之租賃契約對抗甲：

按租賃契約為債權契約，出租人不以租賃物所有人為限，出租人未經所有人同意，擅以自己名義出租租賃物，其租約並非無效，僅不得以之對抗所有人。

依提示所有權人甲將A屋委託乙打掃看照，乙未經甲之同意擅將A屋以自己名義出租與丙，乙丙間之租賃契約在乙丙之間固然有效成立，但丙不得以該租賃契約對抗甲而對甲主張自己為有權占有。故甲仍得依民法第767條第1項前段規定，請求丙返還A屋。

（二）甲得否依民法第179條不當得利之法律關係，向丙

請求返還占有使用租賃物之利益36萬元,應視丙是否善意而定:

過去實務見解認為,無權占有人,不問為善意或惡意占有,均因無法律上之原因而受有使用之利益,所有權人並因此受有不能使用、收益之損害,故無權占有人對所有權人仍應負不當得利損害賠償責任。

然近期實務見解認為,倘承租人為善意,依民法第952條規定,得為租賃物之使用及收益,其因此項占有使用所獲利益,對於所有人不負返還之義務,自無不當得利可言。

如丙善意不知乙為無權出租A屋,依民法第952條規定,丙得對A屋使用收益,因此丙對甲應無不當得利可言,其拒絕返還相當於租金之36萬元有理由。

二、A地介於B地及C地中間,甲於其所有之A地起造二十層樓高之商辦大樓。大樓進行基礎工程施工期間,僅與B地相鄰部分有足夠空間能供工程車迴旋施工,但B地所有權人乙認為工程車體巨大影響通行,拒絕工程車停車施工;C地所有權人丙因久居國外,返國始發現甲起造已進入內部裝潢收尾之大樓有部分建物越過地界至C地,丈量後約有2平方公尺,丙遂向甲主張拆屋還地。請問甲得如何向乙主張?又甲應如何向丙負責?(25分)

答:

(一)甲乙間之法律關係:

民法第792條規定:「土地所有人因鄰地所有人在其地界或近旁,營造或修繕建築物或其他工作物有使用其土地之必要,應許鄰地所有人使用其土地。但因而受損害者,得請求償金。」

甲為營造商辦大樓,必須使用相鄰之B地供工程車迴車、停車,故甲於施工期間得依民法地792條規定,對B地之所有權人主張使用之權利,惟乙若因此受有損害,乙得請求甲支付償金。

(二) 甲丙間之法律關係:

民法第796條規定:「土地所有人建築房屋非因故意或重大過失逾越地界者,鄰地所有人如知其越界而不即提出異議,不得請求移去或變更其房屋。但土地所有人對於鄰地因此所受之損害,應支付償金。前項情形,鄰地所有人得請求土地所有人,以相當之價額購買越界部分之土地及因此形成之畸零地,其價額由當事人協議定之;不能協議者,得請求法院以判決定之。」

依提示丙因久居國外,返國後始發現甲之大樓有部分建物越過地界,如乙於發現後及時提出異議,則:

1. 乙得依民法第767條請求甲應拆屋還地。但因甲之大樓越界面積僅2平方公尺,若甲就越界建築並無故意或重大過失,甲得請求法院依民法第796條之1第1項規定,斟酌公共利益及當事人利益,免為全部或一部之移去或變更。

2. 乙亦得依民法第796條第2項規定，請求甲乙相當之價額購買越界之土地。

乙、測驗題部分：（50分）

（B）1. 依我國民法第1173條有關歸扣之規定，下列何種被繼承人生前將財產贈與某特定繼承人，無須將該贈與價額，於遺產分割時，由該繼承人之應繼分中扣除？（A）因該特定繼承人結婚時之贈與（B）因該特定繼承人重大災難生還時之贈與（C）因該特定繼承人從家裡決定分居時之贈與（D）因該特定繼承人決定經營事業時之贈與

（A）2. 下列何種情況是非屬於近親禁止結婚之規範範圍？（A）與離婚後無依無靠之前小姨子結婚（B）與終止收養後之前養女結婚（C）與自己兒子離婚後之前媳婦結婚（D）與叔叔死亡後孤苦守寡之叔母結婚

（D）3. 下列何者得為被繼承人親屬中之法定繼承人？（A）被繼承人兄弟之配偶（B）被繼承人父親之兄弟（C）被繼承人母親之兄弟之配偶（D）被繼承人所認領之非婚生子女

（B）4. 下列敘述，何者錯誤？（A）使用借貸契約必須是無償的契約（B）借用人得主張買賣不破使用借貸之抗辯（C）借用物為動物時，飼養費原則上應由借用人承擔（D）借用人對於借用物原則上並無轉租收益之權限

（B）5. 依現行民法之規定，下列何者非為不動產登記前，即

能取得不動產之所有權？（A）不動產所有權因繼承而取得（B）不動產所有權之時效取得（C）不動產所有權因徵收而取得（D）不動產所有權因強制執行而取得

(D) 6. 下列何種情形，債務人之原有債務不會發生消滅之效果？（A）債權人受領債務人以代物清償方式清償原有之債務（B）債務人對債權人已屆清償期之債權行使抵銷權，彼此間在抵銷數額之債權債務（C）債權與其債務發生混同之情形（D）債務人以間接給付之方式清償原有之債務

(D) 7. 在無因管理之規定中，若管理人管理事務時，利於本人，且不違反本人明示或可得推知之意思者，管理人不得向本人主張下列那種請求權？（A）管理人管理本人事務之有益費用支出償還請求權（B）清償管理人因管理事務所負債務之請求權（C）管理人因管理事務所受損害之賠償請求權（D）管理人管理本人事務之報酬請求權

(A) 8. 有關現行民法代理制度之介紹，下列何者錯誤？（A）未經本人事前同意之自己代理，對於本人而言，係無效之代理行為（B）民法第169條表見代理效力之發生，須無本人之授予代理權為其要件（C）間接代理人之代理行為不會對本人直接發生效力（D）代理人為代理行為時，被相對人詐欺，本人得自行撤銷該代理行為

(C) 9. 對於民法上有關法人規定之說明，下列何者正確？

（A）財團法人具有自律法人之性質（B）社員資格須經社團之董事會特別決議同意，且有正當理由時，方能開除之（C）財團法人之設立，得以遺囑為之（D）社團法人以社團董事會為其最高意思機關

（C）10.依現行民法有關住所之規定，下列何者錯誤？（A）夫妻於雙方共同協議前，推定以共同戶籍地為其法定之住所（B）意定住所之設定須具備久住之意思及居住之事實（C）因特定行為選定居所，關於其行為，不得視為住所（D）16歲之年輕人，僅能以其父母之住所為法定住所

（A）11.關於民法第74條暴利行為之規定，下列敘述何者正確？（A）當事人無論於財產給付前或給付後，均得聲請撤銷該暴利行為（B）撤銷權自該法律行為成立時起一年內不行使，權於消滅時效而消滅（C）行使暴利行為之撤銷權時，應以意思表示向相對人為之（D）暴利行為自始當然無效

（D）12.下列何者非法律明文規定屬於連帶債務之性質？（A）合夥財產不足清償合夥債務時，各合夥人對於該不足額之債務（B）數人共同不法侵害他人權利所生之損害賠償債務（C）共同繼承人對於被繼承人，於繼承所得遺產限度內之遺產債務（D）共有人對於他共有人因分割而得之物，所負之擔保責任債務

（D）13.下列何者非屬贈與人或其繼承人，得主張撤銷贈與契約之原因？（A）附有負擔之贈與，贈與人已為給付而受贈人因過失不履行其負擔者（B）受贈人對於贈

與人有扶養義務而不履行義務者（C）受贈人因故意不法行為致贈與人死亡者（D）定期給付之贈與，而受贈人已死亡者

(B) 14. 關於共有不動產分管契約之敘述，下列何者正確？（A）分管契約應以共有人半數以上及其應有部分合計過半數，或應有部分合計逾三分之二之同意訂定之（B）分管契約訂定後，若因情事變更難以繼續時，法院得因任何共有人之聲請，以裁定變更之（C）共有人對於分管契約無法達成協議時，得訴請法院裁判定分管方式（D）分管契約訂定後，對於應有部分之受讓人於受讓時知悉其情事者，亦具有效力

(A) 15. 甲與乙結婚，生有三個女兒丙、丁、戊。丙因未婚生有二子庚及辛，曾與其母乙發生重大爭吵及言語侮辱情事，而遭甲表示剝奪其繼承權。丁則於甲生前即已向甲表示，當甲百年後將拋棄繼承權。設甲死亡時留有遺產現金600萬元，並未立有遺囑。問:甲之遺產依法應如何分配？（A）乙、丙、丁、戊各150萬元（B）乙、戊各200萬元，庚、辛各100萬元（C）乙、丁、戊各150萬元，庚、辛各75萬元（D）乙、戊各300萬元

(B) 16. 關於限定繼承之敘述，下列何者正確？（A）限定繼承係指繼承人自繼承開始時，僅承受被繼承人財產上之權利，而不繼承其債務（B）繼承人縱未依法開具遺產清冊陳報法院，並不當然喪失限定繼承之利益（C）繼承人隱匿被繼承人之遺產而情節重大者，仍

可主張限定繼承之利益（D）繼承人應先對受遺贈人交付遺贈，其次償還優先權之債務，再清償普通債務

(C) 17. 關於夫妻法定財產制之規定，下列敘述何者正確？（A）夫或妻之財產分為婚前財產與婚後財產，婚前財產由夫妻各自所有，婚後財產則由夫妻共有（B）夫或妻於婚姻關係存續中就其婚後財產所為之無償行為，應將該財產追加計算，視為現存之婚後財產（C）夫或妻各自管理、使用、收益及處分其婚前及婚後財產，並各自對其債務負清償之責（D）剩餘財產差額分配請求權屬一身專屬性之權利，請求權人自法定財產制關係消滅時起，二年間不行使而消滅

(B) 18. 甲將其A地設定地上權予乙，乙於A土地上興建B屋一棟。其後甲為貸款擔保而將其A地設定抵押權予丙，乙亦因其貸款擔保而將B屋設定抵押權予丁。下列敘述何者正確？（A）若丁實行抵押權拍賣B屋時，A地所有權應併付拍賣之（B）若丁實行抵押權拍賣B屋時，地上權應併付拍賣之（C）若丙實行抵押權拍賣A地所有權時，B屋應併付拍賣之（D）若丙實行抵押權拍賣A地所有權時，地上權應併付拍賣之

(B) 19. 甲無權占有乙之土地種植果樹，其果實歸屬於何人？（A）果實在與果樹分離前或分離後，均屬於甲所有（B）果實在與果樹分離前或分離後，均屬於乙所有（C）果實在與果樹分離前屬於甲所有，分離後屬於乙所有（D）果實在與果樹分離前屬於乙所有，分離後屬於甲所有

(C) 20. 特定物買賣，若因物有瑕疵而出賣人依法應負物之瑕疵擔保責任時，下列何者非買受人依法所得主張之權利？(A) 解除買賣契約 (B) 請求減少買賣價金 (C) 請求另行交付無瑕疵之物 (D) 故意不告知瑕疵時，請求損害賠償

(D) 21. 關於租賃法律關係之敘述，下列何者正確？(A) 期限逾一年之不動產租賃契約，應以字據訂立之，否則契約無效 (B) 定有期限之不動產租賃，因其價值之昇降，當事人得聲請法院增減其租金 (C) 不動產之出租人就租金債權，對於承租人之物置於該不動產者，有法定質權 (D) 租用基地建築房屋者，承租人於契約成立後，得請求出租人為地上權之登記

(A) 22. 二人互負債務而其給付種類相同，並均屆清償期者，得以其債務與他方之債務互為下列何項主張，以消滅其債務？(A) 抵銷 (B) 抵充 (C) 免除 (D) 混同

(D) 23 滿17歲且未受監護或輔助宣告之甲男，其所為之下列何種行為，依法須得法定代理人之同意始為有效？(A) 訂立遺囑為遺贈之行為 (B) 純獲法律上利益之行為 (C) 就他人之物所為之無權處分行為 (D) 授予他人代理權之行為

(B) 24. 關於財團法人之敘述，下列何者正確？(A) 財團法人得為公益或營利之目的而設立 (B) 財團法人於設立登記前，應得主管機關之許可 (C) 財團法人之最高意思機關為總會，且為必設之機關 (D) 財團法人若以營利為目的設立，其取得法人資格，依特別法之

規定

（A）25.下列何者屬於當然無效之法律行為？（A）單獨虛偽意思表示而該情形為相對人所明知者（B）詐欺之意思表示係由第三人所為，而相對人明知其事實或可得而知者（C）無權利人就權利標的物為處分後，取得其權利者（D）限制行為能力人用詐術使人信其為有行為能力人，所為之法律行為

國文

作文部分：（100分）

一、《中庸》云：「人莫不飲食也，鮮（ㄒㄧㄢˇ）能知味也。」人需要飲食維持生命，這屬於身體所需，是物質人生。在物質層面滿足生理需求並不困難，但要能吃得「知味」卻不容易，因這關乎情感，屬於心靈人生。同是一碗雞湯，在不同的情境下吃，內心所感受到的滋味就不相同。又比如有時一個人吃粗茶淡飯，竟比他人吃山珍海味更享受，因為他品嚐到的絕不只是食物本身的味道而已。人生在世，我們總要生活得有味。

請仔細體會上文意涵，以「知味的人生」為題作文一篇。注意：文中須先詮釋何以作者認為飲食要能吃得「知味」不容易？為何有時一個人吃粗茶淡飯，竟比他人吃山珍海味更享受？之後再抒發自己體驗人生滋味的經歷與感受。（50分）

二、人們常說對自己要有自知之明，對別人則要有識人之明，但我們卻常在觀察自己以及觀察別人時採用雙重標準。同樣是成功，「我成功是因為我的能力，你成功是因為你的運氣」；若同樣是失敗，則「我失敗是因為我的運氣，你失敗是因為你的能力。」人們審視自己與審視別人的角度明顯不同。此種觀察差異，反映出的某些心態，往往會造成人與人之間的誤解，容易怪罪他人，彼此不具包容心，

難以團結合作,進而影響社會或族群整體的和諧。
請以「人己之間的觀察差異」為題作文一篇,先解釋上文畫底線部分文字的現象,再從不同角度探討造成人己之間觀察差異的原因,並提出如何克服這種偏誤觀念的建議。（50分）

112年 不動產經紀人普考

不動產經紀相關法規概要

甲、申論題部分：（50分）

一、建商甲在銷售建案時，於廣告文宣文字說明該建案公共設施中含有泳池等設備，並使用某飯店之無邊際泳池圖片，乙受廣告吸引購買該建案其中一戶，但完工交屋時，乙發現只有一個景觀水池，並無廣告中之泳池。請問乙如何主張其權利？請就公平交易法相關規定說明之。（25分）

答：

（一）事業不得在商品或廣告上，或以其他使公眾得知之方法，對於與商品相關而足以影響交易決定之事項，為虛偽不實或引人錯誤之表示或表徵。

（二）乙得主張損害賠償。公平交易法有關損害賠償規定如下：

1. 事業違反公交易法之規定，致害他人權益者，負損害賠償責任。

2. 法院因被害人之請求，如為事業之故意行為，得依侵害情節，酌定損害額以上之賠償。但不得超過已證明損害額之三倍。侵害人如因侵害行為受有利益者，被害人得請求專依該項利益計算損害額。

3. 所定之請求權，自請求權人知有行為及賠償義務人時起，二年間不行使而消滅；自為行為時起，逾十年者亦同。

(三) 主管機關對於違反虛偽不實記載或廣告薦證引人不實之賠償責任，得處新臺幣五萬元以上二千五百萬元以下罰鍰；屆期仍不停止、改正其行為或未採取必要更正措施者，得繼續限期令停止、改正其行為或採取必要更正措施，並按次處新臺幣十萬元以上五千萬元以下罰鍰，至停止、改正其行為或採取必要更正措施為止。

二、社區住戶甲以資源回收為業，經常將資源回收物堆放於樓梯間及梯廳，經管理委員會多次要求移置，仍未處理。嗣後，管理委員會再報請環保局罰鍰在案，依舊拒不處理。請問如何將此惡鄰居趕出社區？請依公寓大廈管理條例相關規定說明之。（25分）

答：

惡鄰條款：

(一) 住戶有下列情形之一者，由管理負責人或管理委員會促請其改善，於三個月內仍未改善者，管理負責人或管理委員會得依區分所有權人會議之決議，訴請法院強制其遷離：

1. 積欠依本條例規定應分擔之費用，經強制執行後再度積欠金額達其區分所有權總價百分之一者。
2. 違反本條例規定經依第四十九條第一項第一款至第四款規定處以罰鍰後，仍不改善或續犯者。
3. 其他違反法令或規約情節重大者。

(二) 前項之住戶如為區分所有權人時，管理負責人或管理委員會得依區分所有權人會議之決議，訴請法院

命區分所有權人出讓其區分所有權及其基地所有權應有部分；於判決確定後三個月內不自行出讓並完成移轉登記手續者，管理負責人或管理委員會得聲請法院拍賣之。

(三) 前項拍賣所得，除其他法律另有規定外，於積欠本條例應分擔之費用，其受償順序與第一順位抵押權同。

乙、測驗題部分：（50分）

(B) 1. 有關不動產經紀業營業保證金之敘述，下列何者錯誤？（A）營業保證金由中華民國不動產仲介經紀業或代銷經紀業同業公會全國聯合會統一於指定之金融機構設置營業保證基金專戶儲存（B）經紀業未依規定繳存營業保證金者，應予停止營業處分，其停止營業期間達一年者，應撤銷其許可（C）營業保證金獨立於經紀業及經紀人員之外，除不動產經紀業管理條例另有規定外，不因經紀業或經紀人員之債務債權關係而為讓與、扣押、抵銷或設定負擔（D）經紀業申請解散者，得自核准註銷營業之日滿一年後二年內，請求退還原繳存之營業保證金

(C) 2. 有關外國人任職不動產經紀業之規定，下列何者正確？（A）外國人得依中華民國法律參加營業員訓練，經內政部許可後得應不動產經紀人考試（B）經內政部許可後，始得受僱於經紀業為經紀人員；如為大陸地區人民，尚須經大陸委員會許可（C）經內政

部或其認可之機構、團體舉辦不動產經紀營業員訓練合格或不動產經紀人考試及格,並向內政部指定之機構、團體登錄及領有不動產經紀營業員證明者,得充任不動產經紀營業員(D)外國人經許可在中華民國充任經紀人員者,其有關業務上所為之文件、圖說,可不限以中華民國文字為之

(D) 3. 經營代銷業務者,下列何種文件不適用經紀業指派經紀人簽章規定?(A)不動產說明書(B)不動產廣告稿(C)不動產租賃、買賣契約書(D)不動產出租、出售委託契約書

(C) 4. 有關不動產說明書之敘述,下列何者正確?(A)不動產之買賣、互易、租賃或代理銷售,如委由經紀業仲介或代銷者,不動產說明書應由經紀業指派經紀營業員簽章(B)經紀人員應以不動產說明書向與委託人交易之相對人解說。提供解說前,應經委託人交易之相對人簽章(C)雙方當事人簽訂租賃或買賣契約書時,經紀人應將不動產說明書交付與委託人交易之相對人(D)不動產說明書應記載及不得記載事項,由所在地主管機關定之

(B) 5. 根據不動產經紀業管理條例第24條之1之現行規定,下列何者正確?(A)中華民國一百零九年十二月三十日修正之條文施行前,提供查詢之申報登錄資訊,於修正施行後,維持以區段化、去識別化方式,提供查詢(B)中華民國一百零九年十二月三十日修正之條文施行前,提供查詢之申報登錄資訊,於修正施行

後，應依同條第三項規定，除涉及個人資料外，重新提供查詢（C）經營代銷業務，受起造人或建築業委託代銷預售屋者，應於簽訂買賣契約之日起三十日內，將委託代銷契約及買賣契約相關書件報請所在地直轄市、縣（市）主管機關備查（D）經營仲介業務者，對於居間或代理成交之租賃案件，應於租賃物交付後，承租人占有中之日起三十日內，向直轄市、縣（市）主管機關申報登錄成交案件實際資訊

（A）6. 不動產經紀業管理條例之「用辭定義」，下列何者正確？（A）不動產：指土地、土地定著物或房屋及其可移轉之權利（B）成屋：指領有建造執照之建築物（C）經紀人員：經紀營業員之職務為執行仲介或代銷業務（D）營業處所：指經紀業經營仲介或代銷業務之店面、辦公室或常態之非固定場所

（D）7. 依據不動產經紀業管理條例之規定，直轄市、縣（市）同業公會關於會員入會、停權、退會情形應如何處理？（A）報請所在地主管機關核定（B）報請所在地主管機關備查（C）報請所在地主管機關層轉中央主管機關核定（D）報請所在地主管機關層轉中央主管機關備查

（A）8. 有關公寓大廈周圍上下、外牆面設置防墜設施之規定，下列何者錯誤？（A）須公寓大廈有十二歲以下兒童或六十歲以上老人之住戶（B）須於外牆開口部或陽臺設置（C）防墜設施須不妨礙逃生且不突出外牆面（D）防墜設施設置後，設置理由消失且不符公

寓大廈管理條例之限制者,區分所有權人應予改善或回復原狀

(B) 9. 依公寓大廈管理條例之規定,有關公寓大廈管理委員會職務之敘述,下列何者正確?(A)住戶大會決議事項之執行(B)住戶違規情事之制止及相關資料之提供(C)共有及共用部分之清潔、維護、重大修繕及改良(D)住戶共同事務應興革事項之決定與管理

(B) 10. 有關公寓大廈公共基金之設置,下列何者錯誤?(A)起造人就公寓大廈領得使用執照一年內之管理維護事項,應按工程造價一定比例或金額提列(B)起造人於該公寓大廈使用執照申請時,應提出繳交公庫代收之證明;於公寓大廈召開區分所有權人會議時,由公庫代為撥付(C)公共基金應設專戶儲存,並由管理負責人或管理委員會負責管理(D)公共基金經區分所有權人會議決議交付信託者,其運用應依區分所有權人會議之決議為之

(C) 11. 依公寓大廈管理條例規定,有關起造人責任之敘述,下列何者錯誤?(A)就公寓大廈領得使用執照一年內之管理維護事項,起造人應按工程造價一定比例或金額提列公共基金(B)公寓大廈之起造人,非經領得建造執照,不得辦理銷售(C)公寓大廈之起造人於申請建造執照時,應檢附專有部分、共用部分、約定專用部分、約定共用部分標示之詳細圖說及規約(D)起造人應將公寓大廈共用部分、約定共用部分與其附屬設施設備等,確認其功能正常無誤後,移交

管理委員會或管理負責人

(B) 12. 關於公寓大廈住戶之權利義務，下列何者正確？（A）區分所有權人除法律另有限制外，對其共有部分，得自由使用、收益、處分，並排除他人干涉（B）區分所有權人對專有部分之利用，不得有妨害建築物之正常使用及違反區分所有權人共同利益之行為（C）專有部分不得與其所屬建築物共用部分之應有部分及其基地所有權或地上權之應有部分分離而為移轉，但設定負擔則可分別為之（D）於住戶因維護、修繕專有部分、約定專用部分或設置管線，必須進入或使用他住戶專有部分或約定專用部分時，應經管理負責人或管理委員會之同意後方得為之

(D) 13. 關於公寓大廈管理維護公司之執業，下列何者正確？（A）應經直轄市、縣（市）政府許可及辦理公司登記，並向直轄市、縣（市）政府申領登記證後，始得執業（B）應經直轄市、縣（市）政府許可及辦理公司登記，並向中央主管機關申領登記證後，始得執業（C）應經中央主管機關許可及辦理公司登記，並向直轄市、縣（市）政府申領登記證後，始得執業（D）應經中央主管機關許可及辦理公司登記，並向中央主管機關申領登記證後，始得執業

(A) 14. 採加盟經營方式之不動產經紀業者如以不正當限制加盟店服務報酬標準，作為成立或持續加盟經營關係之條件，而有限制競爭之虞者，屬於下列何種違反公平交易法之情事？（A）以不正當限制交易相對人之事

業活動為條件,而與其交易之行為(B)相互約束事業活動之行為,而足以影響生產、商品交易或服務供需之市場功能,構成公平交易法之聯合行為(C)以脅迫、利誘或其他不正當方法,使他事業不為價格之競爭、參與結合、聯合或為垂直限制競爭之行為(D)以損害特定事業為目的,促使他事業對該特定事業斷絕供給、購買或其他交易之行為

(B) 15. 下列何者應以公平交易法之規定處理?(A)不動產經紀業加盟店,未於廣告、市招及名片等明顯處,標明加盟店或加盟經營字樣者(B)不動產經紀業者對於涉及事業服務品質、企業形象、行銷策略等內容之廣告,有虛偽不實或引人錯誤者(C)不動產經紀業者與委託人簽訂委託契約後,刊登之廣告及銷售內容與事實不符者(D)不動產經紀業者未依成屋買賣定型化契約書應記載及不得記載事項製作契約書者

(D) 16. 下列何者屬於限制競爭之行為,事業不得為之?(A)以著名之他人姓名、商號或公司名稱於同一或類似之商品,為相同或近似之使用,致與他人商品混淆(B)事業為競爭之目的,而陳述或散布足以損害他人營業信譽之不實情事(C)事業以不當提供贈品、贈獎之方法,爭取交易之機會(D)無正當理由,對他事業給予差別待遇之行為

(D) 17. 關於聯合行為,下列何者正確?(A)事業不得為聯合行為。但為降低成本、改良品質或增進效率,而統一商品或服務之規格或型式,有益於個別經濟與股東

利益，經申請主管機關許可者，不在此限（B）許可應附期限，其期限不得逾三年（C）事業對於主管機關就其聯合行為之許可及其有關之條件、負擔、期限，應主動公開（D）聯合行為經許可後，因經濟情況變更者，主管機關得廢止該許可

（B）18. 主管機關對於事業涉有違反公平交易法規定之行為進行調查時，下列何者正確？（A）事業承諾在主管機關所定期限內，採取具體措施停止並改正涉有違法之行為者，主管機關得終止調查（B）主管機關作成中止調查之決定係基於事業提供不完整或不真實之資訊，應恢復調查（C）裁處權時效自終止調查之日起，停止進行（D）主管機關恢復調查者，裁處權時效自恢復調查之翌日起，重新起算

（D）19. 關於事業以不當提供贈品、贈獎之方法，爭取交易之機會，下列何者正確？（A）構成獨占地位之濫用（B）構成事業之結合（C）構成限制轉售價格（D）構成不公平競爭

（C）20. 有關消費資訊之規範，依消費者保護法規定，下列何者錯誤？（A）企業經營者應確保廣告內容之真實，其對消費者所負之義務不得低於廣告之內容（B）企業經營者之商品或服務廣告內容，於契約成立後，應確實履行（C）媒體經營者刊登或報導廣告之內容與事實不符者，就消費者因信賴該廣告所受之損害與企業經營者負連帶責任（D）輸入之商品或服務，應附中文標示及說明書，其內容不得較原產地之標示及說

明書簡略

(B) 21. 依消費者保護法規定，有關定型化契約應記載或不得記載事項之規定，下列何者正確？(A) 應公告後報請行政院備查 (B) 中央主管機關為預防消費糾紛，保護消費者權益，促進定型化契約之公平化，得選擇特定行業擬訂之 (C) 違反公告之定型化契約，其定型化契約條款不構成契約之內容。但消費者得主張該條款仍構成契約之內容 (D) 中央主管機關公告應記載之事項，雖未記載於定型化契約，經消費者主張，仍構成契約之內容

(B) 22. 消費者保護團體依消費者保護法提起消費者損害賠償訴訟之要件，下列何者正確？(A) 消費者保護團體許可設立三年以上 (B) 消費者保護團體申請行政院評定優良者 (C) 得委任律師代理訴訟 (D) 消費者保護團體不得向消費者請求報酬，但得請求預付或償還必要費用

(A) 23. 依消費者保護法之規定，關於小額消費爭議，當事人之一方無正當理由，不於調解期日到場者，下列何者錯誤？(A) 調解委員得審酌情形，依到場當事人一造之請求或依職權提出解決方案，此方案應經參與調解委員過半數之同意 (B) 該解決方案之送達，不適用公示送達規定 (C) 當事人對該解決方案，得於送達後十日之不變期間內，提出異議；未於異議期間內提出異議者，視為已依該解決方案成立調解 (D) 當事人於異議期間提出異議，經調解委員另定調解期

日,無正當理由不到場者,視為依該解決方案成立調解

(C) 24. 關於輸入商品或服務之企業經營者,下列何者錯誤?(A)視為該商品之設計、生產、製造者或服務之提供者(B)於提供商品流通進入市場,或提供服務時,應確保該商品或服務,符合當時科技或專業水準可合理期待之安全性(C)消費者保護團體主張企業經營者不符合當時科技或專業水準可合理期待之安全性者,就其事實應負舉證責任(D)企業經營者違反相關規定,致生損害於消費者或第三人時,應負連帶賠償責任

(C) 25. 關於消費者保護團體,下列何者正確?(A)消費者保護團體以社團法人、財團法人或行政法人為限(B)消費者保護團體之任務為監督消費者保護主管機關及指揮消費者保護官行使職權(C)消費者保護團體從事商品或服務檢驗,發表檢驗結果而有錯誤時,應使相關企業經營者有澄清之機會(D)消費者保護團體為商品或服務之調查、檢驗時,請求政府予以協助時,政府不應允許

土地法與土地相關稅法概要

甲、申論題部分：（50分）

一、甲所有位於某號都市計畫農業區內土地一筆農地（其上建有一間合法農舍），該農業區多年前因實施都市計畫定期通盤檢討變更而變更為住宅區（但未發布實施），其土地開發方式於日前始經核定採取「先行區段徵收」，甲之農地於此次都市計畫通盤檢討變更時變更為公共設施保留地（道路），其土地登記簿上載有積欠地價稅新臺幣10萬元之「禁止處分登記」。甲於獲悉上述資訊後隨即委託A仲介公司代為出售其地，乙對該地有承買意願。若你為A仲介公司之經紀營業員，依法應以該地之「不動產說明書」向乙為「解說」，請你從該地所涉及地用與地權法規及其影響之觀點，各提出一點以作為解說之重要內容，以利乙作為承買該地與否之重要依據。又上文所述「先行區段徵收」之意涵與目的各為何？又依法你亦有協助甲與乙公平合理地完成該地買賣契約簽約作業之義務，則應如何處理其上「禁止處分登記」？試依法分述之。（25分）

答：

（一）不動產說明書之內容

    1. 有關土地使用及其影響

      ⑴土地使用之限制：

        本案甲所有位於都市計畫農業區之一筆農地，期間雖因都市計畫通盤檢討變更為住宅區，惟

因尚未擬定細部計畫，故尚未能依住宅區之用途使用，後又因都市計畫通盤檢討變更，其土地使用分區再由住宅區變更為公共設施保留地（道路），依都市計畫法之規定，編定為道路用地，依法僅能作為道路使用；另該筆土地於編定為公共設施保留地（道路）前，即興建有一間合法之農舍，依都市計畫法第51條規定：「依都市計畫法指定之公共設施保留地，不得為妨礙其指定目的之使用。但得繼續為原來之使用或改為妨礙目的較輕之使用。」，故依前開法令規定，該筆土地上所興建之農舍仍得依原用途繼續使用，至政府區段徵收該筆土地為止。

(2)對土地使用之影響

因前開土地已經都市計畫編定為公共設施保留地（道路），依法僅能作為道路使用，雖都市計畫法第50條規定：「公共設施保留地在未取得前，得申請為臨時建築使用。且臨時建築之權利人，經地方政府通知開闢公共設施並限期拆除回復原狀時，應自行無條件拆除；其不自行拆除者，予以強制拆除。」另同法第51條規定：「依都市計畫法指定之公共設施保留地，不得為妨礙其指定目的之使用。但得繼續為原來之使用或改為妨礙目的較輕之使用。」綜上所述，本案編定為公共設施保留地（道路）之

土地,其用途遭受限制,土地雖能建築,但僅能申請為臨時性之建築,且不能作為妨礙其指定目的(即道路)之使用。

2. 有關土地權利及其影響

  (1)土地權利之限制

  本案甲所有之農地一筆,土地登記簿上載有積欠地價稅新臺幣10萬元之「禁止處分登記」,另該筆農地上興建有一間合法農舍,依土地稅法之規定原應課徵田賦,但後因都市計畫通盤檢討,將前開土地變更為公共設施保留地(道路),依同法規定,都市計畫公共設施保留地,在保留期間仍為建築使用者,其地價稅除自用住宅用地按2‰計徵外,統按6‰計徵;其未作任何使用並與使用中之土地隔離者,免徵地價稅。因本案土地已為建築使用,故改課徵地價稅,而甲未按規定繳稅,稅捐稽徵機關為保全租稅債權,故通知地政事務所於該地辦理「禁止處分登記」,而「禁止處分登記」為限制登記之一種,未塗銷前,甲無法將該筆土地移轉登記給乙。

  (2)對土地權利移轉之影響

  「禁止處分登記」為限制登記之一種,而限制登記係限制登記名義人處分其土地權利所為之登記,故甲應依法繳清所欠地價稅新臺幣10萬元後,向稅捐稽徵機關申請將「禁止處分

登記」予以塗銷，方能將該筆土地移轉登記給乙。

(二)「先行區段徵收」之意涵與目的

1. 「先行區段徵收」之意義

   區段徵收，謂於一定區域內之土地，應重新分宗整理，而為全區土地之徵收。而「先行區段徵收」係謂在主管機關核定開發計畫後、都市計畫發布前，就可以先行辦理區段徵收作業，與一般先行發布都市計畫再辦理區段徵收有別。

2. 「先行區段徵收」之目的

   (1)為消弭土地投機炒作，防止都市計畫發布實施後，區域內土地因炒作而造成後續區段徵收無法執行之困擾。

   (2)為避免都市計畫發布實施後，因土地使用變更造成區域內地價有所變動，使得地主權益產生不公叮之情形。

(二)「禁止處分登記」之處理

「禁止處分登記」為限制登記之一種，而限制登記係限制登記名義人處分其土地權利所為之登記，故甲應依法繳清所欠地價稅新臺幣10萬元後，向稅捐稽徵機關申請將「禁止處分登記」予以塗銷，甲、乙雙方方能完成買賣契約之簽訂，並完納土地增值稅及契稅後，最後才能向地政事務所申辦買賣移轉登記。

二、按「房屋現值」為課徵房屋稅之稅基,而「房屋標準價格」又為「房屋現值」核計之基礎,則影響「房屋標準價格」之因素為何?有何問題?又若以「非自住住家用」之房屋為例,其徵收房屋稅之稅率為何?直轄市及縣(市)政府對該房屋稅「徵收率」應如何處理?有何問題?請依房屋稅條例等規定分述之。(25分)

答:

(一)「影響房屋標準價格」之因素及問題

1. 「影響房屋標準價格」之因素

(1)房屋稅條例第11條第1項規定

房屋標準價格,由不動產評價委員會依據下列事項分別評定,並由直轄市、縣(市)政府公告之:

A. 按各種建造材料所建房屋,區分種類及等級。

B. 各類房屋之耐用年數及折舊標準。

C. 按房屋所處街道村里之商業交通情形及房屋之供求概況,並比較各該不同地段之房屋買賣價格減除地價部分,訂定標準。

2. 「影響房屋標準價格因素」之問題

(1)房屋構造標準單價偏低

影響房屋標準價格因素之房屋構造標準單價,自民國73年第一次訂定後沿用迄今,逾30年未予調整,雖於民國104年經監察院建議中央政府應督促地方政府妥適調整房屋構造標準單

價，惟對於房屋構造標準單價之調整，各縣市調幅不一，且調整後之新房屋構造標準單價所追溯適用之房屋，各縣市亦不相同；另近年來營建成本大幅增加，但房屋構造標準單價並未隨其相應調整，致使無法覈實課徵房屋稅。

(2)路段率之評估飽受質疑

形及房屋之供求概況，並比較各該不同地段之房屋買賣價格減除地價部分，訂定路段率。惟各縣市因地方特性及城鄉差異，致使各街道之繁榮程度不一，且現行路段率係由各地方稅捐稽徵機關之稅務人員實地調查及評估，但因缺乏專門技術及知識，其評估結果飽受質疑。

(二)「非自住住家用」房屋稅之徵收

1. 稅率

房屋稅條例第5條後段規定，非自住住家用者，最低不得少於其房屋現值1.5%，最高不得超過3.6%。各地方政府得視所有權人持有房屋戶數訂定差別稅率。

2. 現行各縣市對於「非自住住家用」房屋稅「徵收率」之問題

3. (1)因房屋稅係屬地方稅，若房屋所有權人將其名下房屋分散於各縣市，並持有3戶以下，按現行房屋稅條例之規定，即無法向其課徵「非自住住家用」之房屋稅。

(2)房屋稅條例第5條條文自民國103年修正迄今，

仍有部分縣市未按規定訂定「非自住住家用」房屋稅之徵收標準,致對於「非自住住家用」房屋徵收差別稅率之成效不彰。

(3)雖部分縣市按照規定對於「非自住住家用」房屋訂有差別稅率,惟對於持有戶數及徵收率寬鬆不一,致使房屋所有權人於各縣市之「非自住住家用」房屋之稅負亦有所差異。

乙、測驗題部分:(50分)

(A) 1. 都市計畫公共設施保留地,未作任何使用並與使用中之土地隔離者,其地價稅之計徵,下列何者正確?(A)免徵 (B)按千分之六稅率計徵 (C)按千分之十稅率計徵 (D)按千分之二稅率計徵

(B) 2. 關於土地所有權人出售自用住宅用地時,土地增值稅適用「一生一次」之優惠稅率,下列何者正確?(A)土地增值稅之優惠稅率為千分之二 (B)僅限於都市土地面積未超過三公畝部分或非都市土地面積未超過七公畝部分 (C)土地於出售前一年內,曾供營業使用或出租 (D)出售前應持有該土地三年以上

(D) 3. 依土地稅法規定,已規定地價之土地設定典權時之預繳土地增值稅,下列何者正確?(A)典權人回贖時,原繳之土地增值稅,應加計利息退還 (B)典權人回贖時,原繳之土地增值稅,應無息退還 (C)出典人回贖時,原繳之土地增值稅,應加計利息退還 (D)出典人回贖時,原繳之土地增值稅,應無息退

還

(B) 4. 土地所有權經法院判決移轉登記者,土地增值稅申報移轉現值之審核標準,下列何者正確?(A)以法院判決日當期之公告土地現值為準(B)以申報人向法院起訴日當期之公告土地現值為準(C)以法院判決送達日當期之公告土地現值為準(D)以申報人向主管稽徵機關申報日當期之公告土地現值為準

(C) 5. 依土地稅法規定,地價稅之稅率,下列何者錯誤?(A)地價稅之基本稅率為千分之十(B)土地所有權人之地價總額未超過土地所在地直轄市或縣(市)累進起點地價者,其地價稅按千分之十稅率徵收(C)土地所有權人之地價總額超過土地所在地直轄市或縣(市)累進起點地價五倍者,就其超過部分課徵千分之十五(D)土地所有權人之地價總額超過土地所在地直轄市或縣(市)累進起點地價十五倍至二十倍者,就其超過部分課徵千分之四十五

(C) 6. 依土地法規定,關於共有土地之處分,下列何者正確?(A)應以共有人半數及其應有部分半數之同意行之(B)應有部分合計三分之二者,其人數不予計算(C)共有人不能以書面通知他共有人者,應公告之(D)共有人不得單獨處分其應有部分

(C) 7. 有關土地總登記,經聲請而逾限未補繳證明文件者之情形,下列何者錯誤?(A)其土地視為無主土地(B)由該管直轄市或縣(市)地政機關公告之(C)公告期間不得少於十五日(D)公告期滿,無

人提出異議，即為國有土地之登記

(C) 8. 依土地法規定，有關繼承登記，下列何者正確？（A）繼承登記應於繼承開始之日起一個月內為之，否則視為逾期登記（B）繼承開始之日起逾三個月未辦理繼承登記者，經該管直轄市或縣市地政機關查明後，應即公告繼承人於一年內聲請登記（C）逾期未聲請繼承登記之土地，經地政機關列冊管理十五年，逾期仍未聲請繼承登記者，由地政機關將該土地清冊移請財政部國有財產署公開標售（D）標售逾期未辦繼承登記土地所得之價款，逾十五年無繼承人申請提領該價款者始得歸屬國庫

(A) 9. 依平均地權條例之規定，預售屋或新建成屋買賣契約之買受人，於簽訂買賣契約後，不得讓與或轉售買賣契約與第三人，並不得自行或委託刊登讓與或轉售廣告，但於下列何種情形不在此限？（A）配偶、直系血親或二親等內旁系血親間之讓與或轉售（B）配偶、直系姻親或二親等內旁系姻親間之讓與或轉售（C）配偶、直系姻親或二親等內旁系血親間之讓與或轉售（D）配偶、直系血親或二親等內旁系姻親間之讓與或轉售

(C) 10. 依平均地權條例之規定，委託不動產經紀業代銷預售屋者，應於何時向直轄市、縣（市）主管機關申報登錄資訊？（A）應於簽訂買賣契約之日起至少十日內申報（B）應於簽訂買賣契約之日起至少十五日內申報（C）應於簽訂買賣契約之日起三十日內申報

（D）應於簽訂買賣契約之日起四十五日內申報
（C）11. 依市地重劃實施辦法之規定，土地所有權人重劃後應分配土地面積已達重劃區最小分配面積標準二分之一，經主管機關按最小分配面積標準分配後，如申請放棄分配土地而改領現金補償，下列何者正確？（A）以其重劃前原有面積按原位置評定重劃後地價發給現金補償（B）以其重劃前原有面積按原位置評定重劃前地價發給現金補償（C）以其應分配權利面積，按重劃後分配位置之評定重劃後地價予以計算補償（D）以其應分配權利面積，按重劃後分配位置之評定重劃前地價予以計算補償

（C）12. 以下關於契稅之敘述，何者正確？（A）買賣契稅應由出賣人申報納稅（B）贈與契稅應由贈與人估價立契，申報納稅（C）典權契稅，應由典權人申報納稅（D）占有契稅稅率為其契價百分之二

（C）13. 依土地徵收條例規定，因受領遲延、拒絕受領或不能受領之補償費，下列何者正確？（A）依提存法提存於直轄市或縣（市）主管機關於國庫設立之土地徵收補償費保管專戶（B）直轄市或縣（市）主管機關應於補償費發給期限屆滿之日起三個月內存入專戶保管（C）保管專戶儲存之補償費應給付利息（D）已依規定繳存專戶保管之徵收補償費，自徵收公告期滿之日起，逾十五年未領取者，歸屬國庫

（B）14. 已公告徵收之土地，依徵收計畫開始使用前，興辦之事業改變時，依土地徵收條例之規定，下列何者正

確？（A）應撤銷徵收（B）應廢止徵收（C）土地所有權人得行使收回權（D）應舉行聽證

（D）15. 依土地登記規則之規定，於何種情形下登記機關應以書面敘明理由或法令依據，通知申請人於接到通知書之日起十五日內補正，下列何者錯誤？（A）申請人之資格不符或其代理人之代理權有欠缺（B）登記申請書不合程式，或應提出之文件不符或欠缺（C）未依規定繳納登記規費（D）登記之權利人、義務人或其與申請登記之法律關係有關之權利關係人間有爭執

（D）16. 我國物權係採法定主義，於土地所有權以外之其他不動產物權，謂之他項權利，依民法及土地法之規定，下列何者非屬物權？（A）抵押權（B）農育權（C）耕作權（D）租賃權

（A）17. 依土地法之規定，外國人為供自用、投資或公益之目的使用，得取得所需之土地，其面積及所在地點，應受該管直轄市或縣（市）政府依法所定之限制，下列何種用途不屬之？（A）長照機構（B）住宅（C）醫院（D）營業處所、辦公場所、商店及工廠

（D）18. 依土地法第三十四條之一執行要點規定，有關共有人權利之行使，下列何者錯誤？（A）部分共有人就共有土地或建築改良物為處分、變更及設定地上權、農育權、不動產役權或典權，應就共有物之全部為之（B）部分共有人依本法條規定為處分、變更或設定負擔前，應先行通知他共有人（C）出賣共有土地或建築改良物時，他共有人得以出賣之同一條件共同或

單獨優先購買（D）他共有人於接到出賣通知後二十日內不表示者，其優先購買權視為放棄

(B) 19. 依土地法規定，有關地籍測量之相關規定，下列何者錯誤？（A）地籍測量時，土地所有權人應設立界標，並永久保存之（B）地籍測量，如由該管直轄市或縣（市）政府辦理，其實施計畫應經該地方之地政機關核定（C）重新實施地籍測量時，土地所有權人應於地政機關通知之限期內，自行設立界標，並到場指界（D）重新實施地籍測量之結果，應予公告，其期間為三十日

(C) 20. 依土地法之規定，有關土地登記之損害賠償，下列何者錯誤？（A）因登記錯誤遺漏或虛偽致受損害者，由該地政機關負損害賠償責任（B）登記人員或利害關係人，於登記完畢後，發見登記錯誤或遺漏時，非以書面聲請該管上級機關查明核准後，不得更正（C）地政機關所負之損害賠償，如因登記人員之重大過失所致者，由該人員及地政機關負連帶損害賠償責任，撥歸登記儲金（D）損害賠償之請求，如經該地政機關拒絕，受損害人得向司法機關起訴

(A) 21. 依平均地權條例規定，對私有空地之處置，下列何者錯誤？（A）規定照價收買者，以收買當期之平均市價為準（B）逾期未建築、增建、改建或重建者，按該宗土地應納地價稅基本稅額加徵二倍至五倍之空地稅或照價收買（C）依規定限期建築、增建、改建或重建之土地，其新建之改良物價值不及所占基地申報

地價百分之五十者，直轄市或縣（市）政府不予核發建築執照（D）直轄市或縣（市）政府對於私有空地，得視建設發展情形，分別劃定區域，限期建築、增建、改建或重建

(C) 22. 依都市計畫法之規定，市鎮計畫之主要計畫書，除用文字、圖表說明外，應附主要計畫圖，其比例尺不得小於多少？（A）五百分之一（B）一千分之一（C）一萬分之一（D）一萬五千分之一

(C) 23. 依所得稅法之規定，個人依第14條之4前2項規定計算之房屋、土地交易所得，減除當次交易依土地稅法第30條第1項規定公告土地現值計算之土地漲價總數額後之餘額，不併計綜合所得總額，按相關規定稅率計算應納稅額，其在中華民國境內居住之個人應納稅額，下列何者正確？（A）持有房屋、土地之期間在二年以內者，稅率為百分之三十五（B）持有房屋、土地之期間超過二年，未逾五年者，稅率為百分之二十五（C）因財政部公告之調職、非自願離職或其他非自願性因素，交易持有期間在五年以下之房屋、土地者，稅率為百分之二十（D）個人以自有土地與營利事業合作興建房屋，自土地取得之日起算五年內完成並銷售該房屋、土地者，稅率為百分之二十五

(A) 24. 依土地稅法之規定，主管稽徵機關得指定土地使用人負責代繳其使用部分之地價稅或田賦，下列何項非屬所規範者？（A）土地進行訴訟者（B）權屬不明者（C）納稅義務人行蹤不明者（D）土地所有權人申

請由占有人代繳者

(C) 25. 有關土地利用計畫之通盤檢討相關規定，下列何者正確？（A）全國國土計畫每五年通盤檢討一次（B）直轄市、縣（市）國土計畫每十年通盤檢討一次（C）都市計畫每三年內或五年內至少應通盤檢討一次（D）區域計畫每十年通盤檢討一次

不動產估價概要

甲、申論題部分：（50分）

一、一棟12層大樓的第10層擬出售，該樓層在前一年於梯廳位置曾發生過凶殺致死案，請問該事件屬於影響不動產價格因素的那一類？是否會影響該層樓之價格？（25分）

答：

（一）該事件屬影響不動產價格因素之個別因素。

影響不動產價格的因素：

1. 一般因素：指對於不動產市場及其價格水準發生全面影響之自然、政治、社會、經濟等共同因素。

2. 區域因素：指影響近鄰地區不動產價格水準之因素。

3. 個別因素：指不動產因受本身條件之影響，而產生價格差異之因素。

（二）是否會影響該層樓之價格，答案是會的，論述如下。

1. 比較法估價時，個別因素調整是以比較標的之價格為基礎，就比較標的與勘估標的因個別因素不同所產生之價格差異，逐項進行之分析及調整。將影響勘估標的及比較標的之價格差異之個別因素逐項比較，並依優劣程度或高低等級所評定之差異百分率或差額進行價格調整。

因該事件之影響,該層樓之個別因素劣於比較標的,故該層樓比較價格會向下修正。
2. 收益法估價時,因該事件之影響,乏人問津承租,租金下降,客觀淨收益下降。
收益價格＝勘估標的未來平均一年期間之客觀淨收益÷收益資本化率。
故該層樓收益價格會下降。

二、有一屋齡10年的中古住宅,於建物重新建造成本800萬元、耐用年數50年、殘餘價格率5%的條件下,依不動產估價技術規則的等速折舊路徑計算,建物的現在價值是多少?另請以專業人士的觀點,分析這個價格的合理性。

答:

（一）等速折舊,該中古住宅建物現在價值計算如下:
建物重新建造成本800萬元,經歷年數10年,耐用年數50年,殘餘價格率5%
累積折舊額＝800萬元×（(1－5%)/50））×10＝152萬元
建物成本價格（建物現在價值）＝800萬元－152萬元＝648萬元

（二）價格合理性分析:
1. 採期初加速折舊（定率法）：建物成本價格（建物現在價值）較低。
2. 採期初減速折舊（償債基金法）：建物成本價格（建物現在價值）較高。

3. 採等速折舊（定額法）：建物成本價格（建物現在價值）居中。

如下圖形分析。

故屋齡十年中古住宅屋，使用目的為住宅，以等速折舊（定額法）求取之建物成本價格（建物現在價值）648萬元，應為合理之價格。

路徑＼項目	等速折舊路徑	初期加速折舊路徑	初期減速折舊路徑
年折舊額	每年相同	每年不同，初期大、後期小	每年不同，初期小、後期大
折舊總額	居中	較高	較低
成本價格	居中	較低	較高
代表方法	定額法	定率法、年數合計法	償債基金法、逆年數合計法

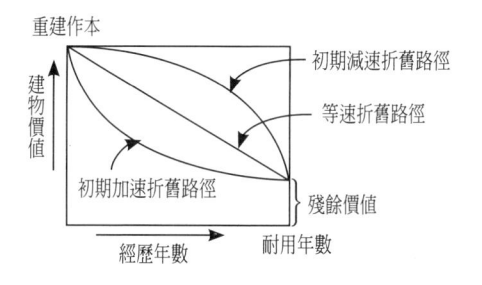

乙、測驗題部分：（50分）

(D) 1. 不動產售屋廣告中「面對公園第一排」，對不動產之影響，是屬於不動產估價影響因素中之何種因素？(A) 一般因素 (B) 市場因素 (C) 區域因素 (D)

個別因素

(B) 2. 不動產估價師受託評估總統府價值，此屬於何種價格種類？(A) 申報價格 (B) 特殊價格 (C) 特定價格 (D) 限定價格

(A) 3. 各直轄市、縣（市）國土計畫於110年4月30日公告實施，此為影響不動產價格之何種因素？(A) 一般因素 (B) 市場因素 (C) 區域因素 (D) 個別因素

(C) 4. 收益性不動產價值是由現在至將來所能帶給權利人之利潤總計，估價師求取將來的收益據以評估不動產價值，應重視何種不動產估價原則？(A) 期日原則 (B) 外部性原則 (C) 預測原則 (D) 內部性原則

(B) 5. 老舊公寓因加裝電梯設備，價格也因此提升，此為何種不動產原則？(A) 收益分配原則 (B) 貢獻原則 (C) 均衡原則 (D) 供需原則

(A) 6. 依不動產估價技術規則規定，比較標的為父親賣給兒子之交易，應進行何種調整？(A) 情況調整 (B) 價格日期調整 (C) 區域因素調整 (D) 個人因素調整

(D) 7. 下列之建物殘餘價格率，何者符合不動產估價技術規則之規定？(A) 20% (B) 18% (C) 12% (D) 8%

(C) 8. 有一不動產平均每年每坪之淨收益為3,000元，若收益資本化率為5%，該不動產每坪之收益價格為：(A) 8萬元 (B) 7萬元 (C) 6萬元 (D) 5萬元

(C) 9. 下列何者不是收益法推算勘估標的總費用之項目？(A) 地價稅 (B) 房屋稅 (C) 土地增值稅 (D) 維

修費

(B) 10. 有一幢公寓每坪平均售價為60萬元，1樓每坪售價為75萬元，4樓每坪售價為50萬元，建物價格占不動產價格之40%，若4樓之樓層別效用比為100%，則1樓之樓層別效用比為何？（A）175%（B）150%（C）120%（D）102%

(C) 11. 目前銀行之一年期定存利率為1.57%，活存利率為0.58%，短期放款利率為7.11%，下列之敘述何者正確？（A）資金中自有資金之計息利率為7.11%（B）資金中預售收入之計息利率為0.58%（C）資金中自有資金之計息利率為1.52%（D）資金中借款之計息利率為1.57%

(B) 12. 就勘估標的所需要各種建築材料及人工之數量，逐一乘以價格日期當時該建築材料之單價及人工工資，並加計管理費、稅捐、資本利息及利潤，以求取勘估標的營造施工費之方法為何？（A）間接法（B）淨計法（C）工程造價比較法（D）單位面積比較法

(C) 13. 不動產租金估計，以估計勘估標的之何種租金為原則？（A）市場租金（B）差額租金（C）實質租金（D）經濟租金

(B) 14. 決定收益資本化率之方法中，選擇數個與勘估標的相同或相似之比較標的，以其淨收益除以價格後，以所得之商數加以比較決定之方法為何？（A）風險溢酬法（B）市場萃取法（C）債務保障比率法（D）折現現金流量分析法

（C）15. 依不動產估價技術規則之規定，有關特殊宗地估價之敘述，下列何者正確？（A）高爾夫球場之估價，以比較法估價為原則（B）溫泉地之估價，以比較法估價為原則（C）鹽田之估價，以比較法估價為原則（D）林地之估價，以比較法估價為原則

（B）16. 有關計量模型分析法之敘述，下列何者錯誤？（A）計量模型分析法截距項以外其他各主要影響價格因素之係數估計值同時為零之顯著機率不得大於百分之五（B）計量模型分析法只能用以推算各主要影響價格因素之調整率（C）計量模型分析法可求出各主要影響價格因素與比較標的價格二者之關係式（D）計量模型分析採迴歸分析者，其調整後判定係數不得低於零點七

（A）17. 有關不動產租金估計之敘述，下列何者正確？（A）不動產租金估計，以估計勘估標的之承租人每期支付予出租人之租金，加計押金或保證金、權利金及其他相關運用收益之總數為原則（B）新訂租約之租金估計得以勘估標的預估契約租金之淨收益，估計租金未來變動趨勢調整後，再加計必要費用（C）續訂租約之租金估計得以勘估標的之價格乘以租金收益率，以估計淨收益，再加計必要費用（D）不動產之租金估計不應考慮使用目的

（B）18. 當債務保障比率要求為1.5倍，貸款常數為0.1，不動產價格為新臺幣60億元，自有資金為新臺幣15億元，不足資金則跟銀行貸款。請問在前述情況下收益資本

化率（折現率）為何？（A）15%（B）11.25%（C）5%（D）3.75%

(A) 19. 在宗地估價中，公共設施用地及公共設施保留地之估價，以下列那一種方法估價為原則？（A）比較法（B）收益法（C）成本法（D）土地開發分析法

(A) 20. 下列何者不屬於土地建築開發之間接成本項目？（A）建築開發之施工人員施工費用（B）建築開發之規劃設計費（C）建築開發之管理費（D）建築開發之銷售費

(A) 21. 有關房地成本價格之計算公式，下列何者正確？（A）房地成本價格＝土地總成本＋建物成本價格（B）房地成本價格＝土地總成本＋建物總成本（C）房地成本價格＝土地價格＋建物成本價格－建物累積折舊額（D）房地成本價格＝土地價格＋建物成本價格＋建物累積折舊額

(C) 22. 下列那一種方法不屬於計算收益資本化率或折現率之方法？（A）加權平均資金成本法（B）有效總收入乘數法（C）折現現金流量分析法（D）風險溢酬法

(B) 23. 比較法估價試算價格之調整運算過程中，區域因素調整、個別因素調整或區域因素及個別因素內之任一單獨項目之價格調整率大於（甲），或情況、價格日期、區域因素及個別因素調整總調整率大於（乙）時，判定該比較標的與勘估標的之差異過大，應排除該比較標的之適用。請問（甲）與（乙）各為多少？（A）（甲）為百分之十五，（乙）為百分之十五

(B)（甲）為百分之十五，（乙）為百分之三十
(C)（甲）為百分之三十，（乙）為百分之十五
(D)（甲）為百分之三十，（乙）為百分之三十

(D) 24. 如果一開發案開發後預期總銷售金額為新臺幣10億元，適當之利潤率為10%，開發所需之直接成本為新臺幣6億元，開發所需之間接成本為新臺幣2億元，開發所需總成本之資本利息綜合利率為5%。請問下列何者最接近此一開發案之土地開發分析價格？(A)新臺幣2億元 (B) 新臺幣1.5億元 (C) 新臺幣1.091億元 (D) 新臺幣0.658億元

(D) 25. 有關一宗土地內有數種不同法定用途時之估價敘述，下列何者錯誤？(A) 估價前應先考量其最有效使用再決定估價方式 (B) 在考量宗地狀況後可以視不同法定用途採分別估價 (C) 估價前應先考量各種用途之相關性及分割之難易度再決定估價方式 (D) 估價時無須考量是否有數種不同法定用途，只需依其主要用途估價

112年不動產經紀人普考

民法概要

甲、申論題部分：（50分）

一、甲與A公司簽訂靈骨塔買賣契約，約定甲享有其中四層樓之某塔位，A公司並交付該樓層塔位之永久使用權狀予甲，A公司所有之靈骨塔大樓嗣後因強制執行被B公司買得。試問甲對B公司主張其所購買之塔位有永久使用權存在，是否有理由？請附具理由說明。（25分）

答：

（一）甲支付對價，取得享有某塔位之永久使用權，並非物權，核屬債權之性質：

1. 按物權除依法律或習慣外，不得創設，民法757條定有明文。查塔位永久使用權，非法律所規定之物權，亦非習慣法上之物權，是基於民法第757條物權法定主義之規定，並不具物權性質。

2. 然甲支付對價，取得某塔位之使用之權利，甲所取得之永久使用權，核有租賃債權之性質。

（二）甲對拍定人B公司得否主張有永久使用權：

1. 查強制執行法所為之拍賣，依實務見解，仍屬買賣性質，是拍定人B公司係基於繼受取得塔位所坐落之不動產所有權，此合先敘明。

2. 如前所述，塔位永久使用權不具物權性質，甲無從對拍帶人B公司主張物權所具排他、優先、追及與物上權請求之效力。然塔位永久使用權既具

租賃債權之性質,若A公司已交付占有,則甲於占有中,縱因拍賣致所有權讓與予B公司,仍得主張適用或類推適用民法第425條第1項之規定。惟甲與A公司約定「永久」使用,其期限逾5年,若未經公證,則依民法第425條第2項之規定,甲仍不得主張民法第425條第1項買賣(所有權讓與)不破租賃之規定。是以,問題在於本案有無民法第425條第2項之適用或類推適用。

3. 實務見解有認,靈骨塔永久使用契約,除塔位永久使用部分外,尚有允為保管靈骨、提供誦經、祭祀勞務,兼有寄託、僱傭之性質,又如由靈骨必需永久使用塔位以供後世子孫祭祀之特性觀之性質上自非得類推適用民法第425條第2項之規定,且若為受讓之第三人所明知或可得而知,並有一定之公示作用,自無違該條第2項規定之立法意旨。

4. 是以,依實務見解,若甲有占有該靈骨塔,且有一定公示外觀,足以使受讓人明知或可得而知甲有使用權,甲仍得主張適用或類推適用民法第425條第1項買賣(所有權讓與)不破租賃之規定,對B公司主張有永久使用權。

二、A仲介公司受買方甲之委託媒介甲購買乙所有之土地,雙方簽訂居間契約,約定「於甲乙間土地買賣契約成立後,甲應依約給付A公司新臺幣一千萬的服務費」。後來甲與

乙在A公司之媒合下簽訂土地買賣契約,甲於是給付A公司一千萬元。然嗣後甲乙間對於土地分區使用有所爭執,因而甲乙合意解除該買賣契約。甲因此對A公司主張,請求A公司返還所支付之一千萬服務費,是否有理?請附具理由說明之。(25分)

答:

(一) 稱居間者,謂當事人約定,一方為他方報告訂約之機會或為訂約之媒介,他方給付報酬之契約,民法第565條定有明文。是依當事人約定,僅報告訂約之機會,即可取得報酬者,稱為「報告居間」;反之,若須進一步媒合買賣訂立契約者,則為「媒介居間」。查依題旨,依A公司與甲約定:「甲乙間土地買賣契約成立」等語,可知A公司與甲約定者,乃報告居間。

(二) 次按「居間人,以契約因其報告或媒介而成立者為限,得請求報酬。」,民法第568條第1項定有明文,又A公司與甲約定「甲乙間土地買賣契約成立,甲應依約給付A公司新臺幣一千萬元的服務費」等語,是甲、乙經A公司媒合簽訂土地買賣契約,甲並給付A公司一千萬元,然嗣後甲因與乙就土地使用分區有所爭執,因而與乙合意解除契約,甲得否依民法第179條之規定,請求A公司返還所給付之一千萬元。

(三) 查居間人於契約因其媒介而成立時,即得請求報酬,其後契約因故解除,於其所得報酬並無影響,

此有最高法院56年度台上字第471號判決可稽。是甲、乙因土地使用分區有爭執而合意解除契約，若土地使用分區非甲與A公司簽訂居間契約所要求條件之一，則自不可因與乙之糾葛，使A公司所得之報酬受影響，故甲請求A公司返還一千萬之報酬，並無理由。

乙、測驗題部分：（50分）

（A）1. 有關權利能力之敘述，下列何者錯誤？（A）人的權利能力始於出生終於死亡，因此胎兒尚未出生所以沒有權利能力（B）人的權利能力不得拋棄，更不得轉讓（C）法人除於法令或性質上之限制外，仍享有權利能力（D）植物人仍享有權利能力

（C）2. 有關權利客體之敘述，下列何者錯誤？（A）甲未經乙的同意在乙的土地上種植樹木，該樹木為乙土地上之部分（B）甲飼養一頭母牛，後來該母牛生下一頭小牛，小牛所有權仍屬於甲所有（C）為收容災民而臨時拼裝之貨櫃屋，仍為定著物，性質上為不動產（D）主物之處分效力及於從物，所以購買汽車之契約效力及於備胎

（B）3. 有關限制行為能力之敘述，下列何者正確？（A）滿16歲之未成年人寫遺囑時，仍須經法定代理人同意，否則效力未定（B）16歲之甲偽造身分證，使相對人乙誤信甲已滿18歲，而與甲簽訂買賣契約，該買賣契約有效（C）限制行為能力人為代理人時，代理人受

領代理權仍須經法定代理人之同意（D）法定代理人可以概括允許限制行為能力人為法律行為

(D) 4. 下列情形，那一行為需向法院聲請撤銷，才會發生撤銷之效力？（A）通謀虛偽意思表示所為之法律行為（B）因錯誤或誤傳之意思表示而為法律行為（C）被詐欺而為意思表示之法律行為（D）因暴利行為所為之法律行為

(C) 5. 甲向乙推銷一只古董錶，甲出價新臺幣（下同）10萬元問乙要不要買，乙答覆說：「如果8萬元我就買」，請問乙的答覆性質上為何？（A）要約之引誘（B）承諾（C）要約（D）意思實現

(C) 6. 甲向乙購買乙對於丙的債權，但丙已於買賣前清償系爭債權而使該債權消滅，請問該買賣契約之效力如何？（A）債權不得作為買賣之標的所以無效（B）該買賣標的權利自始不存在，屬於標的不能而無效（C）該買賣標的權利雖然不存在，但契約仍有效，甲可對乙主張權利瑕疵擔保（D）甲可依締約上過失向乙請求損害賠償

(B) 7. 依民法之規定，約定利率超過週年百分之多少，則超過之部分會無效？（A）12（B）16（C）20（D）25

(A) 8. 下列何種契約性質上屬於要物契約？（A）消費借貸契約（B）房屋租賃契約（C）贈與契約（D）合會契約

(A) 9. 依民法之規定，有關租賃契約之效力，下列何者錯誤？（A）租賃物有修繕之必要時，原則上承租人可

直接自行修繕後再請求出租人給付修繕費用（B）如租賃物是房屋時，倘出租人無反對之約定，承租人可以將房屋一部轉租（C）租賃物因承租人失火而造成損害，承租人僅就重大過失負賠償責任（D）租賃物應納之一切稅捐，由出租人負擔

(C) 10. 為動產物權讓與之交付，倘受讓人已先占有動產，於讓與合意時即生動產所有權取得之效力，學理上稱之為何？（A）現實交付（B）占有改定（C）簡易交付（D）指示交付

(C) 11. 果實自落於鄰地者，果實之所有權為鄰地所有權人所有，倘鄰地係公有用地時，該自落之果實為何人所有？（A）國家所有（B）該果實為無主物，誰先占即取得所有（C）為該果實之果樹所有權人所有（D）由國家及果樹所有權人所共有

(B) 12. 有關遺失物拾得之敘述，下列何者錯誤？（A）遺失物自通知或最後招領日起逾6個月，未有受領人認領者，由拾得人取得遺失物之所有權（B）受領權人認領遺失物時，拾得人原則上可以請求報酬，但不得超過遺失物價值之十分之三（C）拾得人之報酬請求權因6個月不行使而消滅（D）倘受領權人為低收入戶時，依法可以拒絕拾得人之報酬請求

(D) 13. 抵押權人僅就土地設定抵押權，因債權已屆清償期而未清償而實行抵押權，下列何者錯誤？（A）於設定抵押權時，該土地上已存在房屋，實行抵押權之範圍僅限於土地本身，不得就房屋併付拍賣（B）於設

定抵押權時,土地上並無房屋,於實行抵押權時土地所有人已營造房屋,抵押權人必要時得聲請併付拍賣(C)抵押權人聲請併付拍賣時,如房屋有存在他人之租賃權,抵押權人得聲請法院除去房屋之租賃權後再執行拍賣(D)抵押權人將土地與房屋併付拍賣後,對於土地及房屋賣得之價金,抵押權人均有優先受償之權利

(B) 14. 民法關於死亡宣告的規定,下列何者正確?(A)失蹤人失蹤滿三年後,法院得因利害關係人之聲請,為死亡之宣告(B)受死亡宣告者,以判決內所確定死亡之時,推定其為死亡(C)遺產稅捐徵收機關得為失蹤人向法院聲請死亡宣告(D)死亡宣告會剝奪失蹤人之權利能力

(D) 15. 甲於民國(下同)107年9月間向乙租車公司租用自小客車環島,然卻積欠乙租金新臺幣3萬元,乙於108年9月催告後甲仍不為給付,乙便於109年8月訴請甲給付租金,於110年9月獲勝訴判決確定。下列何者正確?(A)乙租車公司的租金請求權時效本為5年(B)乙於108年9月催告後6個月內未起訴,仍生中斷時效之效力(C)乙於109年8月訴請甲給付租金時,時效不完成(D)判決確定後,時效重新起算5年

(C) 16. 甲委託乙代為尋覓對象結婚,並承諾事成後給予乙報酬新臺幣10萬元。關於婚姻居間契約,下列何者正確?(A)甲乙間的契約,無效(B)乙得對甲請求給付報酬(C)乙對甲無報酬請求權(D)婚姻居間

契約不得約定報酬

(D) 17. 土地所有人非因故意或重大過失逾越地界建築房屋，而鄰地所有人知其越界，卻不即時提出異議者，下列何者正確？（A）鄰地所有人不為異議，即表示拋棄所有權利，不得再為主張（B）土地所有人有權得請求購買越界之土地（C）鄰地所有人得請求移去或變更越界建築之房屋，並請求支付償金（D）鄰地所有人不得請求移去或變更越界建築之房屋，但得請求所受損害之償金

(A) 18. 關於民法區分所有建築物規定之敘述，下列何者錯誤？（A）專有部分與其所屬之共有部分及其基地之權利，得分離而為移轉或設定負擔（B）就區分所有建築物共有部分及基地之應有部分，區分所有人得約定其比例（C）專有部分得經其所有人之同意，依規約之約定供區分所有建築物之所有人共同使用（D）共有部分除法律另有規定外，得經規約之約定供區分所有建築物之特定所有人使用

(C) 19. 甲在其所有A地上興建B屋，但B屋為未辦理建物所有權第一次登記的違章建物，嗣後甲與乙訂立A地與B屋的買賣契約，下列何者錯誤？（A）B屋雖為違章建築亦為融通物，得為交易之客體（B）甲應將A地所有權辦妥移轉登記給乙，乙始取得A地所有權（C）興建B屋時因未為建物所有權保存登記，故甲未取得B屋所有權（D）甲將B屋讓與乙，乙僅取得對B屋之事實上處分權

(A) 20. 關於善意占有人之敘述，下列何者錯誤？(A) 善意占有人於本權訴訟敗訴時，自判決確定之日起，視為惡意占有人 (B) 善意占有人自確知其無占有本權時起，為惡意占有人 (C) 善意占有人因保存占有物所支出之必要費用，得向回復請求人請求償還 (D) 善意占有人，因改良占有物所支出之有益費用，於其占有物現存之增加價值限度內，得向回復請求人，請求償還

(B) 21. 就法定夫妻財產制之敘述，下列何者錯誤？(A) 夫或妻婚前財產，於婚姻關係存續中所生之孳息，視為婚後財產 (B) 不能證明為夫或妻所有之財產，視為夫妻共有 (C) 夫或妻之財產分為婚前財產與婚後財產，由夫妻各自所有 (D) 夫妻各自對其債務負清償之責

(D) 22. 關於民法第1031條之1夫妻財產制中之特有財產之敘述，下列何者錯誤？(A) 甲在婚前取得之受贈物A屋，若贈與人甲父以書面聲明甲日後結婚時，該A屋為特有財產，則該A屋亦屬特有財產 (B) 夫或妻在家中共同使用的茶杯、桌椅等動產，非特有財產 (C) 夫是音樂家，則其演奏時所需之樂器為特有財產 (D) 夫或妻雖以受贈之特有財產之金錢購買不動產一筆，惟該受贈物狀態已變更，則該不動產非特有財產

(C) 23. 關於遺產繼承之敘述，下列何者錯誤？(A) 非婚生子女非經生父認領或準正，不得繼承其生父之遺產

（B）遺產繼承人，除配偶外，其繼承順序為直系血親卑親屬、父母、兄弟姊妹、祖父母（C）配偶與被繼承人直系血親尊親屬同為繼承時，其應繼分為遺產之三分之一（D）特留分之規定，係為保障法定繼承人之權利免受侵害

（A）24. 關於回復喪失繼承權之敘述，下列何者錯誤？（A）子女為了遺產而謀殺父親，即喪失對父親之繼承權，因被繼承人原諒繼承人之行為而回復繼承權（B）偽造、變造、隱匿、湮滅被繼承人關於繼承之遺囑者，喪失繼承權，得因被繼承人原諒繼承人之行為而回復其繼承權（C）對於被繼承人有重大之虐待或侮辱情事，經被繼承人表示其不得繼承時，喪失繼承權，但之後仍可因獲得被繼承人之原諒而回復繼承權（D）以詐欺或脅迫妨害被繼承人為關於繼承之遺囑，或妨害其撤回或變更者，喪失繼承權，得因被繼承人原諒繼承人之行為而回復其繼承權

（B）25. 關於拋棄繼承之敘述，下列何者錯誤？（A）應於知悉其得繼承之時起三個月內，以書面向法院為之（B）拋棄繼承後，應通知因其拋棄而應為繼承之人。未為通知者，不生拋棄繼承之效力（C）配偶拋棄繼承權者，其應繼分歸屬於與其同為繼承之人（D）繼承之拋棄，溯及於繼承開始時發生效力

國文

作文部分：（100分）

一、每個人面對弱點的態度不盡相同，下列三例各自呈現出相異的特質：

(一) 古希臘人認為，口吃並非雄辯家狄摩西尼（Demosthenes）的「缺憾」，而是他成為偉大雄辯家的「原因」。口吃成為他想把口才訓練好的動力。

(二) 美國前勞工部長珀金斯（Frances Coralie Perkins）在求學時對歷史、文學特別感興趣，對化學則一竅不通，但化學老師卻一直要他把化學當成主科：「若你連最差的科目都敢當成主修科的話，日後就再也沒有任何挑戰可以難倒你了。」。珀金斯最後接受化學老師的建議。

(三) 法國散文家蒙田（Michelde Montaigne）勇於面對、接納真實的自己，他從不急著自我辯解、合理化或試圖隱藏自己的弱點。大多時候，他對自己的缺陷一笑置之。例如他承認自己個子矮小，其貌不揚；若他記憶力不好、記不住人事，他會坦白直說。

請以「面對弱點」為題，作文一篇，先分析上述三例面對弱點的態度，評論其異同，再以自我經驗為例，闡述己見。（50分）

二、現代人收藏的物品相當廣泛。姚謙在《一個人的收藏》中說：「每一個人的一生都在收藏；收藏記憶、收藏情感、收藏某些與自己經歷或想法對照過的物質。小時候收集郵票、書籤、看過的戲票、讀過的書、聽過的卡帶、CD，和現在儲存在硬碟裡的文章、影片與音樂，當然也包括重複回頭看的照片：那些自己拍攝的風景與人，還有別人拍攝眼中的你。收藏這個動作，彷彿是每個生命都戒不掉的習慣，只是它表現得顯性或隱性而已，因為它可以從某個角度對自己證實自己存在過的痕跡。」對姚謙來說，不論收藏什麼，都是一種自己在這世界存在過的證明。

每個人從小到大，都曾有過收藏的經驗，也許是有形的玩偶、書籍、旅行明信片，也可能是無形的記憶。請以「我的收藏」為題，書寫自己的收藏經驗，敘寫收藏的起源與過程，以及你所體會到這些收藏對自己的意義與影響。（50分）

# 捌

113年不動產經紀人普考

不動產經紀相關法規概要

甲、申論題部分：（50分）

一、依不動產經紀業管理條例規定，不動產經紀業應於營業處所明顯之處，揭示那些文件？那一文件代銷經紀業不適用之？違反此一規定者，應如何處罰之？（25分）

答：

（一）不動產經紀業應於營業處所明顯之處應揭示下列文件：

1. 經紀業許可文件。
2. 同業公會會員證書。
3. 不動產經紀人證書。
4. 報酬標準及收取方式。

前項第1款至第3款文件，得以影本為之。

（二）代銷經紀業不適用之文件：

上述「報酬標準及收取方式」規定，於代銷經紀業不適用之。

（三）違反此規定之罰則：

違反上開規定，直轄市、縣（市）主管機關應令其限期改正；屆期未改正，處新臺幣3萬元以上15萬元以下罰鍰。

二、依公寓大廈管理條例規定，區分所有權人會議之決議，除規約另有規定外，其出席人數、區分所有權比例及同意方

式應依該條例規定如何辦理？另區分所有權人會議依前述方式未獲致決議、出席區分所有權人之人數或其區分所有權比例合計未達前述定額者，得如何處理？試分別詳細說明之。（25分）

答：

（一）區分所有權人會議之決議方式：

區分所有權人會議之決議，除規約另有規定外，應有區分所有權人三分之二以上及其區分所有權比例合計三分之二以上出席，以出席人數四分之三以上及其區分所有權比例占出席人數區分所有權四分之三以上之同意行之。

（二）未獲致決議或未達前述定額之處理方式：

1. 重新召集會議及其決議方式：

區分所有權人會議依前條規定未獲致決議、出席區分所有權人之人數或其區分所有權比例合計未達前條定額者，召集人得就同一議案重新召集會議；其開議除規約另有規定出席人數外，應有區分所有權人三人並五分之一以上及其區分所有權比例合計五分之一以上出席，以出席人數過半數及其區分所有權比例占出席人數區分所有權合計過半數之同意作成決議。

前項：

依規定送達各區分所有權人後，各區分所有權人得於七日內以書面表示反對意見。書面反對意見未超過全體區分所有權人及其區分所有權比例合計半數

時,該決議視為成立。

第一項:

會議主席應於會議決議成立後十日內以書面送達全體區分所有權人並公告之。

乙、測驗題部分:(50分)

(C) 1. 不動產說明書係不動產交易過程中極為重要之資訊揭露文件,下列關於不動產說明書之敘述,何者與不動產經紀業管理條例之規定不符?(A)不動產之買賣如委由經紀業代銷者,不動產說明書應由經紀業指派經紀人簽章 (B) 經紀人員在執行業務過程中,應以不動產說明書向與委託人交易之相對人解說 (C) 經紀人員於提供解說後,應將不動產說明書交由委託人簽章 (D) 雙方當事人簽訂買賣契約書後,不動產說明書視為買賣契約書之一部分

(D) 2. 依不動產經紀業管理條例規定,中華民國國民經不動產經紀人考試及格並領有不動產經紀人證書者,得充不動產經紀人。下列有關不動產經紀人證書之敘述,何者正確?(A)經不動產經紀人考試及格者,應具備一年以上經紀營業員經驗,始得向考試院考選部請領不動產經紀人證書 (B) 不動產經紀人證書有效期限為四年,期滿時,經紀人應檢附其於四年內在中央主管機關認可之機構、團體完成專業訓練二十個小時以上之證明文件,向中央主管機關指定之機構、團體辦理換證 (C) 不動產經紀人受申誡處分三次者,應

廢止其經紀人證書（D）不動產經紀人受監護宣告成為無行為能力人，應廢止其經紀人證書

(A) 3. 經紀人員違反業務規範時，應負之法律責任，下列敘述何者錯誤？（A）未經所屬經紀業同意為他經紀業執行業務，而為自己或他經紀業執行仲介或代銷業務者，應予以六個月以上三年以下之停止執行業務之懲戒處分（B）在執行業務過程中，未向與委託人交易之相對人解說不動產說明書之內容者，應予申誡（C）對於因業務知悉或持有之他人秘密，無故洩漏者，應予申誡（D）執行業務因故意或過失不法侵害交易當事人致其受有損害者，應與經紀業負連帶賠償責任

(C) 4. 有關公寓大廈專有部分、共用部分之修繕義務及費用負擔，下列敘述何者錯誤？（A）專有部分之修繕，由各該區分所有權人為之，並負擔其費用（B）共用部分之修繕，由管理負責人或管理委員會為之。其費用由公共基金支付或由區分所有權人按其共有之應有部分比例分擔之（C）共用部分之修繕，係因可歸責於區分所有權人之事由所致者，由區分所有權人為之，並負擔其費用。但規約另有規定者，從其規定（D）共用部分之重大修繕，應依區分所有權人會議之決議為之。其費用，由公共基金支付或由區分所有權人按其共有之應有部分比例分擔

(C) 5. 按公寓大廈之共有部分為區分所有人所分別共有。下列關於共有部分之使用、收益及處分權能之說明，何

者與公寓大廈管理條例之規定不符？（A）各區分所有權人按其共有之應有部分比例，對建築物之共用部分有使用收益之權。但另有約定者從其約定（B）共用部分得約定供特定區分所有權人使用。但有違法令使用限制之規定者，不得約定專用（C）共用部分之應有部分應隨同專有部分一併移轉或設定負擔。但另有約定者從其約定（D）共用部分之拆除，應依區分所有權人會議之決議為之

（B）6. 某老舊公寓社區因近來地震頻繁嚴重毀損，有危害公共安全之虞。經召開臨時區分所有權人會議，在符合公寓大廈管理條例第30條及第31條規定下，決議同意重建。惟甲自始即反對重建，於臨時會議時，亦投下反對票。依公寓大廈管理條例之規定，應如何處理？（A）因未經全體區分所有權人之同意，該公寓社區不得進行重建（B）管理負責人或管理委員會得訴請法院命甲出讓其區分所有權及其基地所有權應有部分（C）管理負責人或管理委員會得訴請法院將甲強制遷離（D）管理負責人或管理委員會得請求主管機關為必要之處置

（A）7. 依公寓大廈管理條例規定，起造人於符合下列何種情形後三個月內，應召集區分所有權人召開區分所有權人會議，成立管理委員會或推選管理負責人，並向直轄市、縣（市）主管機關報備？（A）公寓大廈建築物所有權登記之區分所有權人達半數以上及其區分所有權比例合計半數以上（B）公寓大廈建築物所有權

登記之區分所有權人達半數以上及其區分所有權比例合計三分之二以上（C）公寓大廈建築物所有權登記之區分所有權人達三分之二以上及其區分所有權比例合計半數以上（D）公寓大廈建築物所有權登記之區分所有權人達三分之二以上及其區分所有權比例合計三分之二以上

(A) 8. 內政部公告之「預售屋買賣定型化契約應記載及不得記載事項」及「不動產說明書應記載或不得記載事項（預售屋部分）」，均要求預售屋之買賣須具備履約擔保制度。試問：由建商或起造人將建案土地及興建資金信託予某金融機構或經政府許可之信託業者執行履約管理。興建資金應依工程進度專款專用。簽定預售屋買賣契約時，賣方應提供上開信託之證明文件或影本予買方。此係屬何種履約擔保？（A）不動產開發信託（B）價金返還保證（C）價金信託（D）同業連帶擔保

(C) 9. 甲建商於預售屋銷售廣告單中表示：「現場簽約，贈送德國進口高級廚衛設備」。首次購屋者乙於建商接待中心看完樣品屋後，隨即與銷售人員丙簽定預售屋買賣契約書。惟交屋時，始發現建商所贈送者，係國產中等品質設備，與廣告內容不符。就此案例，下列敘述，何者正確？（A）廣告係要約引誘，對甲並不具拘束力（B）廣告內容若未經甲、乙合意成為個別磋商條款，並訂入預售屋買賣契約中，對甲不生效力（C）廣告內容即為契約內容，於契約成立後，甲應

確實履行（D）甲得以廣告內容係媒體經營者所為，未註記其公司名稱，主張免除履約責任

(B) 10. 下列關於公平交易法之敘述，何者錯誤？（A）維護消費者利益為本法立法目的之一（B）依照著作權法、商標法、專利法或其他智慧財產權法規行使權利之行為，不適用本法之規定（C）事業關於競爭之行為，優先適用本法之規定。但其他法律另有規定且不牴觸本法立法意旨者，不在此限（D）本法規定事項，涉及其他部會之職掌者，由主管機關商同各該部會辦理之

(B) 11. 不動產開發業者或不動產經紀業者銷售預售屋時，其所為之下列何種行為，並不構成公平交易法第25條「其他足以影響交易秩序之欺罔或顯失公平之行為」？（A）在向買方收取斡旋金前，未以書面告知買方得選擇支付斡旋金或採用內政部版「要約書」（B）向買方收取斡旋金後，因未能締結預售屋買賣契約，而拒絕返還（C）要求購屋人須給付定金或一定費用始提供預售屋買賣契約書攜回審閱（D）締結預售屋買賣契約後，要求繳回契約書

(D) 12. 不動產業者因炒作房地產所涉及之不實廣告、不當銷售行為，下列何者非屬內政部主管法規所及，應由公平交易委員會依公平交易法相關規定辦理？（A）散布不實成交價格、市場成交行情、銷售量，影響不動產交易價格（B）違規潛銷預售屋（未領得建造執照即廣告銷售）（C）利用人頭排隊、假客戶付訂金、

簽訂虛假購屋預約單或不動產買賣契約書等與他人通謀或為虛偽交易，營造不動產交易活絡之表象（D）對服務品質、企業形象、行銷策略等內容之廣告，有虛偽不實或引人錯誤者

(A) 13. 事業申報結合，經公平交易委員會禁止其結合而仍為結合者，公平交易委員會除得處新臺幣二十萬元以上五千萬元以下罰鍰外，並得為一定之處分。下列何者不包括在內？（A）停止營業（B）限期令分設事業（C）處分全部或部分股份（D）轉讓部分營業

(A) 14. 公平交易法原則禁止事業為聯合行為，但有益於整體經濟與公共利益，經申請主管機關許可者，不在此限。不動產經紀業者相互間之何種聯合行為應予以禁止，不在得申請公平交易委員會許可之列？（A）共同劃分經營區域、共同劃分交易對象（B）為降低成本、改良品質或增進效率，而統一服務之規格或型式（C）為促進事業合理經營，而分別作專業發展（D）為促進產業發展、技術創新或經營效率所必要之共同行為

(C) 15. 有關不動產經紀業廣告，下列敘述何者正確？（A）經紀業於臉書社群網路平台刊登不動產銷售廣告，僅註明加盟於知名連鎖不動產經紀業「○○不動產」並使用其服務標章（B）主打買地送屋，實際卻沒有房屋處分權（C）廣告及相關銷售文宣註明不動產經紀業名稱（D）廣告使用未經明確定義之「使用面積」、「受益面積」、「銷售面積」等名詞

（B）16. 下列何者不違反公平交易法第21條廣告不實？（A）不動產代銷業者於售屋網站公告35米泳池，而該泳池設置處於竣工圖為景觀水池（B）不動產代銷業者於售屋廣告，標示近捷運站（C）不動產代銷業者於售屋廣告，對於使用分區為乙種工業區之建案使用一般住宅之用語及圖示說明（D）不動產代銷業者於銷售屬科技工業區之建案時，使用可供住家使用之傢俱配置參考圖

（A）17. 甲透過仲介公司看房，對某一間公寓頗為滿意，想請父母看房再決定，仲介公司業務員請他先付10萬元斡旋，可保留優先購買之權利，於是甲支付10萬元，並簽訂「不動產購買意願書」，下列何者錯誤？（A）仲介業者如提出斡旋金要求，應主動告知消費者亦可選擇採用內政部所訂定之要約書，並需支付斡旋費用（B）斡旋金是當消費者中意某房屋，欲與屋主進行議價時，仲介業常要求消費者支付一定金額，作為斡旋差價之用（C）如消費者選擇交付斡旋金，則仲介業者應以書面明定交付斡旋金之目的，明確告知消費者之權利義務（D）仲介業者未遵行公平交易委員會對斡旋金規範而有欺罔或顯失公平情事，將違反公平交易法第25條之規定

（D）18. 不動產經紀業違反不動產經紀業管理條例相關規定時，下列何種情形，直轄市、縣（市）主管機關應先令其限期改正，屆期未改正，始處一定金額之罰鍰？（A）設立之營業處所未置經紀人（B）僱用未具備

經紀人員資格者從事仲介或代銷業務（C）收取差價或其他報酬（D）未將其仲介或代銷相關證照及許可文件連同經紀人證書揭示於營業處所明顯之處

（B）19. 不動產經紀業者告知消費者「今天不簽約就沒機會」、「不簽約就不能看契約」、並在契約中記載「已確實攜回本契約書審閱5日以上無誤或是已詳閱並充分瞭解本契約書及附件內容，無須5日以上審閱期，本約簽訂後，確認即生契約效力無誤」，請問此定型化契約條款效力為何？（A）有效（B）無效（C）效力未定（D）部分有效，部分無效

（A）20. 預售屋買賣定型化契約應記載及不得記載事項規定，接通自來水、電力之管線費及其相關費用（例如安裝配置設計費、施工費、道路開挖費、復原費及施工人員薪資等）應由誰負擔？（A）賣方（B）買方（C）買賣雙方平均分配（D）買賣雙方議定

（D）21. 下列何者不是定型化契約條款推定顯失公平之情形？（A）違反平等互惠原則者（B）條款與其所排除不予適用之任意規定之立法意旨顯相矛盾者（C）契約之主要權利或義務，因受條款之限制，致契約之目的難以達成者（D）定型化契約中之定型化契約條款牴觸個別磋商條款之約定者

（C）22. 1樓露台屬於全體住戶共有，為了有效利用露台空間，住戶間常會將露台給該特定住戶使用，此露台稱為？（A）專有部分（B）共用部分（C）約定專用部分（D）約定共用部分

(A) 23. 大樓規約約定1樓露台屬於1樓甲使用，嗣後3樓所有權人乙將其房地產權出售並過戶給丙，請問該規約對丙繼受人有無效力？（A）依公寓大廈管理條例第24條規定，區分所有權之繼受人丙，應於繼受後遵守原區分所有權人依規約所定之一切權利義務事項（B）丙未在規約簽章，對其不生效力（C）丙不知有該規約約定，對其不生效力（D）該規約僅能拘束原區分所有權人乙

(D) 24. 3樓住戶因浴室漏水，經抓漏後發現是3、4樓樓地板內之管線自然損壞導致漏水，請問修繕費用由誰負擔？（A）3樓（B）4樓（C）3、4樓之住戶共同負擔（D）3、4樓之區分所有權人共同負擔

(B) 25. 依現行公寓大廈管理條例規定，公寓大廈住戶可以飼養動物？（A）原則可以，但社區管委會有權禁止住戶飼養動物（B）原則可以，但規約另有禁止飼養之規定時，則依規約約定（C）原則禁止，但社區管委會有權開放住戶飼養動物（D）原則禁止，但規約有權開放住戶飼養動物

113年不動產經紀人普考

土地法與土地相關稅法概要

甲、申論題部分：（50分）

一、請依平均地權條例規定，試述公辦市地重劃之實施過程中，主管機關應盡公告通知之事項為何？所有權人表達異議之時機與方式？以及主管機關對異議如何處理？（25分）

答：

(一) 主管機關應盡公告通知之事項：

1. 公告重劃計畫書

   依平均地權條例第56條第2項之規定，重劃計劃書經核定後，主管機關應依法公告，及通知土地所有權人，並舉行說明會，說明重劃意旨及計畫要點。

2. 公告禁建及禁止土地移轉等事項

   依平均地權條例第59條之規定，重劃地區選定後，直轄市或縣（市）政府得視實際需要報經上級主管關核定後，分別或同時公告禁止或限制土地移轉、分割、設定負擔或建築改良物之新建、增建、改建或重建及採取土石或變更地形，其禁止或限制期間，以1年6個月為限。

3. 重劃分配成果之公告通知

   依平均地權條例第60條之2第1項之規定，主管機關於辦理重劃分配完畢後，應檢附有關圖冊，將

重劃土地分配結果公告30日,並通知土地所在之鄉(鎮、市、區)公所陳列有關圖冊,以供閱覽。土地所有權人對於分配結果有異議時,得於公告期間內向主管機關以書面提出異議,未提出異議或逾期提出者,其分配結果於公告期滿時確定。

(二) 所有權人表達異議之時機與方式:
1. 對重劃計畫書之公告有異議
土地所有權人對重劃計畫書有反對意見者,應於公告期間內以書面載明理由與其所有土地坐落、面積及姓名、住址,於簽名或蓋章後,向主辦重劃之主管機關提出。
2. 對重劃分配成果公告有異議
土地所有權人對於市地重劃分配結果有異議時,得於公告期間內向主管機關以書面提出異議。未提出異議或逾期提出者,其分配結果於公告期滿時確定。

(三) 主管機關對所有權人表達異議之處理方式:
依平均地權條例第56條第3項之規定,重劃計畫書公告期間內,重劃地區私有土地所有權人半數以上,而其所有土地面積超過重劃地區土地總面積半數者,表示反對時,主管機關應予調處,並參酌反對理由,修訂市地重劃計畫書,重行報請核定,並依其核定結果公告實施。

二、甲在Ｔ市有一間無人設籍空置不為使用的Ａ「空屋」，以及一筆Ｂ「空地」租給乙，請問Ａ屋房屋稅如何課徵？又何謂「空地」？空地稅如何課徵？若Ｂ地經Ｔ市政府通知應限期建築使用，甲與乙之租約後續如何處理？請依房屋稅條例暨相關法令、土地稅法及平均地權條例詳述之。（25分）

答：

（一）Ａ屋課徵之房屋稅

Ａ屋為無人設籍且空置未用的房屋，出租給Ｂ使用，依房屋稅條例第5條之規定：

1. Ａ屋屬住家用房屋

　⑴出租申報租賃所得達所得稅法規定之當地一般租金標準如Ａ屋屬住家用房屋並出租他人，按房屋現值1.5%～2.4%課徵房屋稅。

　⑵出租申報租賃所得未達所得稅法規定之當地一般租金標準如Ａ屋屬住家用房屋並出租他人，按房屋現值2%～4.8%課徵房屋稅。

2. Ａ屋屬非住家用房屋

　如Ａ屋屬非住家用房屋並出租他人，供營業、私人醫院、診所或自由職業事務所使用者，按房屋現值3%～5%課徵房屋稅；供人民團體等非營業使用者，按房屋現值1.5%～2.5%課徵房屋稅。

（二）「空地」之意義

所謂「空地」，係指已完成道路、排水及電力設施，於有自來水地區並已完成自來水系統，而仍

未依法建築使用；或雖建築使用，而其建築改良物價值不及所占基地申報地價10%，且經直轄市或縣（市）政府認定應予增建、改建或重建之私有及公有非公用建築用地。

(三) 空地稅之課徵

直轄市或縣（市）政府對於私有空地，得視建設發展情形，分別劃定區域，限期建築、增建、改建或重建；逾期未建築、增建、改建或重建者，按該宗土地應納地價稅基本稅額加徵2～5倍之空地稅或照價收買。

(四) B空地經政府通知限期建築使用，甲與乙之租約，處理方式：

甲、乙間租約之處理：

依平均地權條例第74條之規定，經政府通知限期建築之土地，而該土地係為土地所有權人出租他人使用，土地所有權人應於接到限期使用通知後，與承租人協議建築、增建或改建；協議不成時，得終止租約。

乙、測驗題部分：（50分）

（C）1. 依平均地權條例規定，預售屋或新建成屋買賣契約之買受人，於簽訂買賣契約後，不得讓與或轉售買賣契約與第三人，但經其他中央主管機關公告得讓與或轉售之情形並經直轄市、縣（市）主管機關核准者，不在此限。買受人據此得讓與或轉售之戶（棟）數

為何？（A）全國每一年以一戶（棟）為限（B）全國每一年以二戶（棟）為限（C）全國每二年以一戶（棟）為限（D）全國每二年以三戶（棟）為限

(A) 2. 依平均地權條例規定，權利人及義務人應於買賣案件申請所有權移轉登記時，申報登錄資訊，未共同申報登錄資訊者，直轄市、縣（市）主管機關應令其限期申報登錄資訊；屆期未申報登錄資訊，買賣案件已辦竣所有權移轉登記者，處多少罰鍰，並令其限期改正？（A）新臺幣三萬元以上十五萬元以下罰鍰（B）新臺幣六萬元以上三十萬元以下罰鍰（C）新臺幣十五萬元以上五十萬元以下罰鍰（D）新臺幣三十萬元以上一百萬元以下罰鍰

(B) 3. 依平均地權條例規定，有關私法人買受供住宅使用之房屋，下列何者正確？（A）應檢具切結書，經中央主管機關許可（B）中央主管機關審核其使用計畫，以合議制方式辦理（C）私法人取得之房屋，於登記完畢後十年內不得辦理預告登記（D）許可之文件有效期限為二年

(A) 4. 依都市計畫法規定，有關主要計畫之核定，下列何者正確？（A）鎮及鄉街之主要計畫由內政部核定（B）直轄市之主要計畫由行政院核定（C）特定區計畫由縣（市）政府擬定者，由內政部核定，轉報行政院備案（D）特定區計畫由內政部訂定者，由行政院核定

(B) 5. 依土地徵收條例規定，有關徵收之撤銷或廢止之敘

述,下列何者錯誤?(A)撤銷或廢止徵收,由需用土地人向中央主管機關申請之(B)在未依徵收計畫完成使用前,需用土地人應每年檢討其興辦事業計畫,並由該管直轄市或縣(市)政府列管(C)依徵收計畫開始使用前,開發方式改變,應廢止徵收(D)因作業錯誤,致原徵收之土地不在工程用地範圍內,應撤銷徵收

(D) 6. 依土地徵收條例規定,有關徵收補償費,下列何者正確?(A)在都市計畫區內之公共設施保留地,應按照徵收當期之市價補償其地價(B)徵收補償之地價,由不動產估價師評定之(C)建築改良物之補償費,按徵收當時該建築改良物之重置價格估定之(D)農作改良物之補償費,於農作改良物被徵收時與其孳息成熟時期相距在一年以內者,按成熟時之孳息估定之

(A) 7. 依土地徵收條例規定,有關直轄市或縣(市)主管機關應於國庫設立土地徵收補償費保管專戶部分,下列何者錯誤?(A)自通知送達發生效力之日起,逾十年未領取之補償費,歸屬國庫(B)應於規定應發給補償費之期限屆滿次日起三個月內存入專戶保管(C)保管未受領之徵收補償費,不適用提存法之規定(D)未受領之徵收補償費,依規定繳存專戶保管時,視同補償完竣

(C) 8. 依土地徵收條例規定,有關徵收之程序,下列何者正確?(A)特定農業區經行政院核定為重大建設須辦

理徵收者，應依行政程序法舉行聽證（B）需用土地人於事業計畫報請目的事業主管機關許可後，應舉行公聽會（C）協議價購時，依其他法律規定有優先購買權者，無優先購買權之適用（D）需用土地人於所有權人拒絕參與協議或經開會未能達成協議時，則改申請徵收

（A）9. 依都市計畫法規定，主要計畫擬定後經該管政府都市計畫委員會審議修正，或經內政部指示修正者，後續如何辦理？（A）免再公開展覽及舉行說明會（B）再公開展覽（C）再舉行說明會（D）再公開展覽及舉行說明會

（A）10. 依土地法規定，逾期未辦繼承之土地於標售時，有關優先購買權人之順序依序為何？（A）繼承人、合法使用人、其他共有人（B）其他共有人、合法使用人、繼承人（C）合法使用人、繼承人、其他共有人（D）繼承人、其他共有人、合法使用人

（C）11. 依土地法規定，依法得分割之共有土地，共有人不能自行協議分割者，任何共有人得申請該管直轄市、縣（市）地政機關調處，不服調處者，應於接到調處通知後幾日內向司法機關訴請處理，屆期不起訴者，依原調處結果辦理之？（A）七日（B）十日（C）十五日（D）三十日

（D）12. 依土地法規定，關於地權及地權限制，下列何者正確？（A）台灣糖業股份有限公司所有土地為公有土地（B）私有土地，因天然變遷成為湖澤或可通運之

水道時，其所有權絕對消滅（C）湖澤及可通運之水道及岸地，如因水流變遷而自然增加時，其接連地之使用權人，有優先依法取得其所有權或使用受益之權（D）私有土地所有權之移轉、設定負擔或租賃，妨害基本國策者，中央地政機關得報請行政院制止之

（B）13. 都市計畫地區範圍內，應視實際情況，分別設置公共設施用地，其設置標準之規定，下列何者正確？（A）應就人口分布、所得及納稅能力、地價高低、產業進駐情形等現狀，決定其項目、位置與面積，以增進市民活動之便利，及確保良好之都市生活環境（B）中小學校、社教場所、社會福利設施、市場、郵政、電信、變電所、衛生、警所、消防、防空等公共設施，應按閭鄰單位或居民分布情形適當配置之（C）公園、體育場所、綠地、廣場及兒童遊樂場，應依計畫人口密度及自然環境，作有系統之布置，除具有特殊情形外，其占用土地總面積不得少於全部計畫面積百分之二十（D）道路系統、停車場所及加油站，應按土地使用分區及交通情形與預期之發展配置之。鐵路、公路通過實施都市計畫之區域者，應以市區中心為規劃重點，以增進市民活動之便利

（D）14. 依都市計畫法規定，下列有關公共設施保留地之使用管制規定，何者錯誤？（A）公共設施保留地在未取得前，得申請為臨時建築使用（B）不得為妨礙其指定目的之使用，但得繼續為原來之使用或改為妨礙目的較輕之使用（C）私有公共設施保留地得申請與公

有非公用土地辦理交換，不受土地法、國有財產法及各級政府財產管理法令相關規定之限制（D）地上物除准修繕外，不得增建或改建。當地政府認有必要時，得令其清除地上物或遷移，且不得請求補償

(D) 15. 依土地法規定，下列有關建築基地出賣時行使優先購買權之敘述，何者錯誤？（A）地上權人、典權人或承租人有依同樣條件優先購買之權（B）優先購買權人，於接到出賣通知後十日內不表示者，其優先權視為放棄（C）出賣人未通知優先購買權人而與第三人訂立買賣契約者，其契約不得對抗優先購買權人（D）基地承租人與基地共有人行使優先購買權發生競合時，其順序以登記之先後定之

(C) 16. 依土地法規定，下列有關逾期未辦繼承登記案件應由地政機關書面通知繼承人之情形，何者正確？（A）自繼承開始之日起逾一年未辦理繼承登記者，經該管直轄市或縣市地政機關查明後，應即公告繼承人於六個月內聲請登記，並以書面通知繼承人（B）列冊管理期間為十五年，列冊管理期間該管直轄市或縣市地政機關應每年清查並書面通知繼承人辦理繼承登記（C）列冊管理期間屆滿，逾期仍未聲請登記者，由地政機關書面通知繼承人及將該土地或建築改良物清冊移請財政部國有財產署公開標售（D）標售土地或建築改良物前應公告三個月，並書面通知繼承人、共有人或合法使用人依序行使優先購買權

(B) 17. 甲乙丙丁戊共有A地，持分各五分之一。甲乙丙三

人擬依土地法第34條之1規定，將A地出售予戊，下列敘述何者正確？（A）不適法，出售為有償讓與行為，應依民法規定，經共有人全體同意始得為之（B）不適法，共有人不得為受讓人（C）適法，甲乙丙三人已符合共有人過半數及其應有部分合計過半數之同意的行使要件（D）適法，買賣契約業經甲乙丙戊同意，縱使戊未經計算在同意人數及應有部分內，仍得依土地法第34條之1辦理

（C）18. 依土地徵收條例規定，有關區段徵收範圍內土地，經規劃整理後之處理方式，下列何者正確？（A）抵費地發交被徵收土地所有權人領回（B）零售市場無償登記為當地直轄市有、縣（市）有或鄉（鎮、市）有（C）標租時，其期限不得逾九十九年（D）安置原住戶土地得以標售

（B）19. 依房屋稅條例規定，起造人持有使用執照所載用途為住家用之待銷售房屋，於起課房屋稅二年內，其房屋稅之稅率為何？（A）最低不得少於其房屋現值百分之一點二，最高不得超過百分之二點四（B）最低不得少於其房屋現值百分之二，最高不得超過百分之三點六（C）最低不得少於其房屋現值百分之二，最高不得超過百分之四點八（D）最低不得少於其房屋現值百分之三，最高不得超過百分之五

（B）20. 依契稅條例規定，有關申報納稅之起算日期，下列何者正確？（A）向政府機關標購公產，以政府機關核准產權移轉之日為申報起算日（B）不動產移轉發生

糾紛時，以法院判決確定之日為申報起算日（C）向法院標購拍賣之不動產，以承買人拍定之日為申報起算日（D）建築物於建造完成前，因交換以承受人為建造執照原始起造人者，以主管建築機關核發使用執照之日為申報起算日

(D) 21. 依土地稅法規定，有關累進起點地價，下列何者正確？（A）累進起點地價，以各該直轄市或縣（市）土地七公畝之平均地價為準。只有工業用地、礦業用地及農業用地不包括在內（B）土地所有權人之地價總額未超過戶籍所在地直轄市或縣（市）累進起點地價者，其地價稅按基本稅率徵收（C）累進起點地價以百元為單位，以下四捨五入（D）累進起點地價，應於舉辦規定地價或重新規定地價後當年地價稅開徵前計算完竣，並報請財政部及內政部備查

(C) 22. 依土地稅法規定，非都市土地供公共設施使用者，在滿足規定要件下，其尚未被徵收前之移轉，免徵土地增值稅。下列有關免稅要件之敘述，何者錯誤？（A）經需用土地人開闢完成或依計畫核定供公共設施使用（B）依法完成使用地編定（C）依法完成徵收公告（D）經需用土地人證明

(A) 23. 下列有關契稅納稅義務人之敘述，何者正確？（A）受託人依信託本旨移轉信託財產與委託人以外之歸屬權利人時，由歸屬權利人申報納稅（B）買賣契稅，應由出賣人申報納稅（C）典權契稅，應由出典人申報納稅（D）交換有給付差額價款者，其差額價款，

應由出賣人申報納稅

(C) 24. 依房屋稅條例規定,下列有關自住使用之住家用房屋適用1.2%計徵房屋稅之要件,何者錯誤?(A)無出租或供營業情形(B)房屋所有人本人、配偶或直系親屬於該屋辦竣戶籍登記(C)房屋所有人本人、配偶及未成年子女於全國僅持有一戶房屋且房屋現值在一定金額以下(D)房屋所有人本人、配偶或直系親屬實際居住使用

(C) 25. 依所得稅法規定,個人以自有土地與營利事業合作興建房屋,自土地取得之日起算五年內完成並銷售該房屋、土地者,其所得稅稅率為何?(A)百分之十(B)百分之十五(C)百分之二十(D)百分之二十五

不動產估價概要

甲、申論題部分：（50分）

一、何謂折現現金流量分析法？又其與直接資本化法有何差異？（25分）

答：

(一) 折現現金流量分析法：

折現現金流量分析法，指勘估標的未來折現現金流量分析期間之各期淨收益及期末價值，以適當折現率折現後加總推算勘估標的價格之方法。前項折現現金流量分析法，得適用於以投資為目的之不動產投資評估。折現現金流量分析法之計算公式如下：

$$P = \sum_{k=1}^{n'} CF_k / (1+Y)^k + P_{n'} / (1+Y)^{n'}$$

其中：

P：收益價格。

CF_k：各期淨收益。

Y：折現率。

n'：折現現金流量分析期間。

k：各年期。

$P_{n'}$：期末價值。

(二) 兩者之差異：

直接資本化法，指勘估標的的未來平均一年期間之客

觀淨收益，應用價格日期當時適當之收益資本化率推算勘估標的價格之方法。直接資本化法之計算公式如下：

1. 直接資本化法：採單一年度收益，並假設未來每年收益大致相同。折現現金流量分析法：採一段持有期間之每年淨收益，每年收益不一定相同。

2. 直接資本化法：假定不動產收益直到永遠。折現現金流量分析法：應估計一段適當持有期間收益，期滿處分不動產。

3. 直接資本化法：一般採用間接方法求取淨收益。折現現金流量分析法：一般採用直接方法求取淨收益。

4. 直接資本化法：採用資本化率，考慮資本報酬也考慮資本回收。折現現金流量分析法：採用獲利率或報酬率，只考慮資本報酬、不考慮資本回收。

5. 直接資本化法：估計程序較簡單，主要根據估價當時之客觀收益水準而定。折現現金流量分析法：估計程序較複雜，須對未來持有期間之每年收益詳細估計，並對期末不動產價值變動做出判斷。

6. 折現現金流量分析法之評估較直接資本化法更為詳細，因此較大型、複雜、須精算之投資案評估採折現現金流量分析法。

7. 直接資本化法：應用於未來各期收入皆穩定。折

現現金流量分析法：應用於前期收入不穩定，經過一段期間使趨於穩定。
8. 直接資本化法：適用長期持有之資產價值評估。

二、請說明土地開發分析法之計算公式，又土地開發分析法之成本項目內容為何？（25分）

答：

(一) 土地開發分析法計算公式：

V＝S÷（1＋R）÷（1＋i）－（C＋M）

其中：

V：土地開發分析價格。

S：開發或建築後預期總銷售金額。

R：適當之利潤率。

C：開發或建築所需之直接成本。

M：開發或建築所需之間接成本。

i：開發或建築所需總成本之資本利息綜合利率。

(二) 土地開發分析法成本項目內容：

1. 直接成本：營造或施工費。
2. 間接成本，其內容如下：
   (1)規劃設計費。
   (2)廣告費、銷售費。
   (3)管理費。
   (4)稅捐及其他負擔。

   廣告費、銷售費、管理費及稅捐，應按總銷售金額乘以相關費率計算，相關費率應由全聯會定期

公告之。

規劃設計費按內政部所定建築師酬金標準表及直轄市或縣（市）政府發布之建造執照工程造價表計算之，或按實際營造施工費之百分之二至百分之三推估之。

3. 資本利息綜合利率：

資本利息應依分期投入資本數額及資本使用年數，按自有資金與借貸資金分別計息，其自有資金與借貸資金比例，應依銀行一般放款成數定之。資金中自有資金之計息利率應不高於一年期定存利率且不低於活存利率；借款則以銀行短期放款利率計息；預售收入之資金應不計息。資本利息綜合利率＝資本利息年利率×（土地價值比率＋建物價值比率×1/2）×開發年數。

4. 利潤率：

應考量工程規模、開發年數與經濟景氣等因素，利潤率應由全聯會定期公告；未公告前依營造或建築業之平均經營利潤率為準，並得依開發或建物形態之不同，考量經營風險及開發或建築工期之長短酌予調整之。

乙、測驗題部分：（50分）

（B）1. 不動產市場循環受到諸多經濟因素的影響，評估不動產價格時都訂有價格日期，依價格日期評估時必須掌握那項原則？（A）預測原則（B）變動原則（C）收

益分配原則（D）外部性原則

(B) 2. 王小姐住家旁有一個高壓電塔，電塔周遭的房子不太容易售出，價格也比較低，不動產估價師評估該嫌惡設施對於房屋價格的影響是基於那一項原則？（A）適合原則（B）外部性原則（C）貢獻原則（D）競爭原則

(D) 3. 下列何者非屬於不動產估價範疇？（A）大鵬灣濕地（B）地上權房屋，如101大樓（C）種植在山上的果樹（D）從果樹上摘下來的果實

(B) 4. 某預售建案因取得綠建築黃金級標章，每坪開價比附近未取得標章之建案貴，建商申請綠建築標章的行為是基於不動產估價之何種經濟原則？（A）最高最有效原則（B）貢獻原則（C）供需原則（D）外部性原則

(B) 5. 下列有關租金估計的敘述何者錯誤？（A）租金估價的價格種類包括正常租金與限定租金兩種（B）名目租金，指承租人每期支付予出租人之租金，加計押金或保證金、權利金及其他相關運用收益之總數（C）續訂租金與正常市場租金不同，故續訂租金屬於限定租金（D）積算法用於評估正常租金

(C) 6. 不動產估價技術規則對不動產估價方法運用的規定，下列何者錯誤？（A）不動產估價師應兼採二種以上估價方法推算勘估標的價格（B）不動產估價師應就不同估價方法估價所獲得之價格進行綜合比較，就其中金額顯著差異者重新檢討（C）評估證券化不動產

清算價格時，對於折現現金流量分析法之收益價格應賦予相對較大之權重（D）對於各方法試算價格應視不同價格所蒐集資料可信度及估價種類目的條件差異，考量價格形成因素之相近程度，決定勘估標的價格，並將決定理由詳予敘明

(A) 7. 有關比較法的敘述下列何者錯誤？（A）比較標的價格經情況調整、價格日期調整、區域因素調整及個別因素調整後所獲得之價格稱為比較價格（B）比較法指以比較標的價格為基礎，經比較、分析及調整等，以推算勘估標的價格之方法（C）價格日期調整是指比較標的之交易日期與勘估標的之價格日期因時間之差異，致價格水準發生變動，應以適當之變動率或變動金額，將比較標的之價格調整為勘估標的價格日期之價格（D）比較標的與勘估標的不在同一近鄰地區內時，為將比較標的之價格轉化為與勘估標的同一近鄰地區內之價格水準的調整稱為區域因素調整

(D) 8. 不動產估價技術規則第26條第1項：經比較調整後求得之勘估標的試算價格，應就價格偏高或偏低者重新檢討，經檢討確認適當合理者，始得作為決定比較價格之基礎。檢討後試算價格之間差距仍達百分之二十以上者，應排除該試算價格之適用。若比較標的一、二、三之試算價格分別為79萬元/坪，77萬元/坪及95萬元/坪，下列敘述何者正確？（A）三個試算價格之間皆符合排除條件（B）三個試算價格之間皆不符合排除條件（C）比較標的一與三之間符合排除條件

(D) 比較標的二與三之間符合排除條件

(C) 9. 下列何者非屬營造或施工費的內含項目？(A) 直接人工費 (B) 間接材料費 (C) 開發商的合理利潤 (D) 資本利息

(A) 10. 有關營造或施工費的敘述何者錯誤？(A) 營造或施工費屬於建物總成本的一部分，房屋愈舊，營造或施工費就愈低 (B) 勘估標的之營造或施工費，得按直接法或間接法擇一求取之。功能性退化造成的折舊屬於房屋折舊的一部分 (C) 淨計法屬於直接法的一種，是指就勘估標的所需要各種建築材料及人工之數量，逐一乘以價格日期當時該建築材料之單價及人工工資，並加計管理費、稅捐、資本利息及利潤 (D) 單位工程法也屬於直接法，係以建築細部工程之各項目單價乘以該工程施工數量，並合計之

(A) 11. 中央銀行理監事會於113年第3季會議決議調升存款準備率及調整選擇性信用管制措施，此項宣布可能會影響不動產市場與價值，此為影響不動產價值之何種因素？(A) 一般因素 (B) 情況因素 (C) 區域因素 (D) 個別因素

(A) 12. 下列對於有效總收入與總收入之間關係的敘述何者正確？(A) 總收入必定大於或等於有效總收入 (B) 有效總收入與總收入只是說法上不同，兩者在實質的意義上一樣 (C) 總收入減去總費用等於淨收益 (D) 總收入=有效總收入+總費用

(C) 13. 收益資本化率決定的方法中與銀行貸款成數相關的是

那一個方法？（A）市場萃取法（B）有效總收入乘數法（C）債務保障比率法（D）風險溢酬法

(A) 14. 有關收益法的公式，下列何者錯誤？（A）淨收益未扣除折舊提存費者，建物收益價格＝建物淨收益／建物收益資本化率（B）直接資本化法之收益價格＝勘估標的未來平均一年期間之客觀淨收益／收益資本化率（C）地上有建物者，土地收益價格＝（房地淨收益－建物淨收益）／土地收益資本化率（D）淨收益已扣除折舊提存費者，房地綜合收益資本化率＝土地收益資本化率×土地價值比率＋建物收益資本化率×建物價值比率

(B) 15. 有關特殊宗地估價敘述，下列何者錯誤？（A）農場或牧場之估價，以比較法估價為原則（B）公共設施用地及公共設施保留地之估價，應考慮政府徵收土地之可能價格評估之（C）高爾夫球場之估價，應考慮會員制度、球場設施、開發成本、收益及營運費用等因素（D）鹽田之估價無買賣實例者，得以附近土地價格為基礎，考慮其日照、通風、位置及形狀等差異，比較推估之

(C) 16. 有關權利估價敘述，下列何者正確？（A）市地重劃前後土地估價係作為地主分配的依據，不屬於權利估價（B）永佃權估價，不需要考慮佃租支付情形，依民間習慣估計之（C）地上權估價，應考慮其用途、權利存續期間、支付地租之有無、權利讓與之限制及地上權設定之空間位置等因素估計之（D）容積移轉

估價，主要考慮捐贈公共設施用地的市場價格決定之

(C) 17. 下列那種情況評估的是特殊價格？(A) 估價師受託辦理評估因都市計畫將公園變更為住宅用地之土地價格 (B) 估價師受託辦理評估以土地租賃權與租賃地合併為目的之價格 (C) 估價師受託辦理評估大甲鎮瀾宮的價格 (D) 估價師受託辦理評估都市邊緣未來可能變更為建地的農地價格

(B) 18. 影響不動產價格的三大因素中區域因素甚為重要，下列敘述何者非屬區域因素的描述？(A) 王小姐的房子位於信義計畫區內房價水準很高 (B) 張先生的房子距離大安森林公園約50公尺條件很好 (C) 板橋埔墘生活圈生活機能很好 (D) 中正紀念堂周遭的房子有很好的價值條件

(B) 19. A把忠孝東路五段鄰近市政府的店面出租給一間連鎖咖啡店，每月租金100,000元，押金2個月，假設年利率2.5%，約定每年管理費120,000元由咖啡店支付，請問其一年支付之實質租金為多少元？(A) 1,200,000 (B) 1,205,000 (C) 1,085,000 (D) 1,080,000

(A) 20. 某公寓因為隔壁基地正在興建危老建案造成外牆龜裂現象，此現象屬於那一種折舊類型？(A) 物理性折舊 (B) 功能性折舊 (C) 經濟性折舊 (D) 外部性折舊

(B) 21. 一棟屋齡30年的公寓，假設現在重建成本是3,000萬元，耐用年數為50年，殘餘價格率為10%，以定額法

計算折舊的情況下，目前公寓的價值是多少？（A）1,620萬元（B）1,380萬元（C）1,080萬元（D）1,200萬元

（B）22. 比較標的於112年9月以3,060萬元售出，當時房價指數為102；勘估標的價格日期為113年5月，房價指數上漲至105。假設其他條件相同，勘估標的經價格日期調整後的應該是多少？（A）2,970萬元（B）3,150萬元（C）3,240萬元（D）3,210萬元

（B）23. 依據不動產估價技術規則規定試算價格的價格決定，那一項不適用？（A）試算價格調整過程中，任一單獨項目之價格調整率大於15%時應排除（B）試算價格調整過程中，總調整率大於20%應排除（C）試算價格調整過程中，總調整率大於30%應排除（D）試算價格調整過程中，試算價格之間差距達20%以上應排除

（B）24. 某一開發案自有資金比例是30%，其餘資金向銀行貸款，貸款利率為3%，自有資金報酬率為2%，其資本化率為何？（A）2.3%（B）2.7%（C）2.5%（D）2.6%

（D）25. 某一棟四層樓公寓，各樓層面積皆相同，一樓單價每坪50萬元，4樓單價每坪40萬元，假設4樓之樓層別效用比為100%，請問一樓的樓層別效用比是多少？（A）150%（B）130%（C）115%（D）125%

民法概要

甲、申論題部分：（50分）

一、甲於民國112年2月23日經由不動產經紀人員居間，以新臺幣1,098萬元向乙購買某建物二樓A屋，並簽立不動產買賣契約書。乙於簽約當時告知甲臥室原有滲漏水已修復，並保證A屋並無任何間隙裂痕情形，水、電管線亦均已更新等。詎料，同年5月底樓下鄰居通知甲其地板及浴室龜裂、漏水，已影響該鄰居住處天花板，雙方會同水電師傅勘查A屋，發現漏水原因為廚房排水管年久失修堵塞導致積水，進而造成全屋積水並滲漏至樓下一樓建物內。試問：甲能否對乙主張花費之修繕費用共計30萬元，以及終日憂心建物修繕情形之精神損害賠償2萬元？法律上依據為何？（25分）

答：

（一）甲主張修繕費用：

　　1. 買方甲和原屋主（賣方）乙間是買賣契約關係，依民法第354條第1項、第373條規定，賣方負有「物（房屋）之瑕疵擔保責任」，該責任是指：賣方於房屋交付買方時（指點交時，非過戶時），應擔保房屋無減失或減少價值的瑕疵，也沒有減失或減少通常效用或契約預定效用的瑕疵（減少之程度無關重要者，不得視為瑕疵）。而漏水即是屬於減少該房屋作為居住使用之通常效

用的瑕疵。又此「物之瑕疵擔保責任」是無過失責任，縱使賣方不知該瑕疵之存在，亦不得免責。

2. 因買賣標的物有地板及浴室龜裂、漏水瑕疵時，甲依民法第359條規定得主張解除契約或請求減少價金。但依實際情形，若解除契約顯失公平時，甲僅得請求減少價金。於漏水瑕疵嚴重到難以修復之程度，以致無法居住時，才得解除契約。依照題意，A屋只是一般漏水，非嚴重到無法或難以居住之程度，則甲只能請求減少價金了，可請求減少之價金可以下方式估算：

(1)應就買賣時瑕疵物與無瑕疵物之應有價值比較後，按二者之差額占無瑕疵物應有價值之比例來計算其應減少之數額（即瑕疵價值之減損比例，是比較「買賣時瑕疵物客觀應有價值」與「無瑕疵物客觀應有價值」，以得出瑕疵物在客觀情況下，一般人願以正常價額折減多少比例之價額購買之）。

(2)相當於漏水修繕費用。

(3)甲得向乙主張花費之修繕費用共計30萬元。

(二) 甲主張精神賠償：

1. 依民法第195條第1項規定，不法侵害他人之身體、健康、名譽、自由、信用、隱私、貞操或不法侵害其他人格法益而情節重大者，被害人雖非財產上之損害，亦得請求賠償相當之金額；此

即被害人請求非財產上損害賠償的法律依據。亦即，只有在被害人之「身體」、「健康」、「名譽」、「自由」、「信用」、「隱私」、「貞操」或「其他人格法益；例如，肖像權」被侵害時，被害人才能請求精神慰撫金。
2. 依題意，甲乙買賣A屋，房屋有有地板及浴室龜裂、漏水瑕疵，但甲方並無人格法益受侵害，則甲不能向乙請求賠償精神慰撫金。

二、甲乙簽訂一般委託銷售契約書，甲委託乙出售其所有之A廠房土地，委託契約之報酬為委託銷售總價2%，同日乙即媒介甲與丙公司簽立不動產買賣意向書，丙交付100萬元支票為定金，由乙保管作為嗣後丙履約時價金之一部或違約時之賠償；三週後，甲與丙公司以總價7500萬元簽訂不動產買賣契約書，惟丙公司並未依約給付第一期款，亦未開設履約專戶，甲丙簽訂和解契約，乙未得甲同意逕將作為定金之100萬支票退還給丙公司。試問：甲乙之法律關係為何？乙得否向甲主張服務報酬？（25分）

答：

（一）相關法令：

民法第528條規定：「稱委任者，謂當事人約定，一方委託他方處理事務，他方允為處理之契約。」。

民法第535條規定：「受任人處理委任事務，應依委任人之指示，並與處理自己事務為同一之注意，

其受有報酬者,應以善良管理人之注意為之。」。

民法第565條規定:「稱居間者,謂當事人約定,一方為他方報告訂約之機會或為訂約之媒介,他方給付報酬之契約。」。

民法第571條規定:「居間人違反其對於委託人之義務,而為利於委託人之相對人之行為,或違反誠實及信用方法,由相對人收受利益者,不得向委託人請求報酬及償還費用。」。

民法第574條規定:「居間人就其媒介所成立之契約,無為當事人給付或受領給付之權。」。

(二) 甲乙之法律關係:

1. 因甲乙簽訂一般委託銷售契約,此部分之法律關係為委任契約。因居間人不得為當事人受領給付,故有關保管100萬元支票之部分,應屬委任契約。

2. 乙媒介甲與丙公司簽立不產買賣意向書,後續甲與丙公司以總價7500萬元簽訂不動產買賣契約書,此部分應屬居間契約。

3. 甲乙之法律關係應為居間以及委任之法律關係。

(三) 乙不得向甲主張服務報酬

1. 丙違約沒有給付第一期款,甲丙簽訂和解契約,此時乙應依據甲的指示處理丙交付之100萬元支票。

2. 但乙竟將本來丙交付之100萬元支票定金,未經甲之指示,竟然直接返還給丙,乙之行為,依照

民法第571條規定，即不得向丙請求報酬。

乙、測驗題部分：（50分）

(C) 1. 甲就其所有之A地，先與乙訂立買賣契約，後與丙訂立買賣契約，均未辦理所有權移轉登記。關於二個買賣契約之效力，下列敘述，何者正確？（A）前契約有效，後契約無效（B）前契約無效，後契約有效（C）前契約有效，後契約有效（D）前契約無效，後契約無效

(B) 2. 有關行為能力之敘述，下列何者正確？（A）年滿30歲患有精神疾病致無法處理自己事務之甲，當然沒有行為能力（B）年滿19歲之乙可以獨自訂立買賣汽車之契約（C）受輔助宣告之丙可以不經輔助人丁之同意贈與使用過之筆電給戊（D）15歲之庚可以不經法定代理人允許擅自丟棄自有之平板電腦

(B) 3. 甲將其所有之名畫出租與乙，並未將代理權授與乙。詎料，乙竟以甲之代理人名義，與善意之丙訂立買賣契約，將名畫出賣並交付於丙。甲不承認乙之無權代理行為，下列敘述，何者正確？（A）丙善意取得名畫之所有權（B）丙得請求乙損害賠償（C）乙與丙之買賣契約有效（D）乙與丙之物權契約有效

(B) 4. 甲對乙有新臺幣（下同）100萬元之債權，將該債權讓與丙，甲與丙均未通知乙債權讓與之事情。嗣後，乙因不知債權讓與之事情，對甲清償100萬元，經甲受領，下列敘述，何者正確？（A）甲與丙之債權讓

與無效（B）乙之債務因清償而消滅（C）應經丙承認，乙之債務始消滅（D）甲與丙之債權讓與應經乙承認始生效

（B）5. 甲申請之建案因違法無法取得建造許可，遂與乙約定，由甲贈與乙之妻丙100萬元後，乙須幫助甲取得建造許可，後來乙收賄之行為經法院判決有罪確定。問甲可否向丙請求返還100萬元？（A）可以，依據不當得利（B）不可，100萬元為不法原因之給付（C）可以，100萬元為違背公序良俗之給付（D）可以，依據無因管理

（B）6. 甲無權占有乙所有已登記之A地15年後，乙對甲提起所有物返還請求之訴訟，下列敘述，何者正確？（A）甲得對乙為消滅時效之抗辯（B）乙之回復請求權不罹於消滅時效（C）甲得對乙主張時效取得A地所有權（D）乙之A地所有權因罹於時效而消滅

（C）7. 甲與乙訂立租賃契約，將丙所有之A屋出租於乙，並交付於乙。嗣後，丙對乙起訴，請求乙返還A屋，致乙不能為約定之使用，下列敘述，何者正確？（A）甲與乙訂立之租賃契約無效（B）甲與乙訂立之租賃契約得撤銷（C）乙得終止與甲訂立之租賃契約（D）乙得以與甲之租賃契約對抗丙

（D）8. 甲將其所有之A屋出租於乙，乙未經甲之同意，將A屋全部轉租於丙。下列敘述，何者正確？（A）乙與丙訂立之租賃契約無效（B）甲與乙訂立之租賃契約無效（C）乙得終止乙與丙之租賃契約（D）甲得終

止甲與乙之租賃契約

(A) 9. 甲在其所有之A地上興建B屋後，將B屋出售並移轉所有權登記於乙。下列敘述，何者正確？(A)推定甲與乙在房屋得使用期限內有租賃關係 (B)視為甲與乙在房屋得使用期限內有租賃關係 (C)推定乙在房屋得使用期限內對A地有普通地上權 (D)視為乙在房屋得使用期限內對A地有普通地上權

(C) 10. 有關意思表示之敘述，下列何者正確？(A)甲與乙本為夫妻，為逃避債務，通謀虛偽離婚，並辦理離婚登記完畢，甲乙間已無婚姻關係 (B)甲無欲為其意思表示之拘束，而向乙表示將贈與新款手機一部，乙雖明知甲心中之真意，贈與契約仍有效 (C)甲誤將丙誤認為乙，與之訂立買賣契約，該契約有效，但甲得撤銷其之意思表示 (D)甲受丙脅迫而與之訂立互易契約，該契約當然無效

(C) 11. 甲與其20歲之兒子乙訂立贈與契約，將甲所有之A屋贈與乙，並完成所有權移轉登記。嗣後，乙竟不履行對甲之法定扶養義務。下列敘述，何者正確？(A)甲得解除贈與契約 (B)甲得終止贈與契約 (C)甲得撤銷贈與契約 (D)甲得撤回贈與契約

(C) 12. 甲於自有土地上建造房屋一棟，因積欠乙銀行巨款，土地及房屋遭乙向法院聲請查封拍賣，土地為丙所拍得，房屋為丁所拍得。下列敘述，何者正確？(A)丙可以請求丁拆屋還地 (B)丁必須承租丙之土地 (C)視為丁於土地上有地上權 (D)推定丙與丁間

有使用借貸契約

(C) 13. 甲與乙訂立買賣契約，向乙購買A地。下列關於甲何時取得A地所有權之敘述，何者正確？（A）買賣契約有效成立時（B）甲付清買賣價金之時（C）完成所有權移轉登記時（D）乙將A地交付於甲之時

(A) 14. 甲乙丙丁分別共有A地，甲以乙丙丁為被告提起分割共有物之訴，獲得勝訴確定判決。下列敘述，何者正確？（A）甲乙丙丁於判決確定時，各自取得分得部分之所有權（B）甲根據確定判決，請求乙丙丁辦理登記，始取得分得部分之所有權（C）共有物分割之判決是確認判決，僅在確認甲乙丙丁之權利義務法律關係（D）共有物分割之判決是給付判決，甲有權請求乙丙丁給付分得部分之所有權

(B) 15. 甲以行使普通地上權之意思，二十年間和平、公然、繼續在乙已登記之A地上有B屋，下列敘述，何者正確？（A）甲已經取得普通地上權（B）甲得請求登記為普通地上權人（C）因乙之A地已辦理登記，故甲無法時效取得（D）甲得直接以乙為被告，起訴請求乙同意甲登記為普通地上權人

(B) 16. 甲以自有土地設定抵押權予乙，以擔保其債權，該債權之請求權於113年3月1日因時效而消滅。下列敘述，何者正確？（A）因從屬於擔保債權，故抵押權隨之消滅（B）抵押權人須於消滅時效完成後，5年間實行其抵押權（C）抵押權無消滅時效，可一直存續（D）從此之後，抵押權之實行須經債務人同意

(D) 17. 甲向乙銀行貸款新臺幣500萬元,並以甲所有之A地為乙設定普通抵押權,雙方約定債權已屆清償期而未為清償時,A地之所有權移屬於乙。就該流押契約之效力,下列敘述,何者正確?(A)絕對無效(B)相對無效(C)非經登記,不生效力(D)非經登記,不得對抗第三人

(B) 18. 甲向乙銀行借貸新臺幣1000萬元,並以甲所有之A屋為乙設定普通抵押權。嗣後,因第三人丙之過失,致A屋滅失,下列敘述,何者正確?(A)乙之抵押權因A屋滅失而消滅(B)乙就甲對丙所得行使之賠償請求權有權利質權(C)乙就甲對丙所得行使之賠償請求權有動產質權(D)乙就甲對丙所得行使之賠償請求權有普通抵押權

(C) 19. 著有數本暢銷理財專書之甲,某日遭汽車駕駛人丙撞傷,卻於與丙損害賠償協議達成前,突發心肌梗塞猝死,留有土地一筆及尚未繳清貸款之房屋一棟,某上市電子公司股份100萬股,銀行存款30萬元,尚欠有乙銀行之信用貸款20萬元。下列何者非屬繼承之標的?(A)尚未繳清貸款之房屋(B)甲所著理財專書之著作權(C)甲對丙依據民法第195條規定可主張之非財產上損害賠償請求權(D)甲積欠乙銀行之20萬信用貸款

(D) 20. 民法就夫妻財產制採類型法定原則,下列何者並非我國現行民法規定之夫妻財產制類型?(A)法定財產制(B)共同財產制(C)分別財產制(D)統一財產

制

(B) 21. 夫妻得於結婚前或結婚後，以契約就民法所定之約定財產制中，選擇其一，為其夫妻財產制。關於夫妻財產制契約，下列敘述，何者錯誤？（A）應以書面為之（B）非經登記，不生效力（C）非經登記，不得以之對抗第三人（D）夫妻未以契約訂立夫妻財產制者，原則上以法定財產制，為其夫妻財產制

(C) 22. 甲男與乙女結婚後，乙女與丙男發生婚外情，並生下丁。下列敘述，何者錯誤？（A）丁係在甲與乙婚姻關係存續中受胎，推定為甲乙之婚生子女（B）甲自知悉丁非其婚生子女時起二年內，得對丁提起否認之訴（C）丙得以甲與丁為被告，提起否認甲與丁間具有親子關係之訴（D）丁與乙之關係，視為婚生子女，乙無須出面從事認領之動作

(B) 23. 甲男與乙女結婚後，並無任何子女。嗣後，甲男死亡，繼承人為乙與甲之父母丙丁。關於乙女之應繼分，下列敘述，何者正確？（A）乙與丙丁平均繼承，各三分之一（B）乙女之應繼分為遺產之二分之一（C）乙女之應繼分為遺產之三分之二（D）乙女之應繼分為遺產之四分之三

(C) 24. 民法關於特留分比例之規定，下列敘述，何者錯誤？（A）直系血親卑親屬之特留分為其應繼分二分之一（B）父母之特留分為其應繼分二分之一（C）兄弟姊妹之特留分為其應繼分二分之一（D）配偶之特留分為其應繼分二分之一

（D）25.甲死亡後留有土地一筆，由其妻乙、兒子丙及女兒丁及戊繼承，因丙不想繼承該筆土地，故向法院以書面聲明拋棄繼承，並通知其他應繼承之人，戊知悉後，則向乙、丙、丁表明，其也要拋棄繼承，並拒絕繳納遺產稅及辦理繼承登記。下列敘述，何者正確？（A）丙收到法院寄發之「台端拋棄繼承，准予備查」的函件時，拋棄繼承才生效（B）丙拋棄繼承時，其子女可代位繼承（C）戊亦已經拋棄繼承，不得繼承土地所有權（D）甲之繼承人有乙、丁、戊等三人，應繼分均等

國文

作文部分：（100分）

一、過去一百多年來，世人從來沒有想到吸管可能帶來的禍害。2015年，一段YouTube短片震驚了許多人：生物學家在海灘發現一隻海龜的鼻孔裡卡了一小節吸管，用鉗子拔出來之後，發現吸管竟長達15公分。這個短片頃刻就有數千萬人點閱，引發人們使用吸管的反思。吸管會造成嚴重的海洋污染，是因為材質輕；另外因無法回收，使用一次就得丟棄，生產商必須大量生產，才能追得上人類的需要。海灘是歡樂的休閒地，也是吸管被丟棄最猖獗的地方。全世界的海灘囤積的吸管總數，大約有85億支，這85億支吸管最終將被海浪捲入大海，即使沒有流入海洋而順利掩埋，也要500年才會自然分解。

　　環保團體紛紛跳出來抗議，要求禁用吸管，其實舉杯就口便能取代吸管的使用。3年之後，各城市紛紛響應，2018年7月1日，西雅圖成為全世界第一個禁用吸管的城市；2019年7月1日，臺灣也開始限制一次性塑膠吸管的使用，這是臺灣步入高度文明重要的一步。有人會說，海龜事件只是不幸的個案，但若未獲改善，推估到了2050年，海洋塑膠垃圾總重量將超過所有海洋生物的總合，那不再是個案——也許將是某些海洋物種滅絕的開始。

請回答下列兩問題：

　（一）對於強制禁用吸管這件事，很多人認為這是小題大

作、多此一舉。請根據上文所述，說明為何環保團體主張這件小題必須大作？（文長以150字為限，12分）

（二）生活中也存在著我們以為是小事，但仔細思考，卻有其必須認真看待的重要性。請從自己的生活經驗或見聞為例，以「生活中值得小題大作的事」為題，撰文一篇。（38分）

二、臺灣知名劇團「屏風表演班」創辦人一生的傳奇，要從中華商場說起。他的父親在西門町中華商場開了一間戲靴店，雖然日子過得勉強，但父親教會他人生最重要的道理：無論賺錢與否，把一件事做好。對創辦人來說，那件事非戲劇莫屬了。他大學第一次踏上舞臺就愛上戲劇，後因電視節目「綜藝100」成為家喻戶曉的喜劇演員，縱使在電視圈炙手可熱，但創辦人始終不忘在舞臺上演出的滋味。

　　27年來，創辦人堅持「屏風表演班」演出的劇本一定要臺灣原創，而非翻譯；他堅持，從頭栽培演員，學生演員也不例外；他堅持，收徒弟就要從生活品格開始教起；他堅持，每一部戲都要讓每一位觀眾感動。作為劇團的領航者，他的堅持讓屏風成為臺灣少數能「以戲養戲」的表演團體，也讓屏風從觀眾席只有100個座位的小劇場，走到世界舞臺。創辦人從年輕到老，彷彿是為戲劇而活，他最為人知的一句座右銘是：「人，一輩子能做好一件事，就功德圓滿了。」

現實中,「做好一件事」未必就能擁有令人稱羨的財富與地位,但想達到「成功」的人生,都要有「做好一件事」的信念。不論過去與未來,你都可以「做好一件事」,使自己更加完善。請以「做好一件事」為題作文一篇,先根據上述分析「屏風表演班」創辦人「做好一件事」的意義,再就個人生活經驗闡述「做好一件事」對人生的意義。(50分)

第2名考上不動產經紀人心得分享

這次不動產經紀人能順利考上並有不錯的成績,在此特別感謝大日不動產研究中心的老師們的指導。以下是我去年準備考試的心得,希望能對正在準備的同學們有些許的幫助。

一、有效率的念書

(一)訂定計畫表

準備考試的過程會有許多困難與挫折,尤其對在上班的人,如何在有限的時間做最有效的安排,成了最大的考驗。所以,一旦確定目標,那就要訂定執行目標的策略──計畫表(請把自己想像成在指揮作戰的將軍,如果沒有戰略,那如何打勝戰呢?)。但是,計畫表必須是可執行的,如果訂了計畫表,但成效不彰,那很有可能出在計畫表本身。以我本身而言,當我下定決心要好好準備考試時是8月底,而考試日期在12月初,所以我的計畫表是用「倒推」方式安排的。大致如下:

考前最後一次複習:一天一科

考前倒數第二輪複習:二天一科

考前倒數第三輪複習:三天一科(以下類推)

每個人的情況不同,所以進度會因人而異,但人的記憶力會隨著時間的增加而減退,所以每一次的複習不宜相隔太久,而且應該愈接近考試時間愈密集。

（二）投資報酬率

不動產經紀人考試專業科目有四科，所以在安排讀書計畫時一定要算投資報酬率，切忌把大部分時間花在單一科目（因為你念得再好也不可能滿分，顧此失彼，得不償失）。舉例而言，民法體系龐大，我本身是法律系畢業，在校時期尚須花三年才能修完全部，可以理解對非法律系的考生更是一大負擔。我建議在準備這個科目時不要苛求自己在短短幾個月就可以把民法念得很好，只要「漸入佳境」即可，比如說第一次念只懂三成，但二次再複習時又懂更多一點，到考試前你會發現自己愈來愈好。但如果你真的有時間而且想多花點時間念民法，可以從王澤鑑老師的（民法概要）入門，這本書主要是寫給民法初學者，其中有許多案例搭配解釋幫助初學者建立基本觀念；還有，王老師在書本的前幾頁寫了序言，其中的「初版序言」（大約一頁半）很值得一讀。

二、藉由考古題來幫助理解

（一）掌握選擇題的基本分

打仗有戰術，考試也要技巧，準備考試不是比作學問，念得再多再好但缺乏應戰的技巧，那就枉然了，所以考古題一定要做。尤其經紀人考試有選擇題，這是絕對要把握的基本分數。建議正在準備考試的同學在念完第一次時就開始做選擇題的練習，一來藉此可以幫助自己更快理解法條內容（不要以為看過很多遍書就可以理解了，有時完全是誤會一場），二來是讓自己可以維持一定的戰鬥力

（如果只是看書，很快你就會覺得煩悶的）。我在考前運用**大日出版社.曾文龍教授編著的「不動產經紀人選擇題100分」**開始做練習，這本書基本上是按照法條順序匯集歷年考題，所以念完一個單元就可以做選擇題測試自己的理解是否正確，將錯誤的做上記號，下一次複習時再做第二次，同樣把做錯的做上記號，到考前就只針對重複錯的再做第三次，你會發現同樣的錯誤一直發生，此時就有可能是基本觀念錯誤，要多留心。

（二）歷年考古題

經紀人專業科目有一半分數來自申論題，有些人覺得申論題很難，所以放棄了。奉勸要準備考試的同學們千萬不要放棄任何可能性，因為你選擇題再高分也只有50，剩下的還是得靠申論題，更何況申論題並非完全無法準備。如果你真的不知從何開始準備，我建議你上考選部網站把歷年不動產經紀人的考題印出來，試著答題，一開始或許答得不好沒關係，趕快去找答案，然後自己再試著寫解答一次，千萬不要一開始覺得不會就馬上看解答，一定要自己試著寫一次，才會有印象。所以如果你要用坊間附有歷年考古題與解答的書本做練習時，要隨時提醒自己這一點（就我所知有些人真的會受不了解答的誘惑，如果你有這種傾向，那就認命一點把考選部歷年考題印出來吧！）。同時，練習時就必須注意申論題的答題技巧必須和真正考試時一樣（請參考第三點的應答技巧），這樣持之以恆，加上二個輪迴的練習，你會慢慢抓到訣竅。另外，同學如果行有餘力想多做考古題，可以把考選部上高普考這幾年

的考題印出來（尤其是想要練習民法選擇題者），隨身帶著，有空就做練習，考選部上都有選擇題的解答可供參考。

三、考試當天的應答技巧

考試當天必須把考試前的準備充分發揮，所以答題技巧很重要。

（一）拿到題目後，先花大概5-10分鐘時間把申論題看一遍，再把答題方向以大綱方式列出寫在試題卷上，如果當中有些關鍵字（或口訣），可以一併寫上，以免做完選擇題後腦中一片空白，本來會的也變成不會了。

（二）答申論題時一定要段落分明，標題一定要寫出，讓閱卷老師可以一目了然。試想：他已經改得很累了，此時你再增加他的困擾，那倒楣的絕對是你。另外，答題時要掌握好時間，如果其中一題你比較會寫也必須在20-25鐘內寫完（這時你就會發現，如果拿到題目先把答題方向列出，就比較好掌握時間），然後趕快寫下一題。碰到不熟的題目千萬不要放棄不寫，一定要堅持到最後，成績有時會出乎你意料之外（以我這次成績來看，我覺得寫得不好的反而分數比較好）。

最後，再提供一點個人經驗之談。我在準備考試期間並沒有工作，但這樣並不表示我就可以心無旁騖的準備考試，其實這樣我的心理壓力反而比較大，所以一開始會認為應該花比較多的時間在念書上，但適得其反。後來我發現適度休息反而會讓念書更有效率（所以計畫表要留點空

間讓自己喘口氣），如果我發現自己看不下書、情緒低落了，就會出去走走看看電影（我曾經有三次花了整天的時間在電影院，一口氣看完賽德克巴萊上下集，看完後戰鬥力馬上提升。比起魏德聖碰到的困難，我的困難算什麼呢？）。所以，準備考試的過程同時也在考驗你的耐力，一定要找到一個能讓自己靜下心並且可堅持到最後的念書方式，堅持到最後就會得到你應得的。最後，祝大家都能如願以償！

台北不動產經紀人考照班　林玉黛

2012/3/11

保持練筆最少20支，考上不動產經紀人

考上國家考試需要實力也需要運氣，還需要對的老師與對的方法，十年前為了參加國家考試上了四百小時課程，上課認真寫筆記，背口訣，考前三個月每天到圖書館看書，考前一個月因故搬家，最後差一分沒考上，事隔五年，捲土重來，把過去念過的書，準備的筆記，再重新整理一次，重複練寫，三個月在圖書館的日子，早上九點上工，晚上九點下工，感謝先生與家人的支持，最後還是差0.5分飲恨，而我已經考到沒有信心。

一個偶然的機會，參加了中國不動產經紀人說明會，遇見了曾文龍教授，親切又風趣的教學模式，不斷提醒學員保持健康，保持練筆最少20支，勤練『不動產經紀人選擇題100分』、『不動產經紀人歷屆考題解析』，一定會上，這次我親身經歷，三個月保持每天讀書，兩天一科一天練寫選擇題將對與錯的原因法條找出來，一天練寫歷屆試題將題目答案練寫在專用紙上，練筆力、練字體、練排版、練思路、練速度，並且在我們公司臣德地產組織了一個讀書會，邀請同學定時的閱讀練習，中國班六人讀書會，五人上榜中國不動產經紀人，這次榜單不動產經紀人285名，終於讓自己成功在榜上留名。

回顧十年工作、家庭、學業上的努力，考上國家考試真的需要實力也需要運氣，還需要對的老師與對的方法，

保持練筆最少20支，考上不動產經紀人

真正的理解法條才是金條，感謝同學與家人的相伴，才能順利考上，終於可以大聲說，我考上了！

感謝曾文龍教授的鼓勵

學生 臣德地產翁俐玲

2021年4月

勤做練習歷屆考古題題目，輕鬆考上不動產經紀人

感謝曾教授及大日師資群的教導！感恩！

從事不動產仲介業近15年，109年下決心參加不動產經紀人考試，農曆年後參加大日不動產經紀人班。

課程跟隨大日課表安排，對整個課程內容，考試注意事項，重點整理，有很明確的瞭解。除上課外，依照教授指導排定讀書計畫，並養成規律的生活作息。

練習歷年考題申論題，練字及整理近10年申論重點，寫過一次有印象，搭配讀書計畫複習再寫，會更加瞭解課本內的考試題目，也會看出考試出題重點。寫申論，字漂亮了，書寫版面美觀，看到題目會下標題。

歷屆選擇題的自我測驗，第一次錯很多題，但跟著讀書計畫複習，第二次，第三次測驗進步了……也能統計常出錯的部分再去多加熟悉。搭配『不動產經紀人選擇題100分』，比較各法條常出題類型……抓出不熟常犯錯部分，縮小範圍，讀起來更輕鬆，勤做選擇題保證可以輕鬆拿到基本分數。

安排讀書計畫，設定各科欲拿取分數，整理出考試重點，縮小讀書範圍，讀起來更輕鬆。考前總複習加深理解掌握重點。考試或許帶點運氣，但有努力才可能有那好運氣的機會。

謝謝曾教授及大日教授群老師平日的鼓勵及細心教

導，收益良多，也順利錄取不動產經紀人。謝謝，感恩！

學生 林志明 敬上

110年4月15日

不動產經紀人歷屆考題解析

如何花一個半月
一次考上不動產經紀人

曾文龍教授您好：

　　我是109年桃園估價師班的學員蘇宏澤，在曾教授的勉勵下，我在109年以第264名低空飛過，考上不動產經紀人。首先，我覺得我當時候考上運氣成份很高，希望讀者們可以選取可用的經驗加以改進，而不要 目用這樣的方式準備國家考試，不然應該很容易直接+365！但是也請記得考證照不是做學問，做學問的事情等考上證照進入那個行業，需要做一輩子。

　　記得當初報考不動產經紀人的時候，我連不動產經紀人要考那些科目都不曉得。有次課堂上曾教授問有哪些同學有報考當年度不動產經紀人我才舉手。而當時候距離考試日期已經剩下不到50天的時間了。讓我最印象深刻的是，曾教授問我考試準備的怎麼樣？我回答教授說，「準備要開始讀書了！」我想大部分的老師聽到學生這樣回答，內心都是直接OS「這學生應該沒救了」，頂多是表面安慰下學生說「沒關係，當考個經驗，明年再努力！」但是曾教授當時告訴我的是說：「沒關係，現在還有五十天來得及，你去買大日出社出版的『不動產經紀人選擇題100分』。然後把題目做好好的做三次，雖然不會考高分，但是還是有機會考上不動產經紀人！」

　　在受了曾教授的鼓舞後，開始了我瘋狂BD的模式，

因為還是要上班,並且家裡有兩個幼兒。所以我選擇每天下班後留在辦公室,從晚上9點開始看書到凌晨3點才離開辦公室,持續到考完試當天才結束!

讀書的方式先分章節看過法條,再去做『不動產經紀人選擇題100分』。如果有答錯,就會在法條上特別註記。如此反覆三次後,最後做『歷屆考題』的選擇題。確保歷屆選擇題都可以拿到45分以上。因為我的讀書策略就是盡可能在選擇題最少拿到42分的成績,剩下的20分就由申論題上拿下。因為不動產經紀人有選擇題,所以得分不像純申論題一樣難以預測,因此專業科目平均62–65分,國文40–50之間是我在步入考場前就打定要拿到的分數。當然最後成績也挺符合預期目標!如果你已經下定決心這次就要考上,我還是會建議從申論題開始下手,不然成績還是要靠佛祖顯靈才會上榜。

當時若不是曾文龍教授叫我不要放棄,並且提供我可行性方案,我100%沒機會在當年度考取不動產經紀人。大日出社出版的『不動產經紀人選擇題100分』,是我準備不動產經紀人唯一購買的一本書。我也會推薦給想要輕鬆考上不動產經紀人的各位!

蘇宏澤 敬上
110年3月21日

「堅持」讓我一次考中地政士與經紀人

曾文龍教授您好：

　　我是109年桃園估價師班的學員蘇宏澤，在曾教授的勉勵下，我報考了109年的不動產經紀人與110年地政士，並且都一次就考中。

　　首先，我覺得考試的過程本身就是自虐的行為，所以在受此苦難之前，先問自己看看到底是為什麼要去考試呢？如果有此體悟，在讀書過程中可以更有機會堅持下去。堅持到沒看書會有罪惡，堅持練筆到手破皮、筋發炎的時候，學生大概知道自己是有機會上考場一搏了。

　　找出一套屬於自己的時間規劃，考試比的就是誰記憶好，所以要了解人類的記憶曲線。因此千萬別單科讀一個月，然後三個月都沒溫習過。今年由於疫情的關係，所以考試往後推延了三個月的時間。因為覺得自己地政士準備了差不多，因此這三個月的時間就開始專研不動產估價師的科目，想說估價師考完還有三個禮拜時間，地政士考前再回去溫習一下應該就可以了。結果估價師沒去考，反而讓地政士考試差點翻車。當我再次翻開地政士書本時，我當下懷疑自己是否曾經讀過這些書，還是得了失憶症？

　　大多數考生最大的問題就是勤讀書，但從來不練筆。考試向來都不是進考場才開始想答案，而是看到題目能馬上把自己練過無數次的答案填到答案卷上。因此曾教授在

授課時，往往會要求學生在課堂上練筆。就像教授所說，我們上考場唯一的武器就是「筆」，唯有勤練筆之人最後可以笑著離開考場。

考試除了自律之外，首先要選擇一套好的工具，我個人購買了大日出版社的『如何考上地政士？重要法規VS.考古題』，此書是曾文龍曾教授嘔心瀝血之作，是我在練筆的重要工具，同時也是我準備地政士「唯一」購買的一本書。我也會推薦給想要輕鬆考上地政士的各位。

蘇宏澤 敬上

110年11月24日

国难逢人才能突破

大日國家考照班 30年口碑
地政士雲端課程

JOIN NOW

另有實體課程

✓有方法 ✓有訣竅 ✓超效率 ✓超密技

本班學員超高錄取率！金榜題名

鄧芯婷(第7名)、古芊芊、李中仁、邱世龍、黃祝幸、古佳玄、邱慧貞 …等
張庭華(第9名，土地稅法99分)、楊博仁(第33名)、陳宇暉(第17名) …等
葉修鳳(土地法規82分)、林泰明、黃景翊、李春雄、蔡壹任、田德全 …等
詹素萍(第8名)、石明珠、潘統緒、吳月秋、陳昱利、陳泱竹、黃宜幸 …等

主流師資群
- 國立政治大學地政研究所博士
- 國立政治大學地政研究所碩士
- 不動產專業名律師
- 輔導國家高考、普考名師

班主任 曾文龍 教授
◎國立政治大學地政研究所畢業
◎不動產教學、演講、作家…36年
◎北科大、北商大、政大…不動產講座

有計畫讀書，如同親臨上課！

課程費用(含書籍)
$ 16,000元

報名專線：02-2721-9527

完成報名並繳費者
可先領書閱讀，提早準備！

大日不動產研究中心／大日明企管顧問公司／大日出版社
地址：臺北市大安區忠孝東路4段60號8樓(捷運忠孝復興站3號出口)
電話：02-2721-9527 ／ 傳真：02-2781-3202
LINE ID：bigsun77

不動產權威－曾文龍 博士 編著~

多讀判決書，掌握命運

判決案例暢銷書-火熱銷售中！

公寓大廈管理條例相關判決案例

20則公寓大廈管理條例相關判決案例　定價:390元

★賣屋時隱瞞屋前空地非約定專有事實，應否賠償？金額如何計算？
☆公寓大廈專有使用權的認定
★管理委員會會議是否有權修改社區裝潢管理辦法
☆已經繳交補償金和管理費，是否可以合法佔有使用公寓大廈分區所有權人之共有空間？
★公寓大廈與保全公司和清潔公司之間的委任契約以及給付酬勞的糾紛
☆區分所有權人會議因不足法定出席權術故所做成之決議，效力如何，可否事後追認？
★建商點交延遲以及公共設施未盡完善之處，住戶應如何救濟？
☆公寓大廈不得飼養寵物的規定

不動產租賃相關判決案例　定價:370元

熱銷書籍！出版不到一個月即暢銷強勢二刷
20則不動產租賃法院實務相關判決案例

● 房客將房子轉租給他人，房東可否據此終止租賃契約，請房客搬走？
● 違反租賃契約的違約金可否加計利息？
● 承租人將房屋轉租給他人，又不繳房租給出租人，出租人該怎麼辦？
● 房東如何依土地法第100條，將出租的房子收回自住或自用？
● 以營業目的的租賃，租賃標的的地下室不能供營業使用，出租人應否負責？
● 承租人為公司行號，則違反租賃契約時，其法定代理人是否應負連帶賠償責任？
● 定期一年的房屋租賃契約約定優先承租權，是否代表房客不必再和房東簽一年租賃契約，就可以直接擁有第二年的房屋租賃契約而不搬走？
● 房東、房客雙贏互利攻防戰略！

熱門暢銷書 原價1,110元 三書合購870元

奢侈稅實務判例研析　定價:350 元

33則奢侈稅法院實務判決研究

▼歡迎加Line

金大鼎文化出版有限公司

▼地址：台北市大安區忠孝東路四段60號8樓
▼銀行帳號：101-001-0050329-5 (永豐銀行 忠孝東路分行)
▼戶名：大日出版有限公司 ▼網址：http://www.bigsun.com.tw
▼訂購電話：(02) 2721-9542 ▼訂購傳真：(02) 2781-3202

● 訂購1000元以下者另加郵資80元，1,001元者另加郵資100元，2000元以上免運費。
● 匯款完成後，請傳真收據，並附上 寄件地址/收件人/聯絡電話/購買書名及數量，以便寄書。或加line確認

台灣不動產證照權威－曾文龍教授精心策畫

一次考上不動產經紀人證照的秘密武器！

《不動產經紀人歷屆考題解析》

不動產經紀人普考最佳應考工具書　　定價 **550** 元

- ◆ 系統完整，觀念清晰　◆ 編排順暢，目標明確
- ◆ 解析詳實，提高效率　◆ 事半功倍，金榜題名
- ◆ 考上不動產經紀人考生之心得分享
- ◇ 各科歷屆考古題 ◇

《不動產經紀人選擇題100分》

定價 **700** 元

- ◇ 各科歷屆選擇題考題 ◇
- ★歷年已考法條之考題編輯在一起，魔鬼訓練反覆記誦
- ★類似考題集中，便於舉一反三！
- ★快速進入考試焦點，事半功倍。
- ★快速提高選擇題拿高分機會，衝刺金榜題名！
- ★考上不動產經紀人考生之心得分享

兩書合購衝刺優惠價 **980** 元

不動產經紀人考照班學生陳同學考上心得分享

大日出版社出版的『不動產經紀人選擇題100分』及『不動產經紀人歷屆考題解析』，是我準備不動產經紀人最後階段重要最關鍵的兩本書。我也會推薦給想要輕鬆考上不動產經紀人的各位！

曾文龍教授真心推薦

買一本大日出版社出版的『不動產經紀人選擇題100分』，然後把題目好好的做三次，最後做『不動產經紀人歷屆考題解析』的題目，確保歷屆選擇題都可以拿到45分以上。即使不一定會考高分，但是一定有很大機會考上不動產經紀人！

購買方式

- ■銀行帳號：**101-001-0050329-5**（永豐銀行 忠孝東路分行 代碼807）
- ■戶名：大日出版有限公司　　■網址：http://www.bigsun.com.tw
- ■訂購電話：(02) 2721-9527　■訂購傳真：**(02) 2781-3202**

訂購1,000元以下者另加郵資80元，1,001元以上另加郵資100元，2,000元以上免運費。
匯款完成後，請傳真收據，並附上收件人/地址/聯絡電話/購買書名及數量，以便寄書。或加入line確認。　　LINE ID：Erik229

台北市政府委託
臺北市**危老重建推動師**培訓

■ 班主任：**曾文龍** 博士

上課日期：3天

■ 上課地點：**台北市忠孝東路四段60號8樓-彩虹園大廈**（捷運忠孝復興站3號出口）
■ 課程費用：**3,500元**（團報另有優惠）
■ 培訓對象：

B組

領有建築師、土木技師、結構技師、都市計畫技師、不動產估價師、不動產經紀人、地政士、會計師等國家考試及格證書者。

C組

❶ **任職或從事**
都市更新、建築設計、都市計畫、都市設計、室內設計、景觀設計、建築經理、土地開發、營建土木、不動產估價、地政、不動產經紀、房屋仲介、不動產法務、金融機構、信託機構等相關領域之工作者。

❷ **大專院校相關科系所畢業者：**
包含都市計畫、建築、營建、市政、地政、不動產估價、地鄉、室內設計、景觀、土地管理、土木、土地資源等。

	姓名	手機	E-mail
1			
2			

匯款方式
銀行：永豐銀行（代碼807）忠孝東路分行
戶名：台灣不動產物業人力資源協會
帳號：**101-018-0002693-3**

台灣不動產物業人力資源協會 辦理
聯絡電話：02-2721-9572，信 箱：taiwantop1688@gmail.com
傳真專線：02-2777-1747，地 址：台北市忠孝東路四段60號8樓

～歡迎加Line詢問課程～
Line ID：bigsun77

百歲太極傳奇

跨越一甲子之
珍貴太極拳內功心法
首次無私公開

【太極拳本義闡釋】・【太極拳透視】 陳傳龍 著

太極拳的玄奧，由於是內家拳，不同於一般觀念中所知的外家拳，全是內在運作。由於內在運作難知，所以難明太極拳，而致學而難成。

本著作是作者修習太極拳40年後開始記錄的心得筆記，全是內在運作之法，凡作者自認精奧者全予記下，毫不遺漏及保留，期間歷時凡20載，今修編完成筆記上中下卷共9冊，為作者精研太極拳60餘年累計上千條珍貴內在運作著法，透視了太極拳的玄奧面紗，實是指月之指，帶你進入真正太極拳的殿堂。

定價 **3,000** 元

定價 **680** 元

陳傳龍，拜崑崙仙宗 劉公培中為師，修習道功暨太極拳術，並於論經歌解深研太極理法，迄今已逾一甲子歲月。

作者前著《太極拳本義闡釋》一書，旨在說明太極拳本有的真實面貌。現今出版之《太極拳透視》筆記，則為珍貴的太極拳實際內在運作方法。

本書特色
- 全為內練心得筆記，非一般著作。
- 提供巧妙有效的內在運作著法。
- 透視太極拳的真奧。
- 自修學習的書籍。
- 是太極拳真正實體所在。

本書助益
- 揭開久學難成的原因。
- 了解太極拳的真義。
- 得以深入太極拳的勝境。
- 明白外在姿式無太極拳。
- 窺得太極拳的玄奧。

筆記共有九冊，分為上、中、下卷各三冊，全套為完整珍貴內功心法，層次漸進帶領習拳者拳藝漸上層樓的學習路徑。

購買陳傳龍老師 太極拳著作全集
原價 ~~3,680~~ 元，優惠價 **3,150** 元（含郵資150元）

購買方式

■ 銀行帳號：**101-001-0050329-5**（永豐銀行 忠孝東路分行 代碼807）
■ 戶名：大日出版有限公司 ■ 網址：**http://www.bigsun.com.tw**
■ 電話：**(02) 2721-9527** ■ 傳真：**(02) 2781-3202**

★訂購1,000元以下者另加郵資100元，1,001元以上另加郵資150元。
★匯款完成後，請傳真收據，並附上收件人/地址/聯絡電話/購買書名及數量，以便寄書。

LINE ID：Erik229

強棒新書・案頭勵志必備

曾文龍博士 詩文集

一個既嚴厲又慈悲、亦師亦友的生命導師，
一本絕對值得你擁有的書。

豁達胸襟的人生思考、提升生命高度的眼界與哲思，面對悠長跌宕起伏的人生旅程，讓曾文龍博士的勵志詩文集，陪伴你走過漫漫人生路。

本書內容

卷壹、人間寬容
卷貳、困難中成長
卷參、千江有月，萬里藍天
卷肆、勵志人生
卷伍、得健康・得天下
卷陸、詩・文學・人生
卷柒、莫泥手札
卷捌、風雲一生

莫泥手札
我喜歡走不同的路
每個角落，都有風景
我喜歡關懷各種不同的人
因為眾生平等

曾文龍

曾文龍博士／著
定價 500 元

宇宙讀書會 32 年操作實務
宇宙讀書會的不朽傳奇（1986 年 5 月創立）

◆ 真正知識無價，行萬里路、讀萬卷書理念的貫徹與落實。
◇ 透過一個讀書會的相互正向支持、互動與陪伴，
  將讀書這件事真正融入於生活之中。真正根植於地、點滴耕耘、
  豐富生命視野、美麗且富含生命力的成長團體。
◆ 透過規律紀律的讀書與分享，將不同作者的生命體驗與專業知識，
  轉而內化到個人生命。透過如此知識的流動，
  內心的收穫與蛻變，長期下來會有不可思議的影響。
◇ 享受吧！一群好友的讀書會！
  透過本書學習如何將一個讀書會從無到有的神奇誕生旅程。

國寶級的書

曾文龍博士／編著
定價 500 元

兩本合購原價 ~~1,000~~ 元，智慧無雙優惠價 **800** 元
（兩本合購含運費共計 900 元）

匯款帳戶

■ 戶名：金大鼎文化出版有限公司（永豐銀行 忠孝東路分行 代碼 807）
■ 銀行帳號：**101-001-0014623-9**

匯款完成後，匯款後請來電 (02)27219527 或 line 上告知~
◎姓名 ◎寄書地址 ◎電話 ◎匯款帳戶後五碼

LINE ID：Erik229

追求工作務實且收入穩定的事業生涯

地政士證照，隨著年齡而財富增值的行業！

台灣不動產證照權威曾文龍教授說：法條即是金條！雲端時代，光有一份工作是不夠的！
執照護體，多一分保障，處處有商機！

❶ **如何考上地政士？重要法規 VS. 考古題**（定價 800 元） 曾文龍博士 編著
❷ **土地法規與稅法**（定價 600 元） 曾文龍博士 編著
❸ **民法概要突破**（定價 600 元） 大日出版社 編著
❹ **不動產稅法 VS. 節稅實務**（定價 700 元） 黃志偉 編著
❺ **土地登記實務突破**（定價 500 元） 大日出版社 編著
❻ **地政士歷屆考題解析**（定價 550 元） 曾文龍博士 編著

全套6本原價 ~~3,750~~ 元，金榜題名衝刺價 **2,850** 元

另有雲端線上課程
有方法，有訣竅，順利衝關！有計畫讀書，如同親臨上課！
超效率！超秘笈！名師教學，高上榜率！黃金證照！

班主任：曾文龍 教授
簡歷：國立政治大學地政研究所畢業
不動產教學、演講、作家⋯35年
北科大、北商大、政大⋯⋯不動產講座

主流師資群：
◎國立政治大學地政研究所博士、碩士
◎不動產專業名律師
◎輔導國家高考、普考名師

購買方式

■ 銀行帳號：**101-001-0050329-5**（永豐銀行 忠孝東路分行 代碼 807）
■ 戶名：大日出版有限公司　　■ 網址：http://www.bigsun.com.tw
■ 訂購電話：(02) 2721-9527　■ 訂購傳真：**(02) 2781-3202**

・訂購 1,000 元以下者另加郵資 80 元，1,001 元以上另加郵資 100 元，2,000 元以上免運費
・匯款完成後，請傳真收據，並附上收件人/地址/聯絡電話/購買書名及數量，以便寄書。或加入 line 確認。　　LINE ID：Erik229

NEW

完成報名並繳費者，
★可先領書閱讀，提前準備★

📢 各地區皆有實體課程、雲端課程！

請洽:台灣最權威不動產教育訓練單位

【地政士國家考照班】

✦ 考選部公告：「地政士」普考考試日期：每年6月
✦ 考選部地政士普考網路報名時間: 每年2月~3月(以考選部公告為準)

✨ 本班學員超高錄取率！金榜題名 🏅

鄧芯婷(第1名)、劉秋德、陳順騰、簡美惠、祝文青、唐國豐、吳協燦、王柏淵、吳淑惠
林玉黛(第2名)、林志明、徐慧娟、羅珮瑄、魏韶德、林暐珊、羅瑞蓮、高儷綺…等
黃榮松、鄧順方、江怡慧、廖淑娟、李沛穎、郭建隆、廖奐睿、簡靜宜、陳 潔…等
陳品睿、陳德儒、羅致迎、張家瑜、林美玲、薛天印、周世國、王立中、鍾志強…等
翁俐玲、張美姝、溫婉菁、謝淑珍、黃瀞誼、陳文光、邱慧貞、卓 穗、曾佳琦…等

3天內報名完成者，特贈「風水創造財富」、「全球投資大師-創富金鑰」2本好書

【不動產經紀人國家考照班】

✦ 考選部公告：「不動產經紀人」普考考試日期：每年11月
✦ 考選部地政士普考網路報名時間: 每年8月(以考選部公告為準)

贈!!!!
台北班
考前總複習

最強師資:

◎班主任：曾文龍 教授
簡 介：國立政治大學地政研究所畢業
不動產教學、演講、作家……36年
北科大、北商大、政大……不動產

◎權威師資：
▼ 土地登記權威老師
▼ 土地稅法權威老師
▼ 資深高普考名師、律師

大日不動產研究中心/大日明企管顧問有限公司/大日出版社

上課地址：台北市忠孝東路四段60號8樓(捷運忠孝復興站3號出口
報名電話：(02)2721-9527 / 傳真(02)2781-3202
LINE ID：bigsun77

挑戰高收入・高地位
不動產估價師證照必備用書！

❸《不動產估價學》

游適銘博士｜編著　定價600元

由淺而深，區別「不動產經紀人（估價概要）」與「不動產估價師（估價理論）」需研讀部分，層次分明

❹《不動產估價理論與實務
　　歷屆考題》

游適銘・楊曉龍｜編著　定價470元

★不動產估價用詞定義
★不動產估價計算方式
★估價數學六大公式
★歷年不動產估價實務題型分析

❶《考上估價師秘訣
　　法規・考古題》

曾文龍博士｜編著　定價800元

估價師應考秘訣大公開；立足於不動產領域頂點證照一照在手，身價立刻高漲；考上不動產估價師之心得分享；就業、創業、生涯規劃優質選擇

❷《不動產投資・不動產經濟學
　　歷屆考古題解析》

施甫學 不動產估價師｜編著　定價690元

★近年不動產投資分析題目及解析
★精心彙整近年考題，重點精闢解析
★〈不動產投資・不動產經濟學〉應考要訣
★全盤掌握答題秘訣、傳授效率讀書得分金鑰

熱門暢銷書，四書合購原價 2,560 元
勢必考上估價師證照優惠價 **2,040** 元

購買方式

■ 銀行帳號：**101-001-0050329-5**（永豐銀行 忠孝東路分行 代碼807）
■ 戶名：大日出版有限公司
■ 網址：http://www.bigsun.com.tw
■ 訂購電話：(02) 2721-9527
■ 訂購傳真：**(02) 2781-3202**

LINE ID：@204fegvq

・訂購 1,000 元以下者另加郵資 80 元，1,001 元以上另加郵資 100 元，2,000 元以上免運費。
・匯款完成後，請傳真收據，並附上收件人／地址／聯絡電話／購買書名及數量，以便寄書。或加入 line 確認。

國立臺北科技大學
不動產估價師學分班

百年名校 | **金榜題名**

狂賀！曾文龍老師學員高中估價師

徐○駿（第一名）、張○華（第二名）、賴○甄（第三名）、陳○暉、傅○美…
宋○一、柯○環、林○瑜、林○廷、郭○鈺、邱○忠、黃○保、韋○桂…
張○鳳、王○猛、林○暉、林○娟、吳○秋、鄭○吟、李○塘、伍○年…

高地位、高收入，不動產行業中的 TOP 1！

◎報考資格：依考選部規定需大學專科以上畢業，並修習考選部規定相關學科至少六科，
自101年1月起，修習科目其中須包括不動產估價及不動產估價實務。
合計十八學分以上者(含四大領域)，即可取得報考不動產估價師考試資格。
(詳情依考選部公告為主)

◎上課資格：高中職以上畢業，對不動產估價之專業知識有興趣者。

◎班 主 任：**曾文龍** 博士

　簡　　歷：中華綜合發展研究院 不動產研究中心主任。
　　　　　　北科大、政大、北商大…不動產講座。
　　　　　　不動產教學、著作35餘年經驗。

◎師 資 群：由北科大、政大、北商大…
　　　　　　等名師及高考及格之不動產估價師聯合授課。

◎本期課程：❶ 不動產法規（含不動產估價師法）　❹ 土地利用
　　　　　　❷ 不動產估價　　　　　　　　　　❺ 不動產經濟學
　　　　　　❸ 不動產估價實務　　　　　　　　❻ 不動產投資

輔導高考訣竅

◎費　　用：每學分 **2,500** 元(不含教材費)，報名費 **200** 元。
　　　　　　報名1門課程 **7700** 元；報名2門課程 **15,400** 元；全修3門課程 **23,100** 元。
◎上課時間：每週星期一、三、五（晚上 6:30～10:00）
◎上課地點：台北市忠孝東路三段1號(國立臺北科技大學第六教學大樓626教室)
◎報名方式：❶ 請先填妥報名表並先回傳　❷ 完成匯款後請務必將匯款收據傳真並來電確認
◎匯款繳費：報名完成後，系統自動寄發虛擬帳號至電子信箱，請依信件內容之虛擬帳號辦理繳費
　　　　　　（報名表上之電子信箱請務必確認正確）

【北科大推廣教育】

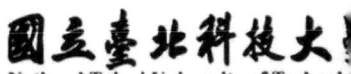

電話：(02) 2771-6949　　傳真：(02) 2772-1217
網址：http://www.sce.ntut.edu.tw/bin/home.php

國立臺北科技大學
National Taipei University of Technology

預告 新北市政府委託　班主任：曾文龍 博士

新北市都市更新
推動師・推動人員培訓

超值充電
黃金證照

推動全民參與都市更新推動人員培訓，學習都市更新與危老防災最專業知識，協助老舊社區進行嶄新改造，展現城市最安全、美麗及現代化的建築風景線。

☐ 「都市更新」學程（共6天）課程費用：**7,000**元

☐ 「危老防災」學程（共5天）課程費用：**5,500**元

（仍以主管機關核準開課日期為準）

上課地點：致理科技大學（新北市板橋區文化路1段313號）

參訓資格：
❶ 對都市更新具熱忱的民眾
❷ 持有中華民國身分證

2學程一起報名優惠價
11,500元
完成2學程即可換取《新北市都更推動師證照》

	姓名	手機	E-mail
1			
2			

匯款方式：
銀行：永豐銀行（代碼807）忠孝東路分行
戶名：**台灣不動產物業人力資源協會**
帳號：101-018-0002693-3

主辦單位：新北市政府城鄉發展局
承辦單位：台灣不動產物業人力資源協會

聯絡電話：02-2721-9572，信箱：taiwantop1688@gmail.com
傳真專線：02-2777-1747，地址：台北市忠孝東路四段60號8樓

～歡迎加Line詢問課程～
Line ID：bigsun77

國家圖書館出版品預行編目資料

不動產經紀人歷屆考題解析/曾文龍編著. -- 第8版.
-- 臺北市：大日出版有限公司, 2025.01
面；　公分. --（房地產叢書；60）

ISBN 978-626-99324-2-9（平裝）

1.CST: 不動產業　2.CST: 房地產法規
3.CST: 問題集

554.89022　　　　　　　　　　　　　113019805

房地產叢書60
不動產經紀人歷屆考題解析

編　　著／曾文龍
發 行 人／曾文龍
編　　輯／黃　萱
出 版 者／大日出版有限公司
　　　　　台北市106大安區忠孝東路4段60號8樓
　　　　　網　　址／http://www.bigsun.com.tw
　　　　　出版登記／行政院新聞局局版北市業字第159號
　　　　　匯款銀行／永豐銀行忠孝東路分行（代碼807）
　　　　　帳　　號：101001-0050329-5
　　　　　電　　話：（02）2721-9527
　　　　　傳　　真：（02）2781-3202
排　　版／龍虎電腦排版有限公司
總 經 銷／旭昇圖書有限公司
　　　　　電話：（02）2245-1480
定　　價／平裝550元

2025年1月第8版

版權所有・翻印必究